THE **GOOD** LIFE LAB

오른쪽 그림 설명 1925년경, 파리 샤토 가 54번지에서 훗날 초현실주의자들이라고 알려지는(하지만 당시에는 앙드레 브르통의 표현대로 그저 "삶의 예술가"들이었을 뿐인) 일군의 예술가와 작가 들이 식탁에 둘러앉아 "톡 쏘는 지역 맥주"를 마시면서, '결말Consequences'이라는 오래된 실내 게임을 그들만의 새로운 형태로 만들어냈다.

'우아한 시체Exquisite Corpse'라고 이름 붙인 이 새로운 놀이는 참가자들이 옆 사람에게서 어떤 그림이나 문구를 이어받아 앞에 어떤 내용이 있는지 전혀 알지 못한 채 한 가지씩을 더해나가는 것이었다. '우아한 시체' 놀이는 인간의 정신이 여럿이 모일 때 혼자 힘만으로는 상상해 낼 수 없던 경이로움을 만들어낼 수 있다는 사실을 잘 보여주었다.(이는 이 책 전체를 관통하는 주제이기도 하다.) 오른쪽 그림(영어판 원서의 표지 그림으로 사용되었다―옮긴이)도 바로 그렇게 탄생했다. 멜린다 벡, 멕 헌트, 버트 반 뷔예크, 크리스티안 올슨, 이 네 명의 예술가가 '우아한 시체' 놀이를 통해 무엇이든 할 수 있을 것 같은 두 사람을 만들어냈다.

좋은 인생 실험실

웬디 제하나라 트레메인 지음
황근하 옮김

【샨티】

좋은 인생 실험실

2016년 6월 10일 초판 1쇄 발행. 웬디 제하나라 트레메인이 쓰고 황근하가 옮겼으며, 도서출판 샨티에서 이홍용과 박정은이 펴냅니다. 전혜진이 표지 및 본문 디자인을 하였으며, 이지현이 마케팅을 합니다. 인쇄 및 제본은 상지사에서 하였습니다. 출판사 등록일 및 등록번호는 2003. 2. 6. 제10-2567호이고, 주소는 서울시 마포구 성미산로16길 18, 전화는 (02) 3143-6360, 팩스는 (02) 338-6360, 이메일은 shantibooks@naver.com입니다. 이 책의 ISBN은 978-89-91075-04-7 03190이고, 정가는 18,000원입니다.

이 도서의 국립중앙도서관 출판시도서목록(CIP)은 e-CIP홈페이지(http://www.nl.go.kr/ecip)와 국가자료공동목록시스템(http://www.nl.go.kr/kolisnet)에서 이용하실 수 있습니다.(CIP제어번호: CIP2016013510)

자비롭고 자애로우신 신의 이름으로
알 하이께 바칩니다.

CONTENTS

PART 3 인생 실험실

빵을 찾는 사람은 빵을 얻을 것이요,
영혼을 찾는 사람은 영혼을 얻을 것이다.
이 비밀을 이해했다면 그대가 찾는 것이 바로 그대임을 알리.

—루미Rumi

추천사

내 주위의 아주 창의적이고 혁신적인 사람들은 하나같이 모험하고, 새로운 것을 배우고, 연장과 재료에 푹 빠져서 새로운 것을 뚝딱 만들어내는 데 일가견이 있다. 《메이크Make》(미국의 DIY 잡지—옮긴이) 지를 창간할 때 나는 그런 사람들에게 '메이커maker'라는 이름을 붙여주었고, 이내 그들이 스스로를 뭔가를 만드는 사람이 아니라 소비하는 사람으로만 여기는 이들과 얼마나 다른지 확인할수 있었다.

이 책은 메이커가 되는 법을 이야기한다. 만든다는 것은 능동적인 사고방식이다. 정말로 배우고 싶은 마음만 있다면 무엇이든 배울 수 있다는 그런 자세이다. 꼭 그 일에 전문가가 된다는 말이 아니다. 결국 그 일은 나보다 다른 사람들이 훨씬 잘한다는 사실만 배운 채로 끝난다 해도 노력 자체가 의미 있는 것이다. 메이커들은 열린 마음의 가치를 알고 우리가 배운 것, 특히 실패를 통해 알게 된 것을 나누는 일이 얼마나 중요한지를 잘 안다.

만든다는 것은 어떤 결과가 나올지 알 수 없어도 일단 시도해 보는 자세다. 웬디는 이렇게 썼다. "어떻게 할지 몰라도 일단 시작하라." 메이커들이 뭔가를 시작할 때 이유는 그것 하나다. 뭔가 해보고 싶은 작업이 있고, 뭔가 배우겠다는 마음만 있으면 충분하다. 가장 어려운 작업이야말로 최고의 작업이다. 만들기가 흥미진진한 것은 어떤 상황에 처하게 될지 정말로 알 수 없기 때문이다. 단언컨대 일단 작업을 시작하면 예상치 못한 일들이 수없이 벌어진다.

11

《좋은 인생 실험실》은 이미 다른 사람들이 해본 실험이 당신에게도 들어맞을 것이라며 빤한 해법을 제시하지는 않는다. 당신만의 실험을 시작해 보고, 스스로 만드는 삶을 살아보라고 권하는 초대장이다. 엉망진창이 될 테고, 완벽하지도 못할 것이다. 그리고 무척 재미있을 것이다. 바로 당신의 모험이 될 테니 말이다.

—데일 도허티Dale Dougherty, 《메이크》지 창간인

웬디 트레메인은 온화하고 다정하며 현실적인, 새로운 종류의 근본주의자다. 평화롭고 애정 어린 시선으로 유머러스하고 가벼우면서도 지적인 글을 쓰는 웬디는 우리가 자신의 가슴 뛰는 소리를 따라가고, 몸과 마음과 영혼의 힘을 남김없이 쓸 때 스스로를 위해 어떤 새로운 삶을 만들 수 있는지를 보여준다. 그런 삶은 진정한 인류애와 조화되며 이 지구에 도움이 되고 우주라는 더 넓은 차원의 현실과도 잘 어울린다. 어디에 살고 있든, 어떤 상황에 처해 있든 우리 모두는 웬디의 '스스로의 힘으로 직접 살아보기'에서 뭔가를 배울 것이다.

—크리스토퍼 뱀포드Christopher Bamford, 《끝없는 발자취An Endless Trace》의 저자

《좋은 인생 실험실》은 웬디와 마이키가 지극히 상식적인 모험을 구경해 보라고 초대하는 활짝 열린 멋진 창문이다. 가던 길을 멈추고 들여다볼 가치가 충분히 있다.

이들은 우리 모두가 어디에 있든 바로 지금 저마다 처한 곳에서 혁신적인 자급자족 생활—의식적인 주거, 우리의 삶과 땅과 공동체의 발전—을 실천할 수 있다는 것을 보여준다. 핵심은 우리 삶을 통해 흘러들어 오는 자원(시간, 음식, 에너지, 즐거움, 이웃, 집, '쓰레기')을 깨어 인식하고 그것에 참여하며 삶에 적극적으로 활용하

는 것이다. 그럼으로써 이런 자원을 비롯해 다른 자원까지 극대화하게 되며, 나아가 다른 사람들의 동참을 이끌어내 잠재적인 가능성까지 더하게 된다.

나는 바로 여기에 이 책의 진정한 힘이 있다고 생각한다. 이 책은 개인적인 차원을 넘어 더 넓은 차원의 생명을 고양시키는 방식으로 번영하고 창조하고 살아가는 이야기를 들려준다. 이는 배타적인 자급자족 이야기가 아니다. 웬디와 마이키는 고립주의자들이 아니다. 오히려 네트워크를 짜서 서로를 연결시키는 사람들이다. 그들은 물리적으로 인접한 지역 공동체뿐 아니라 전 지구적인 디지털 공동체에까지 이 연결망을 확대하여 사람들이 몰랐던 기술들을 알려주고, 그들의 공동 실험에서 나오는 지식과 창조물, 점점 더 커지는 힘을 세상에 되돌려준다.

나는 각 장 첫머리에 적힌 마음과 영혼을 열어주는 인용구가 무척 마음에 들고, 웬디와 마이키의 경험담과도 잘 어울린다고 생각한다. 이 책에 소개되는 이야기들에는 그 안에 또 이야기가 들어 있다. 웬디와 마이키가 종이 콘크리트 건물을 지은 이야기에는 종이 콘크리트를 만들기 위해 폐지더미를 뒤지고 다닌 이야기, 이런저런 잡동사니를 찾아내 종이 콘크리트를 만들고 바르는 데 필요한 연장으로 재활용한 이야기, 그 과정에서 만난 여러 명의 즐거운 괴짜들, 같은 생각을 공유한 혁신가들 이야기가 들어 있다. 그들의 시골 생활 어디를 펼쳐도 이야기가 흘러나온다. 그저 어디서나 볼 수 있는 평범한 이야기가 아니라, 어디로 튈지 모르고 좌충우돌로 가득한, 영감을 주는 모험담이다. 이 이야기들을 읽고 나면 고마운 마음이 들 것이다. 당신도 할 수 있음을 보여주기 때문이다. 웬디의 말처럼 "그것은 공짜이고 누구나 얻을 수 있다. 바로 그래서 '상식'이라고 한다."

－브래드 랭카스터Brad Lancaster, 《건조 지역에서 빗물 집수

활용하기Rainwater Harvesting for Drylands and Beyond》의 저자

현대 소비 사회에서는 많은 이들이 자신의 직업과 생활 방식에 불만스러워하고 막연하게나마 더 나은 삶을 꿈꾼다. 자신이 믿는 가치를 더 정확히 반영하는 삶을 바라고, 자신이 만들고 싶어 하는 더 나은 세상을 꿈꾼다. 웬디 트레메인도 그런 사람 중 하나였지만, 어느 날 파트너 마이키와 함께 정시 출퇴근하는 직업을 버리고 아주 다른 뭔가, 웬디의 표현대로라면 '탈상품화된' 삶, '탈소비주의적인' 삶을 찾아 나섰다. 이 책은 그들이 뉴멕시코의 작은 마을에 정착해 자급자족하며 살아가는 이야기를 담은 책이다.

웬디가 들려주는 이야기에는 모험 정신이 충만하다. 그녀는 두려움과 역설, 모순을 인정하고, 자신이 알게 된 많은 것들을 속속들이 들려준다. 이 책에는 종이 콘크리트로 건물 짓기, 플라스틱 용접, 곰부차와 김치, 템페 직접 만들기 등 스스로 해볼 수 있는 아주아주 다양한 프로젝트에 관한 실질적인 정보가 들어 있다. 하지만 이런 DIY 기술보다 훨씬 더 매력적인 것은 바로 웬디와 마이키를 이런 배움의 삶으로 이끈 가치들에 관한 이야기이다.

이 책을 포함하여 그 어떤 책도 당신이 꿈꾸는 삶을 실현시킬 단계별 지침을 주지는 못한다. 우리 각자는 저마다 자기만의 이야기와 바람, 꿈을 가진 독특한 존재이다. 우리는 웬디의 발자국을 따라갈 수 없지만, 그래도 그 여정이 우리가 갈 길에 빛을 비춰줄 수는 있을 것이다. 웬디는 마이키와 함께 만들어가는 삶의 이야기와 거기에서 얻은 깨달음을 나눠주고, 우리는 그로부터 우리 각자의 변혁의 여정에 관해 풍부한 창조적 영감과 생각거리를 얻는다.

—산도르 엘릭스 카츠Sandor Ellix Katz, 《발효의 예술The Art of Fermentation》의 저자

이 책은 평범한 지침서가 아니다. 웬디는 자신의 이야기를 들려주고 실용적인 조언을 건네면서 우리 모두는 스스로 인정하든 안 하든 자신만의 '인생 실험실'에서 전문가임을 상기시켜 준다. 우리가 자기만의 인생 실험실에 있는 스스로를 시각화하기 시작하는 순간 마법은 일어난다.(당신의 좋은 인생 실험실 벽은 흰색인가 격자무늬인가? 아니면 반짝이? 한 가지는 확실하다. 분명 쓰레기더미에서 건져 올린 것들로 만들어졌을 것이다.) 그러면 각자 어디에 있든 그 자리에서 바로 그 순간 마술이 시작된다.……

이 책은 역설을 겁내지 말라고 제안한다. 해답의 일부인 동시에 문제의 일부여도 상관없다. 영감을 주고 지속성 있고 의미 있는 선택을 하도록 의식을 키워 가는 것이 목표이기 때문이다. 아주 사소한 결정이라도 그것이 자신과 주변의 건강에 영향을 미친다는 사실을 인식하면 할수록 우리는 더욱 힘 있게 되고 서로 잘 연결되며 훨씬 직관적이 될 것이다. 즉 진짜로 살아있게 될 것이다.

이 책은 최근 점점 더 늘고 있는 귀농인들에게 아주 좋은 기술 참고서일 뿐 아니라, 이 길을 따라올 마음의 준비가 된 사람이면 누구나 행동을 개시하게끔 돕는 신호탄이자 안내서가 될 것이다.

—앨리스 산토로 Alyce Santoro, 별난 (비)영속농업연구센터 Center for the Improbable and (Im)Permacultural Research

삶은 단일한 전체이다. 결국 이 세상에 따로 존재하는 것은 아무것도 없다. 당신과 나는 우리 앞에 존재했던 모든 것, 모든 사람 덕분에 지금의 우리로 있을 수 있다. 또 우리 뒤에 올 모든 것, 모든 사람은 지금 우리가 남기는 흔적, 즉 우리가 하는 생각과 말과 행동을 떠안게 될 것이다. 과거는 우리가 물려받은 유산이요 미래는 우리가 물려줄 유산이며, 현재는 바로 우리의 결정적 순간이다.

우리는 빠르게 변하는 세상에 살고 있다. 일찍이 지구상에 이토록 많은 사람이 살았던 적은 없었다. 사람들이 지구에서 이처럼 많은 것을 취해간 적도 없었다. 지구는 우리의 무거운 요구에 짓눌려 신음하고 있다. 빙하가 녹고 강물은 오염되고 쓰레기가 쌓여가며 생물 종이 사라지고 있다. 이 모든 것이 우리가 행복하게 살기 위해서라고 한다. 하지만 우리는 정말로 행복한가?

웬디와 마이키는 돈으로 살 수 없는 행복을 찾아 나섰다. 그들은 높은 곳으로만 향해 있는 기업의 사다리를 놓아버리고 단단한 대지에 두 발을 내디뎠다. 수많은 시행착오를 거치면서, 그러나 신념과 비전vision을 놓지 않고, 광활한 사막의 하늘 아래서 놀고 일하고 축하하는 새로운 삶을 일구었다. 이 멋진 책에 바로 그들의 이야기가 담겨 있다.

옛날 이슬람교의 더비시dervish 수도사들은 옷을 기워 입는 것으로 유명했다. 그들은 옷이 찢어지거나 닳으면 새 옷을 사지 않고 기워 입었다. 그리하여 마침내 요셉 성인의 그 유명한 외투처럼 이들 수도사들의 옷도 색색의 퀼트가 되었다. 웬디와 마이키는 그들의 삶을 재료로 멋진 퀼트 옷을 짜고 있다. 보는 눈이 있는 이라면 누구나 이 값진 수도사의 겉옷이 영원한 보상의 상징임을 알 것이다

　　−피르 지아 이나야트 칸Pir Zia Inayat-Khan, 국제 수피회Sufi Order International 회장

종말론적 시대가 빠르게 다가오고 있는 이 시점에서 많은 이들이 미지의 지점으로 서둘러 떠날 것이다. 바로 그곳에서 웬디는 여유로운 상식과 언제든 몸을 움직여 일하려는 자발성을 가지고 우리를 진정시켜 주고 계속 살아가도록 도와줄 것이다. 많은 이들이 여전히 해안의 도시나 토네이도의 길목에, 핵발전소

나 금 간 송유관 근처에 살 것이다. 그리고 이 책에서 얻은 교훈을 요긴하게 활용할 것이다.

웬디 트레메인은 일종의 굴절 망원경이다. 가령 방의 온도에 문제가 있다고 할 때 웬디가 문제를 진정시킨 덕분에 방에서는 이제 예상치 못한 감각적인 경험을 할 수 있게 되었다. 온도 조절이라는 현실적인 문제를 해결하자 방은 기쁨의 정원이 되었다. 그리고 우리는 관점이 바뀌며 깜짝 놀란다. 이 풍성한 체험을—그저 손을 더럽혀야 하는 고된 일이라고만 착각하고—그동안 전혀 보지 못하고 있었기 때문이다.

지금의 '다 같이 쇼핑하자'주의 삶에서 우리는 상품이 보라고 지시하는 것만 본다. 그러나 상품의 지평선을 넘고 도시의 테두리를 넘어 저 멀리 뉴멕시코에 사는 웬디를 보면서는 거칠고 단순한 삶을 보고 배운다. 웬디의 손을 통해 그런 삶이 기쁘고 올바르며 온전하다는 것을 깨닫는다. 소비 사회의 치명적인 결과가 점점 분명해지는 이때, 나는 우리에게 이보다 더 중요한 선물은 없다고 생각한다. 지구 할렐루야!

—빌리Billy 목사, 쇼핑중지교회Church of Stop Shopping

이 책은 급진적으로 변화한 새로운 삶에 대한 이야기라기보다는, 정상으로 돌아간 삶에 대한 이야기이다. "모든 것을 끊어버리고" 사회에서 고립되어 사는 이야기가 아니라, 인류가 존재한 이래 인간성의 큰 특징이었던 상호 연결과 사회적 가치로 다시 돌아가는 이야기이다. 진짜 기술을 배우고, 능력을 기르고, 이렇게 얻은 기술과 능력을 혼자 차지하지 않고 서로에게 이득이 되도록 모두와 공유하는 모습이 무척 이질적으로 보여서, 그동안 우리가 서로 협동하는 문화로부터 얼마나 멀어졌는가를 절감하게 된다.

내가 보기에, 연결이 끊어진 순간은 르네상스 시대였다. 르네상스는 고대의 인간적 가치가 부활하고 합리주의와 산업화, 이른바 '근대성'이라고 생각하는 것들이 시작된 시대라고 이야기하지만, 실제로는—혹은 적어도—개인과 개인이 직접 연결되어 있던 사회가 해체되고 그 자리에 고도로 중앙 집권화된 사회가 들어선 시대가 르네상스이다. 풍요를 기반으로 하던 지역 통화는 바로 지금 우리가 사용하고 있는 빚과 결핍을 기반으로 한 통화에 밀려났다. 다른 지방 사람들과 거래하기 위해서는 중앙 금고에서 '그 지역의 화폐'를 빌려야 했다. 서로 교역한다는 것은 곧 은행에 빚을 진다는 말이 되어갔다.

당연한 말이지만, 특정 산업에 대한 '공인된 독점권'(현재 우리가 기업이라고 칭하는 것)이 특정 지역에 배타적으로 주어지면서 대부분 사람들은 서로 간에 교역할 거리가 없어졌다.(직접 생산한 물건이 없으니 교역할 것이 없다는 뜻—옮긴이) 장인들은 개인적으로 가치를 창출해서 서로 교환하는 대신 도시의 큰 회사에 들어가 일을 하고 시간당 수당을 받았다. 이후 몇 세기에 걸쳐 생산 조립 라인과 대량 생산이 자리를 잡으면서 노동자들은 스스로 창출하는 가치로부터 더욱더 분리되어 갔다. 이 모든 것이 효율성 제고라는 허울 아래 진행되었다. 하지만 이로써 앞당겨진 것은 자신의 능력에 대한 감각, 자족감, 지역적 가치를 만들어낸다는 느낌의 상실이었다.

다행스럽게도 그 시스템이 마침내 붕괴하고 있다. 기업은 지금까지 돈이란 돈은 다 끌어 모았는데, 그 돈으로 더 많은 돈을 만들어낼 능력을 잃어버렸다. 그들은 새로운 것을 만드는 대신, 자산을 처분하고 노동자들을 해고해서 대차대조표를 개선해 보려 애쓰고 있다. 그에 따른 실업 대란은 이 책에서 제시하는 것과 같은 해답을 찾아 나서라고 우리를 몰아세운다는 점에서, 실은 재앙으로 변장하고 찾아온 축복인 셈이다.

사실 진짜 가치를 만들어내기보다 무의미한 사무실 작업에 더 익숙한 우리 대부분에게 직접 뭔가를 한다는 것은 겁나는 일일 수 있다. 마치 사막 한가운데에 내던져져 낯선 종족의 일원으로 살아가는 데 필요한 기술을 배우라고 강요당하는 기분일 것이다. 그러나 이 책이 잘 보여주듯이 그런 기술은 얼마든지 배울 수 있다. 아니, 우리 모두 타고난 것이다. 기꺼이 하려는 마음가짐만 있다면 말이다.

−더글러스 러시코프 Douglas Rushkoff, 《생명 주식회사 Life Inc.》,

《현재의 충격 Present Shock》의 저자

들어가며

사랑은 온 세상이 사려고 하는 물건이다. 그대 가슴속에
사랑이 들어 있다면 모든 영혼이 그대의 손님이 되리라.
—하즈라트 이나야트 칸Hazrat Inayat Khan

헬렌 니어링Helen Nearing과 스콧 니어링Scott Nearing 부부의 명저《조화로운 삶 *Living the Good Life*》(1954)이 세상에 나온 지 반세기가 더 지난 지금 이 책을 쓰고 있다. 니어링 부부가 견디지 못하고 떠나기로 결심했던 비정한 세상은 조금도 나아지지 않고 그대로인 것 같다. 이제 소박하고 조화로운 삶을 살기란 니어링 부부가 뉴욕을 떠나 버몬트 시골에 농가를 짓기 시작했던 1932년보다 훨씬 더 어려워졌다.

니어링 부부처럼 내 삶의 동반자 마이키와 나도 우리의 여정을 뉴욕에서부터 시작했다. 그리고 뉴욕은 부동산 중개인 한 사람과 무당벌레 한 무더기를 통해 한 가지 사실을 분명하게 알려주었다. 바로 우리가 꿈꾸던 삶을 살려면 이 도시를 떠나야 한다는 것을. 마이키와 나는 무의미한 고역을 감내할 필요가 없는 삶을 갈망하고 있었다. 우리가 하는 일이 생명에 보탬이 되기를, 적어도 다른 존재에게 해를 끼치지 않기를 바랐다. 우리는 먹을 것이나 물과 공기, 쉴 곳처럼 애초부터 지구 전체에 주어진 포상은 개개인의 경제적 상황과 무관하게 모두가 누릴 수 있어야 한다고 믿었고, 우리 스스로가 그 신념에 일조하는 사람들이 되고 싶었다. 이런 이상은 듣기에는 간단할지 몰라도

직접 실천하려면 만만한 일이 아니다. 우리도 그랬고 니어링 부부도 그랬으며, 니어링 부부가 모험을 시작한 이후 지난 50여 년간 그들의 글에 영감을 받아 이상을 실천해 보려 했던 다른 이들도 모두 마찬가지였다.

도시에서 살 때 마이키와 나는 자연 속에서 사는 삶에 대해 환상을 갖고 있었다. 정말로 언제든 건강한 먹을거리를 먹고 깨끗한 물을 마실 수 있는지 궁금했다. 우리는 둘 다 도심이나 도시 근교에서 살면서 전원 생활에 대해서 방대한 지식을 쌓아오고 있었다. 즉 전원 생활이라 해도 그 사회가 얼마나 복잡하게 돌아가고 있는지, 그 안에서 어떻게 행동해야 하는지 잘 알고 있었다. 그러나 우리가 정말 알고 싶었던 것은 더 자연스러운 지식, 자연과 다른 생명들에 실제로 연결되는 체험이었다. 우리는 상업주의와 물질주의, 마케팅의 영향력 따위에 매이지 않은 아예 다른 종류의 삶의 방식을 상상하고 있었다. 우리의 그럴듯한 직업에서 얻는 보상으로는 삶에서 뭔가 빠져 있다는 이 느낌을 결코 해결할 수 없다는 걸 우리는 잘 알고 있었다.

우리는 우리의 독특하고 창의적인 생각들을 발전시킬 시간이 필요했고, 더 나은 세상을 꿈꾸고 그렇게 만들어가는 일에 참여하고 싶었으며, 우리를 비롯해 많은 이들이 익숙해 있는 이 진 빠지는 업무에서도 풀려나고 싶었다. 화폐 제도와 자본주의 사회의 영향력에서 어느 정도라도 풀려난 삶은 과연 어떤 것일지 경험해 보고 싶었다. 우리는 무한 성장과 한정된 자원을 기반으로 한 경제에는 미래가 없다는 것을 깨달았고, 그렇다면 과연 무엇에 의존할 수 있는지 묻기 시작했다. 그리고 다른 형태의 경제를 만들어가는 데 기여하는 것이 우리가 해야 할 자연스러운 선택으로 보였다. 돈이 전혀 없어도 살 수 있다는 것을 증명해 보이겠다는 것이 아니라 그저 돈에 덜 의존하는 삶을 살아보고 싶었다.

우리는 기존의 경제 체제가 머잖아 어떤 식으로든 붕괴될 것이라고 예상했기 때문에, 주식 시장에 넣어둔 퇴직금을 빼서 사람들이 별로 관심두지 않는 새로운 선택지를 택했다. 우리는 자원을 샀다. 얼마간의 땅과 물건을 만들 수 있는 연장들을.

마이키와 나에게는 서로가 있었고 공동의 이상이 있었다. 우리는 영혼에 너무 많은 타협을 강요하지 않으면서도 자유롭게 창조하고 탐험하고 배우고 놀고먹을 수 있는 삶을 드디어 살아보게 되었다. 그 삶이 이토록 멋질 줄은 처음에는 상상도 하지 못했다. 또 우리가 이 새로운 삶을 시작한 뒤 낡은 세계가 무너져 내리는 모습을 그렇게 빨리 목격하게 되리라고도 예상하지 못했다. 이제 와서 보면 우리의 타이밍은 정말이지 절묘했다.

이 책에는 상품화된 세계에서 새로운 삶을 시도해 보려는 사람들에게 도움될 법한 기술들이 소개되어 있다. 우리 스스로 상품화된 삶에 속박되어 살아보지 않았다면 우리는 출발한 지점에서 한참 멀어지기만 했을 뿐 전과 별반 다름 없이 살고 있었을지도 모른다.

우리는 뭐든지 만드는 '메이커'답게 뉴멕시코 남부의 사막 지역에 자리를 잡았고, 그리고 나서부터 "삶은 그대가 삶에 흥미를 두는 만큼 흥미롭다"는 속담의 뜻을 몸으로 깨달을 수 있었다. 상품과 서비스를 소비하는 소비자로 살기를 그만두고, 그 빈자리를 우리 손으로 직접 만든 것으로 대체해 나가면서 우리는 생물학, 화학, 식물학, 건축, 물리학, 약초학, 전자 기술 등 많은 종류의 지식에 관심을 갖게 되었고 점점 더 능통하게 되었다. 심지어 섬유 디자인부터 자동차 수리까지 못하는 일이 없게 되었다.

이런 생활을 특별한 기술이나 재능도 없이 바로 시작했다. 그저 약간의 용기와 영감, 진심 어린 호기심만 갖고서 말이다. 물론 우리는 수도 없이 실수를 저질렀지만(그 실수담들이 이 책을 통해 공개된다!), 시작한 일 대부분은 결국 끝까지 해낼 수 있었다. 이제 우리는 우리가 직접 설계하고 지은 시골집에서 행복한 하루하루를 보내고 있다. 먹을거리를 직접 키우고, 야생 약초로 약을 만들어 쓰며, 살림살이와 연료도 직접 마련하고, 전력도 우리 손으로 생산한다. 우리에게 엄청난 재능이 있어서가 아니라 그저 우리도 여러분과 다르지 않은 사람이라서, 그리고 인간은 본래 창조적인 존재라서 이 모든 것이 가능했다.

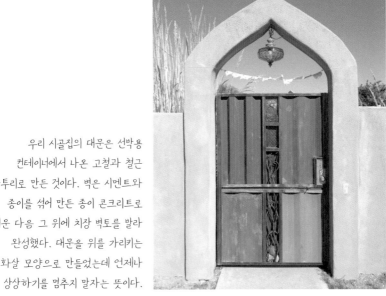

우리 시골집의 대문은 선박용 컨테이너에서 나온 고철과 철근 자투리로 만든 것이다. 벽은 시멘트와 종이를 섞어 만든 종이 콘크리트로 세운 다음 그 위에 치장 벽토를 발라 완성했다. 대문을 위를 가리키는 화살 모양으로 만들었는데 언제나 상상하기를 멈추지 말자는 뜻이다.

이 세상에 창조적이지 않은 인간이란 존재하지 않는다. 이 엄연한 사실이 현재의 경제 체제에서는 너무도 쉽게 잊힌다. 어차피 지금의 경제 체제에서 소비자는 그다지 많은 것을 알고 있을 필요가 없다. 사람들은 아는 것이 적을수록 더 많은 완제품을 구입한다. 우리의 경제 체제는 깊이 생각하는 걸 장려하지 않는데, 그러면 우리가 값싼 물건을 구입하기 위해 어마어마한 노동력과 자연 자원이 소모되어야 한다는 현실을 직시하지 않을 수 없기 때문이다. 하지만 '메이커'로 살기 시작하면 자신의 삶의 질이 세상에 대한 앎에 전적으로 의존되어 있기 때문에, 삶에 더 깊은 관심을 갖게 되면서 자연스레 여러 기술도 익히게 된다. 소비자가 아니라 창조자가 되기로 선택하면 놀라운 깨달음과 맞닥뜨리게 된다. 그것은 생각했던 것보다 우리 스스로가 훨씬 다채로운 존재라는 사실이다. 마이키와 나는 자연에 연결된 삶을 살면서 우리의 생명이 세상 전체의 생명과 어떻게 맞닿아 있는지를 보기 시작했다. 이 책을 통해 독자 여러분도 세상과 자신이 만나는 그 접점을 발견하게 되기를 바라마지 않는다.

마이키와 나 역시 상품화된 세상에서 완전히 자유롭지는 못하다. 우리는 여전히 상품화된 세상에 의존하고 있다. 시골에 정착하면서 시작한 가내 공업을 계속 꾸려가기 위해서는 첨단 기술이 필요하고, 시골집을 지을 때도 상점에서 구입한 연장들이 꼭 있어야 했다. 정원에 물을 줄 때는 수돗물을 끌어다 쓰고, 필요한 가전 제품은 기성품으로 구입한다. 바뀐 것이 있다면 바로 '결과를 도출해 내는 과정'이다. 우리는 선택을 할 때 우리가 어떤 지점에서 타협하고 있는지를 눈여겨보고, 지식과 기술이 쌓여감에 따라 더 나은 선택을 하려고 고심한다. 우리는 이 책을 통해 우리의 이야기와 과정, 깨달음,

그리고 우리의 선택이 삶에 미친 영향들을 나누고자 한다. 상품화에서 벗어난 삶을 산다는 것은 평생이 걸리는 과정이다. 어쩌면 언젠가는 우리가 맞닥뜨렸던 난제들을 더 좋은 방법으로 풀었다는 독자 여러분의 이야기를 듣게 될 수도 있다.

마이키와 내가 선택한 생활 방식이 누구나 따라야 하는 정답이라고 우길 생각은 없다. 우리가 선택한 방식은 그저 여러 가지 생활 방식 중 하나일 뿐이다. 다만 도시에서의 직업을 여전히 끌어안은 채 주류 경제 체제 속에 계속 머물렀다면 우리는 지금 알게 된 것들을 결코 알 수 없었을 것이다. 그럴 시간도 없었을 테고 말이다.

우리가 처음으로 지은 종이 콘크리트 돔 건물. 장마철에도 끄떡없이 버티더니 난생처음 쌍무지개를 만났다.

우리의 이야기는 여러분의 이야기들하고는 다를 것이다. 하지만 삶의 변화를 눈앞에 두고 있는 사람들에게 어느 면에서든 유익한 이야기라면 좋겠다. 이 책의 핵심은, 삶은 현실로 나타나기 전에 먼저 상상 속에 있다는 것이다. 당신이 아름다운 것을 상상하고 있기를 바란다. 우리가 지금 이 시기를 잘 헤쳐나간다면 어쩌면 역사는 뒷날 이것을 르네상스의 시작이라고 부를지도 모른다. 우리는 세상 전체가 판매대 위에 놓이는 것을 목격한 첫 세대이다. '만드는 사람'이 되기로 선택할 때 우리는 우리 세대의 혁명가가 되는 것이다.

이 책에는 내가 삶에서 얻은 가장 값진 깨달음들이 들어 있다. 내가 알게 된 것이 당신의 삶에도 쓸모가 있기를 바라면서 이제 그 이야기를 공개한다.

PART I

LIFE IMAGINED

상상하던 삶

쓰레기더미 속의 삶

쓰레기는 디자인의 결함이다.

—케이트 크렙스Kate Krebs

나는 욕실에 놔둔 커다란 초록색 플라스틱 고양이 변기통에다 오줌을 누었다. 그 호박색 액체가 담긴 통을 뚜껑을 꽉 닫은 채 밖으로 가지고 나가서, 마당 한쪽에 있는 증발식 냉각기(일명 '물풍기'라고 하는데, 뉴멕시코에서 흔하게 쓰는 냉방기다. 공기 중으로 습기를 뿜어내는 방식으로 작동하는 냉각 장치 덕분에 에어컨보다 전력이 적게 든다)에 달린 수도꼭지를 틀고 물을 받아 그 양을 다섯 배쯤으로 늘렸다. 그러곤 희석한 오줌을, 그 안에 담겨 있을 질소를 떠올리면서, 어린 나무 한 그루에 뿌려주었다.

오줌을 누고 흘려보내는 데 깨끗한 물은 한 방울도 들지 않았다.

어떤 사람들은 오줌을 '황금 액체'라고도 하는데, 그 안에 담긴 질소가 생명체에게는 금보다 더 값진 것이기 때문이다. 나는 내가 만들어낸 오물을 가능한 한 버리지 않고 1,200평쯤 되는 우리 시골집 터에 알뜰하게 활용할 수 있어서 행복하다. 그리고 내가 재활용하는 것은 오줌뿐이 아니다.

주유소 직원들이 입는 것과 같은 군청색 점프 슈트(바지와 상의가 하나로 붙어 있는 작업복—옮긴이) 차림의 마이키는 마당에서 그다지 튼튼해 보이지 않는 탁자를 만드느라 여념이 없다. 등에 "쓰레기는 신성하다Holy Scrap"라는 글씨를 새긴 그의 작업복은 그래도 내 흰색 디키스(미국의 대중적인 의류 브랜드—옮긴이) 작업복보다는 깨끗하다. 이게 우리 둘의 평상시 모습이다. 마이키는 노동을 최소화하기 위해 빈틈없이 계획을 짠 다음 작업을 시작하고, 기계들을 최대한 활용해서 손수 힘써야 하는 일을 줄인다. 나는 이를 악물고 결과가 나타날 때까지 무조건 힘으로 밀어붙이면서 작업을 한다. 마이키의 군청색 작업복을 보니 그가 월스트리트 투자 은행에서 일하던 시절 출근할 때 입곤 했던 콘 에디슨 사(미국 최대의 전기 회사—옮긴이) 유니폼이 떠오른다. 장난스러운 옷차림을 즐기던 마이키는 콘 에디슨 사의 작업복이나 상호명이 적나라하게 박힌 처키 치즈(미국의 아동 전용 음식점—옮긴이) 티셔츠, 샌드위치 체인점 서브웨이 직원 유니폼처럼 온갖 요상한 옷들을 입고 일터에 나가고는 했다. 월스트리트는 이제 우리와는 동떨어진 세상이 되었지만, 마이키는 월스트리트 은행에 다닐 때 들였던 것과 똑같은 집중력으로 인생의 문제들을 풀어나가고 있다.

  마이키가 임시 작업대를 한 바퀴 돌면서, 마스킹 테이프에 사인펜으로 표시해 놓은 단지 세 개의 내용물을 비교하고 있다. 단지 세 개에는 각각 마을 남쪽에서 가져온 칼리치 흙(탄산석회 침전물이 풍부한 흙—옮긴이), 우리 집 마당에서 퍼낸 적색 점토, 100킬로미터 떨어진 시골 동네에서 가져온 몬티첼로 진흙이 들어 있다. 마이키는 얼마 전 이 점토 샘플에 각각 물을 붓고 세차게 흔들어준 뒤 놓아두었다. 그렇게 해서 시간이 지나자 점토와 모래가 분리되며 층을 이루었다. 모래보다 점토의 비율이 가장 큰 것은 칼리치 흙이었는데, 나머지 것들보다 월등히 높았다. 우리는 시멘트 대신 이 칼리치 흙을 가지고 종이 콘크리트를 만들 것이다. 이 종이 콘크리트로 손님용 사랑채, 태양광 전지판의 건전지 저장고 등 돔 건물 여러 채를 만들게 될 것이다.

어느 모로 보나 여느 날과 다르지 않은 날이다. 우리가 꿈꾸던 이상 몇 가지가 실현되었다. 집을 리모델링했고, 정원을 만들었으며, 바닥에 판석을 깔고 가운데 화덕을 둔 마당 테라스를 만들었다. 꼭 흙무더기 같아 보이는 돔 건물도 세웠다. 나는 우리 시골집이 문명에 방해를 받지 않는 일시적인 자치 구역이라고 상상했다. 예전에 '로비나 트레일러 공원'이라고 적힌 표지판이 우리 집 부지 앞에 높다랗게 세워져 있어, 한때 이곳에서 캠핑카 사업이 이루어졌음을 말해주고 있었다. 내 상상 속에서 그 표지판은 사정없이 내리쬐는 사막의 햇볕으로부터 보행자들을 가려줄 수 있도록 인도 쪽으로 드리워진 거대한 철제 꽃으로 탈바꿈했다. 표지판의 글자는 이제 흰 물감으로 덮여 거의 보이지 않는다. 꽃은 아마 내 상상의 세계에서 좀 더 오래 머물러야 할 것이다. 사랑채용 돔 건물이 완공되고 야외 샤워장과 그늘막, 작업실이 다 세워지고 나면 그런 비실용적인 조형물을 만들 차례가 올 것이다.

이 외바퀴 손수레는 쓰레기더미에서 건졌다. 떨어져나간 바퀴를 용접으로 다시 붙여서, 화덕을 만들 때 커다란 돌덩어리를 옮기는 데 썼다.

하지만 아직 우리는 버려진 것들과 함께 살면서 상상 속에서는 벌써 몇 번이고 현실화된 것들을 날마다 아주 조금씩 실현해 가고 있는 중이다.

얼룩진 작업복에 걸맞게 나는 추레한 싸구려 운동화를 신고 있다. 중고품 가게에서 커다란 가방을 가득 채울 만큼 쓸 만한 것들을 싹쓸이해도 단돈 5달러밖에 하지 않던 '가방의 날'에 건진 것이다. 조만간 중고품 가게에 들러 쓰레기 매립지로 넘어갈 다른 운동화를 구제해 올 것이다.

쓰레기더미 속에서 사는 삶은 마치 이미 사용된 물건, 이미 소모된 에너지에 존경을 표하는 일 같다. 누더기가 다 된 내 운동화를 찬찬히 들여다본다. 이 물건을 만드는 데 들어갔을 연료와 생산 공정에 쓰였을 기계, 유통시키기 위해 동원되었을 복잡한 시스템을 떠올린다. 각 공정에 참여했을 사람도 상상해 본다. 통근 시간이면 일터를 오갔을 그들, 집에서 그들을 기다렸을 아이들과 반려동물, 만일 그 일을 하지 않았다면 그들이 그 시간에 했을 다른 행위들, 그들이 받았을 전화, 못 보고 놓친 석양 같은 것들…… 나도 물론 새 운동화가 좋다. 하지만 내가 이미 가지고 있는 것의 생명을 마지막 한 조각까지 남김없이 쓸 때 그 물건을 만드는 데 들였을 활동과 자원을 덜 낭비한다는 기분이 든다. 내게는 이런 의미가 새 물건을 갖고 싶은 갈망보다 더 크다. 어떤 것이든 생명을 늘려준다는 것은 좋은 일이 아니겠는가.

산업과 기업, 정부에 비하면 개인의 힘은 미미하기 그지없다는 것을 잘 알고 있다. 수치상으로만 보면 내 행동은 아무런 의미도 갖지 못할 것이다. 하지만 소소한 일이라고 해서 꼭 '뭐 하러 그래?'라며 지레 포기할 필요는 없다. 그 영향력이 미미하다 해서 쓰레기에도 예의를 지키겠다는 내 열정이 누그러지지는 않는다. 생명에 대한 존경과 관심만 있다면 무력감은 언제든 떨처버릴 수 있다.

나는 충격 해머 드릴을 들고, 쓰레기더미에서 건져온 가로 5센티미터, 세로 25센티미터의 쇳조각을 화단의 빈틈에 이어 붙였다. 돈 주고 산 것이 하나도 없다. 이번 작업만 그런 것이 아니다.

나는 쓰레기로 분류된 뭔가를 쓸모 있는 것으로 바꾸며 사는 삶의 리듬이 좋다. 변형이 이루어질 때마다 사생활 보호용 담장, 정원의 올림 텃밭(테두리를 둘러 바닥보다 높게 쌓아 올린 밭—옮긴이), 마당 테라스, 여닫이 문, 그늘막 등 늘 눈에 보이는 실질적인 결과들이 만들어진다. 이런 것은 삶을 더 윤택하게 해준다. 나는 내 심장을 확장시키고, 몸속의 피를 돌게 하며, 근육을 키워주고, 뼈와 관절을 유연하게 해주는 이런 노동에 날마다 감사한다. 뉴욕 고층 건물의 좁은 사무실에 앉아 있었을 때 몸이 위축되는 것 같던 그 느낌을, 그리고 나를 다른 방식으로 쓰고 싶다던 세포 속의 바람들을 기억한다.

버려진 것을 재활용해 살면서 나는 패션에서도 자유로워졌다. 나는 이 해방감을 날마다 만끽한다. 매일 똑같이 흰색 디키스 작업복을 입을 때면 얼마나 마음이 편한지 놀라울 지경이다. 마당에서 일하고 있으면 이따금씩 마이키가 "나 좀 봐! 새 옷 해 입었어!"라고 외칠 때가 있다. 내가 쳐다보면 한 바퀴 빙그르르 돌면서, 옷 바꿔 입기 모임이나 중고품 가게에서 구해온 각양각색의 옷들을 뒤죽박죽으로 뒤섞어 만든 누더기 명품 옷을 선보인다. 마이키와 내 옷에는 우리가 하는 노동의 흔적이 고스란히 묻어 있다. 얼룩지고 해지고 탄 부분들을 보면 우리가 일과 놀이가 긴밀하게 연결된 삶을 살기로 선택했다는 사실을 저절로 떠올리게 된다. 모든 얼룩이나 해진 자국에는 저마다의 사연이, 이 모험에서 우리에게 귀중했던 순간들이 들어 있다.

우리 집 마당에는 여러 대의 고물 자동차들이 주차되어 있다. 찌그러진 픽업트럭, 우리가 '운Chance'이라는 애칭을 지어준, 폐식용유로 가는 폭스바겐, 그리고 물물교환으로 얻은 조그만 전기 자동차가 그것이다. 이 차들은 법정 최저 보험료만 내면 된다. 누군가 이 차들을 훔쳐가거나 차가 더 망가지거나 해도 내 삶에는 크게 문제될 것이 없다. 풍요로운 삶에서의 가치는 부유한 삶에서의 가치와는 다르다. 이런 풍요는 걱정에서 풀려난 자유로움에서 오기 때문이다.

얼마 전 길 건너편의 작은 온천 호텔이 수십 년 동안 서 있던 나무 울타리를 밀어버렸다. 울타리는 삭아서 얇아져 있었고, 나무판은 중간중간 많이 없어졌으며, 겉면에 칠했던 페인트는 흔적도 남아 있지 않았다. 사막의 건조한 열기가 나무의 밀도를 침식해 가로 1.8미터, 세로 2.4미터의 울타리 판들은 종이 판지처럼 가벼웠다. 울타리를 치운다는 것을 알고 마이키와 나는 우리의 '옵테이니움obtainium'을 건지러 길 건너편으로 갔다. '옵테이니움'이라는 단어는 내가 용접을 배운 브룩클린의 금속 작업장 주인 크리스 해켓이 만든 신조어다. 쓰레기더미에서 '득템'하는 포상 같은 것이라고 할까?

들기에도 가벼운 포획물을 집어와 마당 뒤편에 쌓아올리자 그동안 터져 있던 집 뒤쪽을 자연스레 막을 수 있었다. "완벽해!" 우리는 만족스럽게 웃으며 서로를 보고 외쳤다. 무엇도 돈을 주고 사지 않았고, 아무것도 버려지거나 소모될 필요가 없었다. 또 하나의 선물이었다.

일요일 저녁이면 우리는 전기 자동차를 타고 동네 골목골목의 대형 쓰레기통들을 꼼꼼히 살펴본다. 매주 화요일에는 마이키가 동네 음식점에서 폐식용유를 얻어와, 근처 중고품 가게에서 너무 더럽거나 낡아서 팔 수 없다며

준 청바지의 다리 쪽에 부어 거른다. 다 거르고 남은 금빛 액체는 우리 집의 바이오 디젤차 두 대에 주입하고, 어느 정도는 용해제와 착색제 용도로 남겨둔다. 마이키는 음식점에서 빈 와인병과 맥주병도 얻어온다. 그중 일부는 잘게 부수어 우리가 짓는 건물의 습기 차단용 토대를 만들 때 쓴다. 또 얼마간은 바닥재로 재활용하거나 돔 건물의 유리병 창문(창문을 지을 때 유리병들을 넣어서 스테인드글라스 같은 효과를 내는 창—옮긴이)을 만들 때 쓴다. 그러고도 남은 병은 깨끗하게 씻어서 집에서 만든 와인과 벌꿀 술, 곰부차kombucha(일종의 '효모 진균'인 '홍차버섯'을 발효해서 만드는 발효 홍차로, 시큼하고 톡 쏘는 향을 갖는다. 소화를 돕고 면역력을 키우는 등의 효과가 있다고 알려져 있다. 담그는 법은 299쪽 참조)를 담는다.

건물을 여러 채 지을 때면 매주 재활용 센터에 들러서 우리의 작은 픽업 트럭 뒤칸에 신문지와 판지를 가득 싣고 돌아온다. 이렇게 얻어온 종이는 단열 효과가 뛰어난 종이 콘크리트로도 만들어 쓰고 화단 박스 바닥에 깔개로도 까는 등 여러 용도로 활용한다. 우리 집 나무에 뿌리 덮개용 톱밥이 필요할 때는 동네에서 나무 다듬기 작업을 하고 나면 생기는 톱밥을 언제든 공짜로 가져와 쓴다.

우리는 매년 봄이면 몸무게가 1.4톤은 족히 나갈 낙타 '스탠리'를 만나러 먼 길을 떠난다. 우리가 도착하면 스탠리의 다정한 주인 캐롤이 애처가 남편을 시켜 적하기로 우리 트럭에 스탠리의 똥을 한가득 퍼 담게 한다. 스탠리는 우리를 보면 신나서 펄쩍펄쩍 뛰는데, 내가 예전에 미국 대륙을 횡단할 때 몰았던 혼다보다 더 무거운 동물의 행동치고는 꽤 재미있는 풍경이다. 스탠리는 우리 개 '참깨'와 마이키 그리고 나에게 우리가 놀러 와서 기쁘다는 것을 온몸으로 보여준다. 우리는 캐롤에게 3달러를 줘 계란도 한 줄 사고, 방울뱀을 잡아먹으려 주변을 어슬렁거리는 애완용 타조에게 손을 흔들어 인사도 해주고, 콧노래를 부르며 이 낙타 똥을 우리 집 정원에 뿌리기 위해 집으로 돌아갈 채비를 한다.

마이키와 나는 스스로를 이삭 줍는 사람이라고 여긴다. 우리는 리오그란데 강 근처에 사는 코요테들이 먹고 남긴 것을 쪼아 먹는 터키 콘도르가 남긴 뼈다귀에서 나온 골수를 말끔히 처리하는 미생물과 하나도 다르지 않다. 자연에서는 모든 것에 제자리가 있다. 버려지는 것은 아무것도 없다.

이 낙타 똥 무더기는 정말 값진 보물이다. 이 퇴비 약간에 모래를 섞어 우리 집 정원에 깔 세토를 만든다.

뛰어내리면 그물이 펼쳐질 거야

때가 된 생각은 무엇도 막을 수 없다.

—빅토르 위고Victor Hugo

마이키와 나는 뉴멕시코 토박이가 아니다. 둘 다 도시 촌놈들이다. 적어도 도시가 주는 것과는 다른 뭔가를 몹시 갈망하다가 마침내 몇 가지 일을 벌이기 전까지는, 그랬다. 1,200평 되는 땅을 사서 쓰레기더미와 함께하는 삶을 시작하기 전까지 우리는 브루클린에 살았다. 당시 우리의 생활 방식은 주로 우리의 직업과 연관되어 있었다. 새로운 물건들을 사들였고, 쓰레기더미를 쌓는 데 일조했다. 뉴욕 생활을 할 때 우리는 마치 맞지 않는 퍼즐 조각을 맞추면서 왜 어딘가 불완전하다는 느낌이 드는지 그 이유를 찾고 있는 사람들 같았다. 그리고 결국 이 상황을 어떻게 할 것인지 자문하게 되었다.

우리는 우리가 '채무 불이행 세상default world'이라 이름 붙인 그 세계 말고는 어디에서도 살아본 적이 없었다. 채무 불이행 세상에는 업무량이 엄청난 직장이 있었고, 정신없는 출퇴근길이 있었으며, 빚과 늘 한정된 여가 시간, 그밖에 행복을 위해 타협했다고 보기로 한 절충안들이 있었다. 우리는 이 모든 것을 새롭게, 낯선 각도에서 살펴보고 나서 이례적인 결정을 내렸다.

창조성을 되찾아 내가 마음속으로 꿈꾸던 세상을 만드는 법을 알게 되자, 정말이지 모든 것이 흥미진진해졌고 모든 것이 가능해 보이기 시작했다.

쓰레기로 만든, 공공 전기나 수도도 없는 뉴멕시코의 별난 우리 집도, 일정한 직업 없이도 풍요로운 이 삶도 그렇게 만들어진 것이다.

2001년 봄, 나는 한 담배 회사와 일한 직후 직장을 관뒀다. 담배 회사를 위해 크롭 서클crop circle(미스터리 서클이라고도 하며, 곡물이 일정한 방향으로 눕혀져 무늬가 만들어진 것—옮긴이)에 관련된 미디어 캠페인을 조직하면서 내 직업의 전문 기술이 얼마나 위험하게 쓰일 수 있는지 알게 되었기 때문이다. 나는 크롭 서클을 실제로 만들어서 사진을 찍은 다음 그 사진을 언론에 흘리자는 아이디어를 냈다. 그 담배 회사의 로고를 본뜬 크롭 서클을 만들고 사진을 흐릿하게 찍어서 언론에 흘리고, 이 가짜 크롭 서클을 진짜라고 믿은 언론이 순진한 대중에게 보도하도록 하자는 속셈이었다. 일단 언론을 통해 그 이미지가 널리 퍼지고 기업이 수십억 달러에 해당하는 광고 효과를 공짜로 얻고 나면, 나는 장난친 것에 대한 뒷감당 정도는 하라고 담배 회사에게 조언할 참이었다. 윽. 내 뛰어난 홍보 능력을 발휘해 보고 싶은 거였다면 적어도 이보다는 나은 목적으로 해보는 게 옳았다.

결국 중년의 위기 비슷한 상태로 나는 내가 일하던 광고 회사 그린 갤럭틱Green Galactic의 크리에이티브 디렉터 직함을 내려놓았다. 사직하고 났더니 속이 다 후련했다. 이제 다시 어떤 디제이를 과대 광고해 줄 필요도, 어떤 작가를 만나 의미 없는 한담을 나눌 필요도, 알 수 없는 플라스틱 장치를 홍보할 필요도, 이미 유명한 누군가를 더욱 유명하게 만들어줄 필요도 없었다. 대중을 속여 부지불식간에 한 담배 회사의 로고를 학습하게 만드는 그런 일은 두 번 다시 할 필요가 없었다.

내가 간호사나 전기 기술자, 도서관 사서나 사진가였어도 마찬가지였을 것이다. 나는 마케팅 쪽에서 자리를 잡기 전에 버거킹에서도 일해 보았고, 그래픽 디자이너, 베이스 연주자, 가사 도우미 일도 해보았다. 모든 직업에는 커다란 타협과 절충이 필요했다. 왜? 바로 돈 때문이었다.

나는 앞으로 어떻게 하면 좋을지 답을 얻기를 바라면서 내 금색 혼다에 몸을 싣고 먼 여행길에 올랐다. 이 여행길에 오르는 순간 이제 내가 알던 예전의 삶으로 돌아가기는 불가능하리라는 것쯤은 알고 있었다. 하지만 그런 위험을 감수하는 것보다 지금처럼 계속 사는 것이 더 힘들 것 같았다.

우선 나는 네바다 주로 향했다. 1년 전에 '블랙 록 시티Black Rock City'라는 직경 2.4킬로미터의 놀라운 세계에 다녀왔던 것이 떠올랐기 때문이다. 네바다 주의 사막에서는 버닝 맨Burning Man 축제(1986년 미국에서 시작된 예술 실험 축제로, 참가자들은 일주일만 존재하는 도시를 세워 새로운 삶의 방식을 체험한다—옮긴이)를 위해 해마다 블랙 록 시티가 세워지고 있었다. 다음해 축제가 열리려면 몇 달 남아 있었지만 나는 연중 블랙 록 시티의 인프라스트럭처를 세우고 저장해 두는 장소인 '80에이커'에서 자원 봉사를 하기로 했다. 1년 전 내가 새로운 삶의 방식을 추구할 수 있도록 물꼬를 터준 공동체에 나도 뭔가를 돌려주고 싶었다.

맨 처음 버닝 맨 축제를 알게 되었을 때, 나는 사람들이 10년 넘게 블랙 록 시티를 지어왔으며, 해마다 그곳으로 먼 길을 마다않고 찾아왔다가 또 때가 되면 허물고 돌아간다는 사실을 도무지 믿을 수 없었다. 진작 알았더라면 좋았겠다 싶었다. 잠시 동안만 존재하는 이 도시에는 40개의 라디오 방송국과 두 개의 일간지, 자체 우편번호가 있는 우체국, 서너 군데의 미용실,

롤러스케이트장, 오페라 극장, 아이스크림 트럭, 공항, 그밖에 있으면 좋을 여러 가지 것들이 갖추어져 있었다. 처음에는 조심스럽게 다가갔다. 도시 전체가 선물gift로 만들어졌다는 사실이, 이 도시의 경제 체제가 '선물 경제gift economy'(선물 경제란 자본주의 경제 시스템에 대한 대안으로서 경제적 필요를 선물 교환으로 해결하는 경제 제제를 말한다. 영어 단어 'gift'에는 '재능'이라는 뜻도 있으며, 이 책에서는 선물이나 재능을 나누어 서로의 필요를 해결하는 삶의 방식을 가리킨다—옮긴이)라는 사실이 당최 실감나지 않았기 때문이다.

　나를 좁은 식견에서 풀어준 것이 바로 이 선물 경제라는 새로운 발견이었다. 중요한 무엇인가를 슬쩍 보고 났을 때 일어나는 일이 벌어졌다. 도저히

거센 먼지 폭풍이 일었던 2012년 버닝 맨 축제. 뉴욕 시에서 활동하는
작가 케이트 라우덴부시의 설치 작품 〈스타 시드Star Seed〉에 사람들이 올라가고 있다.

못 본 척하고 넘어갈 수 없는 그런 사건 말이다.

그럴 때는 앞으로 더 가보면서 내가 그 경험에서 무엇을 원하는지를 알아내야 한다.

들어본 독자도 있겠지만, 버닝 맨 축제는 각양각색의 사람들이 모여서 다종다양한 일을 벌이는 축제 마당이다. 내가 그곳에 끌린 것은 도심의 마천루 높이만한, 몇 킬로미터의 탁 트인 사막 공간이 있어야 세울 수 있는 거대한 예술 작품 때문이었다. 나는 경험 많은 중견 예술가들이 신진 예술가와 똑같은 공간과 위치를 배정받는 예술 축제는 어디서도 본 적이 없었다. 공정해 보였다. 나는 마케터로 일하면서 돈을 가진, 이른바 창의적이라는 사람들이 광고주와 영업 팀을 고용하여 성공적으로 경력을 쌓아가는 동안, 정작 돈은 없지만 재능은 더 많은 예술가들이 배경으로 물러나 가려지는 것을 숱하게 보아왔다. 예술 쪽 비즈니스란 공정함과는 거리가 한참 멀었다. 그러나 블랙 록 시티에서 사회적인 지위를 얻는 유일한 방법은 뭔가를 만들어내는 것이었고, 가장 값진 것이 거저 나누어지고 있었다. 바로 선물이었다.

선물 경제에서 선물은 언제나 움직여야 한다.
어떤 것이 머물러 있다면 비슷한 가치를 가진 다른 것이 대신
움직여야 한다. 자산이 되는 순간 선물은 죽고 만다.
—루이스 하이드Lewis Hyde, 《선물The Gift》

선물 경제에서 가치는 사물이 아니라 사람에게 있다. 전문성을 가진 사

람이 자기가 가진 선물을 준다. 받는 사람들은 처음에는 자신들이 덜 재미있는 입장에 있다는 사실을 자각하지 못한다. 뭔가를 받았을 때 보이는 자연스러운 반응으로서 그들 스스로 무엇을 줘보기 전까지는 말이다. 그런 사실을 자각하게 되면 이제 그들은 이 경제의 비밀스러운 목적지에 도착한 것이다. 이세 그들은 자신이 보물의 새 주인이 되었음을 깨닫고 자신의 선물을 받을 사람을 찾기 시작한다. 만약 선물 주기가 멈춘다면, 가령 모두가 갑자기 자기 주머니에만 챙겨 넣기 시작한다면, 이 도시 전체의 가치는 0이 되고 말 것이다. 즉 파산하는 것이다! 하지만 선물 주기는 멈추지 않는다. 블랙 록 시티에서의 삶은 '채무 불이행 세상'에서의 삶보다 훨씬 풍요롭다. 블랙 록 시티에서는 서로 주는 행위가 전염성을 띠고 자꾸자꾸 퍼져나갈 뿐 아니라, 서로 더 주려고 경쟁하기까지 한다.

나는 이처럼 언뜻 이상적으로 보이는 블랙 록 시티가 연중 딱 일주일만 존재하는 데는 진짜 이유가 있다는 것을 안다. 도시를 세우는 데 필요한 재료와 그 안의 모든 것은 자본주의의 힘으로 만들어졌고, 돈을 피해 사막으로 찾아온 사람들이 열심히 번 바로 그 돈으로 충당되었다. 번듯한 직업을 가졌고 적잖은 연봉을 받는 사람들이 솔선하여 선물 경제를 창안한 것이었다. 그들은 해마다 마치 이제 곧 잃어버릴 것을 놓아버리기라도 하려는 듯 먼 길을 달려 블랙 록 시티로 순례를 왔다. 자기 꼬리를 먹는 뱀처럼, 버닝 맨 축제는 모순되게도 자본주의의 산물이었고, 자본주의에 대한 반응이었으며, 잘 들여다보기만 한다면 어쩌면 치료법일 수도 있었다.

블랙 록 시티의 선물 경제 속에서 지낸 시간 덕분에 나는 직장을 관두며 내 삶의 리셋 버튼을 누를 수 있었고, 내게 일어난 일들을 이해해 보기 위해

자연으로부터 거저 얻는 지독 가득한 머릿거리

우리의 천부적인 권리

블로그와 동영상... 자신이 알게 된 것을 더 많은 사람들과 나누는 방법

물물교환: 비화폐적인 물화유통 (이것만이 자신이 가진... 미국에서는 세금이부과)

비영리 따위: 기술을 사람들과 나누고 친구도 사귀는 재미있는 방법

개인적 프로젝트로서 새로운 나누는... 누구든지

물

선물은 저게 함으로 상품을

그저 주어지는 것이다.

선물을 주는 쪽과 받는 쪽

경제

공유 :)

서로 자원을 (함께 쓰는) 것. 창의적인 작업을 모두가 합법적으로 활용하고 공유할 수 있도록 지지하는 비영리 단체 '크리에이티브 커먼즈'가 그 대표적인 예다.

음악을 창작해서 사람들과 나눠먹기
: 기쁨이 솟아난다!

가짜 레시피 저작권 :)

당신의 좋은 아이디어와 그 아이디어가 불러 일으키는 모든 것을 세상에 공개한 뒤 누구나 자유롭게 써도 좋다는 약속

공짜 사진파일들과 폰트들에게 : 거금을 들여 두고 가능 공꽁짜노
아직 쓸데 없는 파일들 저장함

파일공유

(모두가) 자료를 사용할 수 있도록 대지털로 저장해 남겨 집단 권한들로 두루 제공함

노력해서 얻는 것이
판매하고 구입하는 것과 다르다.
사이에 관계를 형성한다. "
— 루이스 하이드

길을 나설 수 있었다.

그렇게 '80에이커'에서 자원 봉사를 하러 길을 나서기는 했지만 나는 그곳에 대해 더 잘 알았어야 했다. 거기 사람들은 정원용 장갑을 끼고 뜨겁게 달군 쇠를 구부렸다. 얼마 전 샌프란시스코로 터를 옮긴 뉴욕 출신의 금속 예술가 로지가 그곳에 딱 맞는 인물이었다. 로지는 용접 기계를 손에서 놓치는 바람에 기계가 목 정맥을 아슬아슬하게 스쳤다면서, 10센티미터나 불룩하게 솟은 상처를 자랑스럽게 보여주었다. 버닝 맨 축제에 쓸 지름 30미터짜리 샹들리에를 만들다가 다친 것이라고 했다. 로지는 버닝 맨 축제의 마스코트 같은 사람이었다. 아는 것이 많고 창의적이며 독립적인데다 겁도 없었다. 나도 로지처럼 자신감이 있으면 좋겠다는 마음이 들었다.

또 한편으로는 내가 이미 그녀만큼 강인하다는 순진한 믿음도 있었다. 그리고 바로 그 믿음으로 철로 굄목을 맨손으로 들려고 하다가 엉치뼈를 다치고 말았다. 급기야 해적으로 오해하기 딱 좋은 퉁명스런 '80에이커' 매니저 아저씨에게 병원에 가보는 게 좋겠다는 조언을 들었다. 나는 패배한 심정으로 자동차 페달을 왼발 한쪽으로만 밟으면서 차를 몰고 남쪽으로 800킬로미터를 내려갔다. 로스앤젤레스에서 때맞춰 나를 도와준 친구 덕분에 병원에 갈 수 있었다.

며칠 뒤 나는 진료 확인서에 서명하고 목발을 사서 역시 왼발로만 차를 몰아 병원 주차장을 빠져나왔다. 내 엉치뼈를 수술하기 위해 모든 준비를 마치고 대기중이던 외과 의사를 남겨두고 떠나온 것이다. 다시 차를 몰아 길에 오르면서 나는 상상력이 머리로 하는 생각보다 힘이 세다는 것을 믿게 되었다. 위험천만하기는 하지만, 나는 외과 의사의 손이 아니라 내 강력한 의지에 한 표를 던졌다. 의사에게는 나중에 정말 필요한 상황이 생기면 도움을 받을 수 있을 터였다. 몸에 이상이 생겼을 때 요가로 고쳤다는 사람들 이야기를 들은 적이 있었다. 나는 수술대에 오르는 것만 피할 수 있다면 무엇이든 해볼 심산이었다. 그리고 내 패기는 적중했다. 요가가 효과가 있었다. 불과 2~3주 뒤 나는 목발을 던져버렸다. 이거야말로 보물이구나 깨닫고 나는 평생 요가 수련을 하기로 다짐했다. 그리고 이 보물의 중요성을 절대 잊지 않도록 요가 선생이 되어야겠다는 결심이 섰다.

이제는 '80에이커'에서 자원 봉사를 할 자격 여건이 되지 않았으므로 나는 그로부터 넉 달을 길 위에서 보냈다. 직장을 관두도록 이끈 여러 결정들을 되돌아본 시간이었다.

병든 사회에 잘 적응해 간다는 것은 결코 건강하다는 신호가 아니다.
—크리슈나무르티Krishnamurti

1번 고속도로를 달리는데, 내가 단지 의료보험 혜택을 받기 위해 형편없는 일자리도 받아들였다는 사실이 떠올랐다. '나쁜 선택을 하는 데는 언제나 그럴 듯한 이유가 있지.' 나는 계기판 위에 붙여놓은 10센티미터짜리 플라스틱 트롤(북유럽 신화에 나오는 괴물—옮긴이) 인형에게 큰소리로 말했다. 나의 이 플라스틱 수호 성인은 토팡가 캐니언Topanga Canyon에 있는 중고품 가게에서 데려온 것이었다. 운전할 때 좋은 길동무가 되어주는 이 인형은 머리

칼이 군데군데 불에 타 있고 녹아내린 왁스가 발가락에 떨어져 있었다. 우리는 둘 다 큰일을 겪고 났다는 공통점이 있었다. 내 이 못생긴 길동무는 토팡가 캐니언의 한 중고품 가게 주인의 눈에 들어서, 그 다음에는 내 눈에 든 덕분에 쓰레기장으로 직행하는 것을 피할 수 있었다. 아무런 판단도 없이 무슨 말이든 들어주는, 이 들어주기의 달인은 내가 점점 맛을 들여가는 침묵을 깨고 몇 마디 던질 때마다 기꺼이 귀를 기울여주었다.

달도 보이지 않는 밤, 나는 캘리포니아 남부 해변의 어느 동굴 앞에서 인광燐光으로 번쩍거리는 검푸른 바닷물을 바라보고 있었다. 그러고 있다 보니 몇몇 상사에게 거짓말을 한 기억이 났다. 기분이 더러웠지만 아무튼 거짓말을 했었다. "누구나 거짓말 한 번쯤은 하지 않겠어?" 나와 함께 계기판에서 떨어져 나와 해변 모래밭에 앉아 있는 트롤 인형에게 물었다. 옆에 세워 놓은 양초 때문인지 인형은 등 뒤에 있는 토담 위로 괴기스러운 그림자를 드리우고 있었다.

유타 주 모압Moab 시에서는 계속 수가 늘어나는 것만 같던 수많은 별들을 담요처럼 덮고 누워서, 학부 과정을 마친 뒤 처음으로 입사 제안을 받았던 내 첫 일자리를 떠올렸다. 일류 광고 회사 '그레이'의 입사 제안이었는데도 나는 그 일자리를 거절했다. 그들이 제안하는 연봉 1만 4,000달러로는 살아갈 수가 없었다. 나는 갚아야 할 대출금이 있었다. 그 대신 나는 고개를 떨어뜨리고 미래로 걸어 들어가, 특색 없는 일들이 줄줄이 기다리고 있는 미지의 운명을 마주했다. 멀티미터를 만드는 엔지니어링 회사의 프로모션 매니저, 옷에 상표를 부착하는 기계를 파는 회사의 판매 팀 매니저, 여러 잡지들의 프로모터(그중에는 아마추어 무선사를 위한 잡지도 있었다) 같은 일들을 했다.

펜실베이니아에 있는 순백의 아미시(무소유의 평화주의 신앙 공동체—옮긴이) 마을에 잠시 머물면서는 내 속에서 일어나는 직감과 타협했던 순간들이 떠올랐다. 대학 시절, 학교 밖을 나가면 아무런 재정적 지원도 받을 수 없다는 사실을 계산하고 나는 예술에 등을 돌리고 그 대신 마케팅을 전공으로, 경영학을 부전공으로 선택했다. 현실적인 결정이었다. 내게는 갚아야 할 학자금 대출이 있었고, 뉴욕에서 살아간다는 것은 결코 호락호락한 일이 아니었다.

인도의 영적 문헌인 《바가바드 기타》는 이런 문제를 전혀 다른 관점으로 바라본다. 바로 다른 사람도 할 수 있는 훌륭한 일을 하는 것보다는 시시하더라도 오직 자신만이 할 수 있는 일(이른바 자신의 '소명')을 하라고 말하는 것이다. 이것은 내가 처한 곤경을 정확하게 표현한 말 같았다. 나는 내가 뭘 하기로 되어 있는 인간인지 알고 싶었다.

직업이라는 허울을 벗어던지자 내 에고는 내가 정체성을 떨쳐버린 자리에 생긴 구멍을 어떻게 할 것이냐고 수시로 보챘다. 내 에고는 내가 장차 무엇이 될지를 알고 싶어 했다.

그것을 알기까지는 시간이 걸릴 터였다.

네 할 일은 사랑을 찾아다니는 것이 아니라, 그저 사랑이 들어오지
못하게 네 안에 스스로 쌓아올린 장벽들을 모조리 찾아내는 것이다.

—루미Rumi

결국 내 여정의 마지막 지점은 블랙 록 시티였다. 나는 버닝 맨 축제로 되돌아와 다시 한 번 선물 경제 속에서 살아보는 시간을 가졌다. 거기서 지낸 뒤에는 집으로 돌아와 요가 수행자가 되는 방법을 알아보기 시작했다. 그때는 아직 요가 수련원이 피자 가게처럼 흔한 시절이 아니었다. 나는 경험 많고 좀 괴짜 같은 프랑스 인 요가 선생님을 만났고 그의 제자로 들어갔다.

내가 뉴욕으로 돌아오고 나서 네 시간 뒤, 세계무역센터 건물이 뉴욕 시의 스카이라인에서 사라져버렸다. 나는 내 생애 첫 번째 맹세를 했다.

 더 이상 돈에 근거한 결정은 하지 않겠다.

요가 선생이 되겠다고 말하자 많은 친구들이 나를 제정신이 아니라고 여겼다. 몇 달 전 나는 내 인생이 중간 지점에 다다른 것을 기념하는 폭탄 세일로 흔히들 완벽한 직장이라고 하는 일터를 그만둔 터였다. 나는 넉넉한 연봉을 받고 있었다. 의료보험도 보장되었고 브룩클린에 근사한 사무실도 있었다. 내 고객은 주로 예술가, 영화감독, 작가, 음악가 들이었는데 그들과 만나는 것은 상당히 즐거웠다. 한동안 이 정도면 행복의 조건을 모두 갖췄노라고 생각했다. 하지만 일자리를 내팽개치고 무작정 길 위에 서보니 내가 지금껏 선택한 직업들을 되돌아볼 심신의 여유가 생겼다. 대중 문화 마케팅 회사에서 '크리에이티브 디렉터'가 된 것은 창조적인 사람이 되고 싶다는 내 바람에서 나온 것이었다. 하지만 사람들과 그들의 생각을 상품으로 만들고 광고를 하는 종류의 창조성을 원한 것은 아니었다. 사실 내 직업은 내 가슴이 요구하는 본질적인 기쁨은 주지 못하는 일이었다.

이런 직업을 단박에 그만두고 요가를 가르치며 소박하게 생계를 이어가는 것이야말로 훨씬 앞뒤가 맞는 선택이었다. 하지만 오랜 습관을 깨기는 어려웠다. 나는 아이디어가 떠오르면 그것을 수익으로 변환할 궁리를 하는 것이 무의식에 각인되어 있다시피 했다. 요가 사업을 시작하는 것에 대해 진지하게 생각해 보았다. 따지고 보면 나는 요가 쪽의 경력보다는 비즈니스 쪽에서 경력이 더 많았다. 요가 수련원을 열려면 공간이 필요했고, 사람을 고용해야 했으며, 빚을 내야 했고, 돈 계산을 해야 했다. 무엇보다도 내가 떨쳐버리려고 하는 바로 그 성격들을 더 많이 갖춰야 했다.

나는 좋은 아이디어라면 필수적으로 따라오는 비즈니스 관련 일들이 지겹고 지루했다. 버닝 맨 축제에서 선물 경제를 체험하고 나니 나도 물물교환이나 선물 주기 등 돈을 대체할 수 있는 기술을 갖고 싶었다. 하지만 내가 살고 있는 채무 불이행 문화에서는 무엇이 되었든 적당한 양만을 원한다는 것이 사실상 개인적 결함이자 약점으로 여겨졌다. 돈을 원하지 않는다니, 그것은 미국식과는 맞지 않았다. 나는 살아남으려면 왜 무엇이 되었든 무작정 커져야만 하는지 납득할 수 없었다.

'인생은 길어.' 앞으로 뭘 하게 될지를 '지금 당장' 알아야 한다는 불안감이 솟아오를 때마다 나는 그렇게 되뇌며 마음을 가라앉히곤 했다. 점점 더 빠르게만 돌아가는 비즈니스 세계에서 보조를 맞추다 보니 생긴 버릇이었다.

길 위에서 넉 달을 보내는 동안 나는 장장 1만 8,000킬로미터에 걸쳐 펼쳐지는 미국의 풍경을 바라보며 울었고 33년의 내 인생을 되돌아보았다. 고백하건대 여행이 끝나 낡은 자동차를 끌고 뉴욕으로 돌아오면서도 앞으로 어떻게 살지에 대해서는 여행을 떠나기 전보다 특별히 더 알게 된 것이 없어서 조금 실망스러웠다. 귀중한 것 몇 가지를 안 것이 전부였다. 요가, 침묵, 자유의 맛 그리고 약간의 용기.

요가를 가르치다 보면 무엇이 되었든 다음 단계로 넘어가게 될 터였다. 요가 교사 자격증을 따자 나는 선물의 가치를 유지하기 위해 "돈이 없어서 돌아가는 사람은 있을 수 없습니다"라는 안내문을 내걸고 요가 수업을 시작했다. 수강료는 돈은 물론이고 물물교환이나 선물로도 받았다. 그것이 시작이었다.

부서진 가슴에는 대형 반창고가 필요해

한 사람 마음에서 생겨난 번뜩이는 생각의 불꽃은
다른 사람 마음속에 있는 비슷한 생각을 일깨운다.

―토머스 칼라일Thomas Carlyle

"부서진 가슴이에요? 나는 반창곤데!" 어떤 남자가 초록색과 파란색 발광 전선으로 만든 헐렁한 대형 반창고를 두르고 내 앞에 서 있었다. 미인 대회 참가자가 가슴에 두르는 띠처럼 커다란 반창고가 그의 오른쪽 엉덩이에서 시작해 가슴과 왼쪽 어깨를 거쳐 등으로 이어지고 있었다.

"네, 난 부서진 가슴이에요." 나는 빨간 불빛이 깜박거리는 심장 모양의 발광 전선을 가슴 한가운데에 매달고 있었다.

'상처받은 이들의 축제'는 한 금속 예술가 집단이 9·11사태 이후 뉴요커들이 느낀 상실감을 표현하기 위해 만든 변장 파티였다. 브룩클린의 한 자재 창고에 놀이 공원에서나 볼 수 있는 놀이 기구들을 늘어놓고, 그 기구들을 타면 심각하게는 아니고 아주 조금 상처가 나게끔 만든 파티였다. 간호사 복장을 하고(하지만 허벅지까지 올라오는 망사 스타킹 차림의) 서로 추파를 던지는 남자와 여자들, 그리고 진짜 다쳤거나 아니면 가짜 상처를 낸 사람들이 서로의 상처에 붕대를 매주면서 파티를 즐기고 있었다. 말 그대로 진정한 '남녀 만남의 장'이었다.

나는 '반창고 소년' 마이키를 데리고 바닥에 놓여 있는 6미터짜리 시소

쪽으로 걸어갔다. 시소의 양끝에 달린 계단식 의자가 손님을 기다리고 있었다. 나는 손으로 의자를 가리켰다. 그가 가뿐하게 시소 위에 올라탔다. 나는 다른 쪽 끝에 몸을 싣고서 내 쪽이 더 무거워지게 하려고 두 주먹을 꽉 쥔 채 오만상을 찌푸리며 쪼그려 앉았다. 나는 작정한 사람처럼 마이키가 마치 천장에 핀으로 박혀 있는 듯한 기분이 들 정도로 좀 불편한 높이까지 그를 허공에 들어올렸다. 그는 반쯤은 흥분된 얼굴로, 반쯤은 떨어지지 않을까 겁먹은 얼굴로 나를 내려다보았다.

다음날 아침 아파트 현관문을 열어보니 반창고 소년이 스케이트보드를 한 팔에 끼고, 다른 손에는 자주색 루드베키아 화분을 들고 서 있었다.

"내 아파트는 어떻게 알았어요?"

마이키는 지금 내 집 현관 앞에 서 있기까지 겪은 우여곡절을 줄줄이 읊었다. 처음에는 기본적인 추리와 현실적인 논리로 시작했지만, 이내 컴퓨터 코드도 써보고, 내 이름과 그날 나에 대해 들은 사실들로 지역 주민 목록을 검색해 보기도 했단다. 마지막으로, 조사 끝에 찾아낸 웬디가 둘 있었는데 그중 전날 밤 만난 사람은 새킷 스트리트에 사는 웬디일 거라고 감으로 찍었다고 했다. 브룩클린에는 흙과 마당이 있을 법한 곳이 고작 두세 군데뿐인데, 나는 요새 정원을 하나 꾸려볼까 한다고 말했던 것이다. 내가 룸메이트와 같이 가꾸고 있는 캐롤 가든즈 브라운스톤 아파트는 브룩클린에서 뒷마당이 있는 곳으로 잘 알려진 곳이었다.

"훌륭한 추리네요." 나는 문을 더 열어 그를 집으로 들이면서 말했다.

며칠 뒤 휴스턴 스트리트에 있는 마이키의 아파트에 놀러 갔더니 그는 열 몇 벌의 남녀 속옷을 만드느라 여념이 없었다. 모든 속옷에는 조그마한

우리의 첫 번째 데이트. 마이키는 열 벌 남짓 되는 모터 달린 팬티를 납땜하고 있었다.

주머니가 달려 있고 그 안에는 작은 모터가 달려 있어서 그가 만든 리모컨으로 전원을 껐다 켤 수 있었다. 마이키는 짓궂은 장난을 무척 좋아하는 장난꾸러기였고, 또 늘 영리했다. 그 역시 버닝 맨 축제를 알고 있었으며 새로운 발명품을 가지고 다시 축제에 참여할 계획이라고 했다. 그의 계획은 방금 말한 팬티를 사람들에게 나누어준 다음 팬티를 받지 않은 사람들에게 리모컨을 무작위로 맡기는 것이었다. "팬티 술래잡기죠." 인두로 납땜을 하던 마이키가 고개를 들더니, 머리띠처럼 쓰고 있던 커다란 돋보기안경을 밀어 올리며 장난꾸러기 같은 미소를 지었다.

내 옆구리에는 사막 순례 때 쓰려고 만들고 있던 담요가 끼워져 있었다. 담요에는 커다란 팔이 두 쌍 달려 있었다. 하나는 담요를 두른 사람이 바깥으로 팔을 내뻗을 수 있도록 하는 것이고, 다른 하나는 바깥 사람이 담요 두른 사람의 팔을 잡고 싶을 때 쓸 수 있도록 한 것이었다. "꼭 껴안고 있기 위해서죠." 내가 말했다.

버닝 맨 축제가 두세 달 앞으로 다가온 때여서, 참가하려는 사람들은 기존에 쓰던 물건들을 기괴한 방식으로 탈바꿈시키느라 크리스마스 요정들처럼 분주하게 작업하고 있었다. 버닝 맨 축제는 창조성에 목마른 이들에게 놀이의 장을 마련해 주었고 익숙한 것도 해괴하게 만들어볼 구실을 주었다.

우리의 세 번째 데이트는 변장 파티를 연 예술가들의 금속 작업장 '마다가스카르 연구소'에서 이루어졌다. 거기서 나는 마이키에게 산소 아세틸렌 토치를 이용해 190리터 들이 쇠 드럼통에 각종 이미지를 파 넣는 법을 알려주었다. 나 역시 불과 몇 주 전에 배운 기술이었다. 드럼통 안에다 불을 피우면 파놓은 문양들이 빛을 내며 번쩍거렸다. 나는 불을 피우면 두 팔을 쭉 뻗은 여자 얼굴로 변하는 나무의 형상을 파서 새기는 작업을 마이키와 함께 완성했다. 우리는 드럼통 옆면에 뉴욕 경찰청과 뉴욕 소방청의 머리글자인 NYPD, FDNY를 조심스럽게 파 넣었다. 이 드럼통들은 9·11사태 때 수고한 구조대원들을 기리는 공공 미술 프로젝트의 일환으로 만드는 것이었다.

몇 주 뒤 우리는 뉴욕 시의 허가를 받아 이 아름다운 쇠 드럼통을 웨스트사이드 고속도로의 보도에 쭉 세웠다. 드럼통 안에 불이 피워지자 아파트 안에 있던 뉴요커들이 하나둘 구경하러 나왔다. 어떤 이들은 따뜻한 불가에서 담소를 나누기도 했고, 어떤 이들은 깊은 생각에 잠기기도 했다. 나는 너무 깊어서 차마 말로 표현할 수 없는 상처들을 이 불꽃이 다 태워주는 상상을 했다.

버닝 맨 축제의 만들기 문화에 영감을 받아 여러 가지 기술들을 익히기 시작하면서 나는 점점 단조로운 성격에서 호기심 넘치는 성격으로 변해갔다. 마이키는 내게 LED 조명 만드는 법을 알려주었다. 나는 그에게 용접 기술을 가르쳐주었다. 우리는 볼 베어링에 기름칠을 하고 바큇살을 정렬하는 등 하나씩 부품을 짜 맞추면서 자전거 두 대를 조립했다. 우리는 서로를 알게 되고 나서 (마이키가 센 바에 따르면) 263일 동안 이런저런 것들을 만들었다.

쇠를 용접하고 자르는 법을 알게 되면서 내 인생이 바뀌었다.
특히 사막 한복판에서라면 이 기술은 언제나 쓸모가 있다.

탈상품화된 삶을 살다

> 소비 욕구는 일종의 욕정이다. 우리는 공기나 음식처럼 세상도 우리를 관통해
> 흐르기를 갈망한다. 우리는 오로지 우리 몸 안에만 담아둘 수 있는 뭔가를 갖고 싶어
> 목마르고 배고프다. 소비자들이 소비하는 상품은 그 욕정에 먹이를 줘 욕정을 더욱
> 자극하는 것일 뿐, 결코 만족감을 주지 못한다.
>
> —루이스 하이드, 《선물: 소유를 욕망하는 삶 The Gift: The Erotic Life of Property》

2002년, 뉴욕에서는 한 언더그라운드 예술 모임이 싹을 틔워 자라고 있었다. 매주, 모임 참석자들은 바느질하는 법을 배워 곰 모양 털옷을 만들 수도 있고, 뉴욕 센트럴 파크의 식물 중에서 먹을 수 있는 식물이 무엇인지 배울 수도 있고, 도해 읽는 법을 배울 수도, 뉴질랜드의 민속 불춤인 포이poi를 익힐 수도, 용접하는 법을 배울 수도, 또는 더 이상 쓰이지 않는 지하철 역사驛舍 투어를 할 수도 있었다.

소비주의와 돈은 창조적인 프로젝트에서 주기적으로 등장하는 주제였다. 공연 예술가 빌리 목사는 쇼핑중지교회를 세웠다. 정식 성가대와 함께 다니면서 물질주의의 위험성에 대해 설교하는 빌리 목사와 신도들은 처음에는 뉴욕 시의 교회들에서 공연했고, 그 다음에는 나라 전체를 돌며, 그 다음에는 전 세계를 돌며 공연했다. '부시 대통령을 위한 백만장자들Billionaires for Bush'이라는 단체가 턱시도와 화려한 가운을 걸치고 시내를 돌아다니는 모습도 정기적으로 눈에 띄었다. 차려입은 옷이 말해주듯 그들은 부자들의 권리를 옹호하면서 다른 이들에게도 세금을 많이 물리라고 요구하고 수익

을 최대화하고 더 큰 권력을 거머쥐어야 한다고 외쳤다. 나는 '구토의 전당: 더 먹을 수 있게 해달라!The Vomitorium: Make Room For More!'라는 프로젝트를 만들어서 나만의 색깔을 더했다. 이는 로마 제국의 호화 파티를 본뜬 일종의 연극으로, 참여자들은 무진장 많은 음식을 먹고, 토하고, 또다시 잔뜩 먹는 일에 동참해야 했다. 로마 제국에 닥친 운명을 상기시키는 것이 이 연극의 목적이었다.

자기 표현과 자기 반성의 시대였다. 버닝 맨 축제의 선물 경제와 그것의 DIY(do it yourself, 자신의 일은 자신이 해야 한다는 사회 운동─옮긴이) 정신 덕분에 문화의 원래 모습이 어떠했는지 드러나기 시작했다. 그리고 마이키와 나 역시 우리의 삶이 얼마나 상품화되어 있는지 깨달을 수 있었다.

우리는 살아가는 데 필요한 물건을 우리가 직접 만드는 대신 거의 사서 쓰고 있다는 사실을 깨달았다. 무엇을 살지 결정할 때는 다른 사람들이 산 것과 똑같은 것을 사거나 광고에 귀를 기울였다. 유명 상표의 옷을 사 입음으로써 스스로 걸어 다니는 광고판이 되었다. 물건을 만들지 않았으므로 그 물건이 어떻게 작동하는지도 이해하지 못했다. 뭔가가 고장 나면 쓰레기통에 던져버리면 그만이었다. 우리는 책임감을 일깨워줄 만한 정보는 전혀 접할 일이 없었다. 어떤 섬유와 물질이 분해되어 흙으로 돌아가는지, 물건 하나가 생산되기까지 지구가 얼마만큼의 비용을 치러야 하는지 같은 것은 알지 못했다. 이런 정보는 세탁법이 적혀 있는 옷의 꼬리표에도 나와 있지 않았고, 기기의 사용 설명서에도 나와 있지 않았다.

우리는 문명의 대부분이 석유와 옥수수로 만들어진다는 사실에 대해 한 번도 깊이 생각해 본 적이 없었다. 석유나 옥수수는 추출 과정을 거쳐 수많은 것으로 변형될 수 있다. 석유는 플라스틱과 합성 섬유로 변하여 여러 소비재를 만드는 데 쓰인다. 비료로 만들어져 산업화된 식품의 재료를 기르는 데 쓰이기도 한다. 다른 곳에서 생산된 물자에 의존해서 살아가는 도시의 특성상 석유는 물건을 만드는 데는 물론 전달하는 데도 쓰이며, 우리가 소비하는 물건의 '가격'은 이 모든 것을 기준으로 매겨진다. 그뿐 아니다. 우리가 먹는 가공 음식, 즉 감미료에서 식이 섬유에 이르기까지 다양한 음식도 사실은 조작된 옥수수였다. 고기나 유제품 같은 동물성 식품도 옥수수의 산물이라고 보아야 하는데, 원래는 옥수수를 먹는 체질이 아닌 동물들이 산업화된 농장에서 옥수수 사료를 먹고 자랐기 때문이다.

우리의 생활 사이클은 우리가 손수 만들 수도 있는 것들을 사기 위해 돈을 벌고 그 돈을 벌기 위해 일하는 패턴의 무한 반복이었다. 손수 만든다면 더 잘, 그리고 더 책임감 있게 만들 수도 있을 물건들을 사기 위해서였다. 우리는 우리가 받은 가장 소중한 선물인 창조성을 돈과 맞바꾸고 있었다. 우리의 노동은 이 지구에서의 삶을 조금이라도 더 좋게 만드는 데 아무런 도움도 주지 못하고 있었다. 가슴 깊은 곳에서 이런 사실을 절감했다.

새롭게 눈을 뜨자, 모든 음식점들 뒤편에 똑같은 식재료 트럭이 주차되어 있는 것이 눈에 들어왔다. "정말 다 똑같네." 마이키와 나는 허름한 분식점이나 길 건너편의 세련된 건강 음식점이나 똑같은 트럭에서 재료를 공급받는 것을 바라보면서 말했다.

유전자 변형 농산물과 농약, 공장형 동물 사육의 실태에 관한 글을 읽으면서, 우리는 음식에 더 신경을 쓰게 되었다. 유전자 변형 농산물을 함유한 식품 목록을 기억해 두었다가 그런 것들은 피했다. 당시 피해야 할 것들은 면과 옥수수, 카놀라, 콩이었다. 지금 그 목록은 더 길어져서 다 외우기가 어려워졌다.

우리는 텔레비전을 버렸고, 뉴스는 다른 온라인 매체를 통해 확인했다. 더 많은 물건을 우리가 손수 만들기 시작했다. 우리는 새 상품을 사는 것보다 버려진 것 중에서 주워 쓰는 쪽을 더 좋아했다. 버려진 것들을 변형해서 우리에게 필요한 것으로 만들어 썼다. 변형해 쓰는 것이 습관이 되자 우리가 하는 선택과 이 세상이 어떻게 연관되어 있는지 그 관계가 보이기 시작했다. 저임금 노동과 아동 노동으로 운영되는 작업장에, 공해에, 전 세계적인 자원 남용에 기여하지 않으려면 우리가 선택해야 할 방식은 소비를 하지 않는 것이고 버려진 것들로 생활을 꾸려나가는 것이었다.

우리는 사람들이 고되게 일하는 자신들을 위해 보상이랍시고 해주는 행동들을 눈여겨보기 시작했다. 그것은 마이키와 내가 늘 스스로에게 보상해 주겠다면서 하던 것들이었다. 네모난 상자 같은 사무실을 벗어나면 우리는 서둘러 거나한 저녁 식사를 하러 갔고, 명품 옷과 고급 물건을 사들였다.

나는 1년 전 길 위에서 몇 달을 보내면서 내게 한 약속을 굳게 지키고 있었다. 이제는 마이키와 함께 한 가지 약속을 덧붙였다.

 우리는 탈상품화된 삶을 추구할 것이다.

손수 만들어보면
더 좋아요

우리의 생활 사이클은 물건을 사기 위해 돈을 벌고 그 돈을 벌기 위해
일하는 패턴의 무한 반복이었다. 손수 만든다면 더 잘,
그리고 더 책임감 있게 만들 수도 있을 물건들을 사기 위해서.

치약

잘 섞는다

베이킹 소다
2 큰술

소금 약간

글리세린 1 큰술
(없어도 됨)

닥터 브로너스(미국의 유기농
화장품 회사—옮긴이)
페퍼민트 1 작은술

헤어 컨디셔너

컨디셔너 용기 정량에
약간 못 미칠 만큼의 물을
냄비에 붓고 끓인다

그 안에 유카(혹은 사포닌이 함유된
토종 식물 어느 것이든 가능)를 넣고,
로즈마리 1/4컵과 히비스커스
2 큰술을 넣고 우려낸다

용기 위에 체를 대고 붓는다.
용기의 나머지 공간에 백식초를
넣어 가득 채운다

만능 세척제

티 트리 오일을 몇 방울 떨어뜨린다

온수 2컵에 붕사 1큰술과 베이킹 소다 1작은술을 넣고 섞는다

액상 카스티야 비누(올리브유를 주재료로 한 비누—옮긴이)를 몇 방울 떨어뜨린다. 잘 섞은 용액을 용기 안에 붓는다

무환자나무 열매를 모슬린 주머니에 담으면 세탁 세제로 사용할 수 있다

수세미오이를 말리면 수세미로 쓸 수 있다

유리 세척제

식초 1/2컵에 충분한 양의 정수를 섞어서 분무기에 채운다

에센셜 오일을 세 방울 떨어뜨린다

용기는 재사용 할 것!

모든 것이 세상을 바꿀 도구

용기는 두려움이 없는 상태가 아니라,
두려움보다 더 중요한 것이 있다는 판단이다.
—앰브로즈 레드문Ambrose Redmoon

요가를 가르치고 프리랜스 홍보 전문가로 일하면서 근근이 살아가는 동안 저축해 놓은 돈이 점점 줄어들었다. 상품화된 사회에서 탈상품화된 삶을 산다는 것 자체가 말도 안 되는 생각이었을까? 그런 생각을 하던 차에 그동안 거쳐온 직업들 덕분에 내게 쓸모 있는 기술이 많이 있다는 사실을 깨달았다. 나는 언론 매체를 활용하고 행사를 주최하는 법을 알았다. 이런 기술을 활용해서 평화의 목소리를 내는 행사를 만들기로 결심했다.

아침 7시가 가까운 시각, 나는 센트럴 파크의 한 다리 밑에 서서 수십 년 만에 찾아온 거대한 눈보라가 흰색 가루를 쏟아 붓는 광경을 바라보고 있었다. 목탄으로 그려놓은 것 같은 겨울 나무의 발가벗은 몸통이 흰색과 회색을 배경으로 흔들리고 있었다.

내가 솔선해서 알몸으로 이 눈보라 속으로 들어가지 않으면 내 뜻에 동참하겠다고 나선 자원 봉사자들 누구도 그렇게 하지 않을 것이었다. 나는 내달렸다. 안에 피로 가득한 따뜻한 내 몸을 사선으로 내리 꽂히는 크리스털 같은 눈보라가 난도질했다. 베데스다 분수에 다다라 저 높이 허공에 앉아 있는 '물의 천사' 청동상을 올려다보면서 나는 천사의 뻗은 팔이 나를 부르는 것 같다는 상상을 했다. 나는 천사상과 그 앞에 있는 네 개의 작은 케루빔 상 앞에서 속도를 늦추었다. 건강과 순수, 자제심, 평화의 케루빔. 그 옆에는 세계대전에 참전했던 참전 용사들을 기리는 명판이 눈에 뒤덮여 있었다. 41일 뒤면 미국은 두 번째로 이라크 침공을 시작할 참이었다. 우리는 그 계획에 동의하지 않는다는 뜻을 세상에 알리기 위해 센트럴 파크에 모여 있었다.

고성의 외침이 점점 커졌다. 내가 다리에서부터 뛰어오는 것을 보고 이 퍼포먼스에 참여하겠다고 자원한 여자들 무리가 나를 따라온 것이었다. 그들의 얼룩덜룩 붉어진 알몸이 내 쪽으로 다가오고 있었다. 3분도 채 안 되어 우리는 몸으로 '노 부시NO bUSH'라는 글자를 만들었다. S에 해당하는 내 자리에 누웠더니 등 뒤로 느껴지는 눈이 뜨거웠다. 얼굴 위로 사정없이 떨어져 내리는 눈꽃을 노려보았다. 나는 통장 잔고는 바닥나고 직업은 없는 몸으로, 조금은 무섭고 약간은 마법 같은 어떤 일을 하느라 눈보라 속에 나와 있었다.

나는 그날 단지 전쟁 반대만 표현한 것이 아니었다. 그것은 지금껏 산업에 활용해 온 내 기술을 되찾는 행위였고, 그렇게 나는 내 자신을 구원하고 있었다. 나는 예술가가 되고 싶었지만, 대학교에서는 마케팅을 전공으로 선택했다. 그게 안전한 길인 것 같았기 때문이다. 그리고 오랜 시간이 흐른 뒤 예술적 기술이라고는 찾아볼 수 없게 된 내 모습을 발견했다. 적어도 전통적이고 상품화된 의미에서는 말이다. 그림도 그리지 않았고 조각도 하지 않았다. 예술적인 어떤 훈련도 하지 않았다. 갤러리에 걸거나 내다 팔 만한 것이라곤 하나도 없었다. 예술을 취미로 해볼 시간조차 없었다. '노 부시'라는 글자를 만들면서 나는 내가 지금껏 일하면서 얻은 기술이 그 자체로도 예술적일 수 있다는 것을, 그 기술을 더 좋은 목적에 사용할 수 있다는 사실을 스스로에게 보여준 셈이었다. 말 그대로 '무엇이든' 세상을 바꿀 도구로 쓸 수가 있었다.

며칠 지나지 않아 다른 사람들이 만든 평화의 이미지들이 쏟아져 나오는 모습이 방송을 통해 나왔다. 홍콩, 밀라노, 텍사스, 파리, 시드니, 남아프리카 공화국, 히로시마, 쿠바, 스페인, 뉴질랜드, 케이프타운, 남극, 그 밖에 세계 곳곳의 사람들이 '사랑LOVE', 'SOS', '전쟁은 그만No War' 같은 낱말들을 몸으로 썼다. 그들은 몸으로 하트 모양과 평화 표시도 그렸다. 중동에서는 아랍어로 평화를 뜻하는 '살람salam'이라는 글자가 씌어졌다. 나는 지금껏 일하면서 한 번도 느껴보지 못한 만족감을 느꼈다. 그제야 내가 쓸모 있다고 느껴졌다.

이로써 나는 비논리적이고, 모순되며, 이상해지고, 미칠 권리를 내게 허하게 되었다. 세상에서 의미 있게 존재할 수만 있다면 어떤 모습인들 무슨 대수랴.

상품화된 사람들

우리는 같은 유전자를 갖고 있다. 우리는 거의 대부분 똑같다.
그러나 우리의 본성, 인간의 본성은 모든 행위를 허용한다.
즉 우리 모두가 특정 상황에서 가스실 간수가 될 수도,
성자가 될 수도 있다는 뜻이다.

—노엄 촘스키Noam Chomsky

얼마 뒤 나는 친구 마리나와 전철에서 내렸다가 군중에 휩쓸리고 말았다. 경찰과 시위자들, 고층 빌딩을 들락거리는 양복쟁이들이 한데 뒤섞여 있었다. 오토바이를 탄 경찰들, 기자들, 무지갯빛 가발을 쓴 광대도 있었다. 맨해튼 한복판으로 친구를 데리러 가기에는 가장 안 좋은 날이었다. 그해 여름에는 뉴욕 전체에 시위자들이 가득했고, 그들과 맞닥뜨리는 일을 피하기가 어려웠다.

그 북새통 속에서도 우리는 우여곡절 끝에 뉴올리언스에서 비행기를 타고 지금 막 도착한 친구 벤을 만났고, 다 같이 한 블록 떨어진 전철역으로 향했다. 그러나 브라이언트 파크에 있는 전철역 입구를 몇 미터 남겨두고 인도 위의 사람들 행렬이 느려지더니 이내 멈추었다. 소요가 일어나고 기운이 격앙되면서 누군가 소리를 질렀고 뭔가 빠른 움직임이 일어났다. 내 옆에 있던 어떤 사람들은 허공중으로 팔을 뻗어 손으로 평화 표시를 만들었다. 친구들과 나 그리고 바퀴 달린 여행 가방 하나가 경찰의 외침에 따라 바닥으로 주저앉았다. "엎드려! 모두 다 엎드려!"

진압 장비를 갖추고 어깨를 맞대고 선 경찰들이 주황색 그물을 턱 높이까지 들고 있었다. 벤과 마리나, 나는 전에 한 번도 본 적 없는 쉰 명의 다른 사람들과 함께 포위되었다. 덫에 걸린 거였다. 경찰은 포위된 사람들을 한 사람씩 그물 안으로 밀어 넣었고, 사람들은 제복 입은 경찰들에게 등 뒤로 두 손을 붙잡힌 채 고개를 떨구고 그물 안으로 밀려들어 갔다. 도로 바닥에 세차게 엎어지는 바람에 코에서 피가 나는 사람들도 있었다. 나도 수갑이 단단히 채워진 채 뉴욕 경찰이 장악한 도시 버스에 태워졌다. 도시 버스가 이런 경우에는 임시 교도소로 활용되는 모양이었다.

미국 공화당 전당대회를 몇 주 앞두고서는 웨스트사이드 57부두의 오래된 버스 터미널이 임시 교도소로 둔갑할 수 있다는 사실도 알게 되었다. 나는 터미널에서 소지품과 주민등록증, 전화기, 돈 그리고 즐거움을 모조리 빼앗겼고, 50여 명의 다른 여자들과 함께 길이 3.5미터 남짓한 벤치가 있는 감방으로 던져졌다. 교도소에 수감된 것이었다. 무슨 시위에 가담한 것도 아니고, 단지 안 좋은 때에 뉴욕 시 보도 위에 있었다는 이유만으로.

교도소의 유일한 식수원은 표면이 벗겨진 콘크리트 벽 한쪽의 낡고 녹슨 분수대였다. 기름때 낀 파이프에서 물이 나오고 있었다. 많은 이들이 이것저것 안 가리고 그 물을 마시기는 했지만, 나는 신장염이 걱정되었다. 늘 갖고 다니는 항생제를 집에 두고 온 터였다. 하루에 250밀리미터짜리 물 열 잔을 마시라는 의사의 처방을 여기서 어떻게 지킬 수 있단 말인가? '여기에 있다가는 죽고 말겠구나!' 다른 이들이 목을 축이는 모습을 보며 생각했다.

다음날, 감방에 있던 우리는 맨해튼 시내에 있는 진짜 교도소로 이송되었다. 가는 길에 한 대학생이 심각한 공황발작을 일으켰다. 경찰은 울고 소리 지르고 숨을 헐떡이는 그녀를 버스 한가운데에 박혀 있는 쇠막대로 질질 끌고 가서 사슬로 묶었다. 이렇게 자리를 바꾸면 진정하기라도 한다는 듯이. 그녀는 진정되지 않았다.

교도소에서 사흘을 보내며 많은 사람들을 만났다. 그 주에 딸이 아기를 낳는다던 중년 부인은 첫 손자의 출생을 지켜볼 수 없었다. 위스콘신에서 온 한 아버지는 뉴욕 대학교의 작디작은 기숙사 방에 딸의 엄청나게 많은 소지품을 이삿짐센터 직원처럼 옮겨 주고 나서 중국 음식을 사러 막 거리로 나온 참이었다. 우리 모두가 각자의 자리에서 잘 살고 있다가 별안간 붙들려 온 꼴이었다.

나의 끈질긴 읍소 끝에 한 경찰이 4분의 1쯤 물이 담긴 자기 물통을 철창 사이로 밀어 넣어주었다. 나는 그 키 크고 인상이 부드러운 중년의 흑인 경찰에게 물었다. "당신들의 시민권은 그것을 얻기 위해 싸운 사람들 덕분에 생겼다는 걸 알고 있나요?"

"이제 몇 년만 더 일하면 연금이 나옵니다." 그는 변명하듯이 말하고는 사라졌다.

9·11사태 이후의 시간을 다시 떠올려보았다. 마이키와 나는 함께 만든 드럼통 뒷면에 뉴욕 시 경찰청을 기리기 위해 'NYPD'라는 머리글자를 정성껏 새겨 넣었다. 이렇게도 새겼다. "노고에 감사드립니다." 그 기억과 뒤섞여 지금 이 상황은 뭔가 이상해 보였다. 하지만 내가 그 흑인 경찰에게서 느낀 두려움은 파란색 공무원 복장을 한 '사람들'에 대한 두려움이 아니라는 것을 알고 있었다. 나는 그들을 상품으로 만들어버린 그것이 두려웠다.

스왐 오 라마 라마

배고픔과 불행을 낳는다면 그게 최고급 옷이라도 아름답지 않다.

—간디Ghandi

2004년, 미국 환경보호청에 따르면, 미국인들은 해마다 131억 톤의 직물 쓰레기를 만들어내고 있었다. 상품화된 세상의 가치는 어디에 있을까? 나는 물었다. 거리에 줄줄이 놓인 폐의류 비닐봉지마다 꽉꽉 들어찬 옷들은 쓰레기가 되기 전에는 사람들이 힘들게 일해서 번 돈으로 사들인 것이었다. 그런데 왜 우리는 우리의 노고를 순식간에 내다버리는 것일까?

그 시기에 버닝 맨 축제의 창설자 래리 하비Larry Harvey가 맨해튼 시내에 있는 앤젤 오렌잔츠 예술재단에서 공개 대담을 했다. 그는 100년 전, 사람들이 지금보다 물건을 더 많이 만들어 쓰던 시절에는 쓰레기가 거의 없었다고 말했다. 손으로 만드는 물건에는 남다른 값어치가 담겨 있기 때문이라고 했다. 즉 기억과 경험, 지나온 삶에 대한 추억거리가 담긴 물건이라는 것이다. 얼굴 없는 컴퓨터와 산업 기계가 만든 상품에 사람들이 소중히 여길 만한 이야기가 들어 있지 않다는 사실은 누구나 쉽게 이해할 수 있다. 또 제조 과정과 관련해 이렇게 물을 수도 있다. 거기에 저임금 노동이 들어가지 않았는가? 화석 연료가 사용되지 않았는가? 생명 유지에 필요한 자원이 무분별하게 쓰이지 않았는가? 그렇게 만들어진 물건을 내다버리는 것은 놀랄 일이 아니다. 어쩌면 오늘날 만들어지는 물건은 우리가 생명의 감소에 일조했다는 사실을 일깨워주기 때문에 우리 스스로 서둘러 치워버리는 것인지도 모른다.

이제 상품화된 세상으로부터 되찾아온 기술을 이용해 단지 불평만 할 것이 아니라 그 이상의 것을 내놓을 때였다.

 물건을 향한 욕망에 해결책을 내놓겠다.

내가 찾은 해결책은 바로 '스왑 오 라마 라마SwapORamaRama'였다. 이는 이미 넘쳐나는 헌옷을 활용해 새 옷을 만드는 의류 재활용 축제이다. DIY 정신과 작업장만 있으면 창조성은 물건을 만드는 과정에서 되살아난다. 소비자와 창조자 사이의 장벽이 무너지는 것이다. 스왑 오 라마 라마는 물건을 만드는 일이 여가 시간을 빼앗는 행동이 아니라, 오히려 그 자체로 재미있고 신나는 여가 시간이라는 점을 몸소 체험함으로써 깨닫게 해준다.

스왑 오 라마 라마는 뉴욕 시에서 성공적으로 첫 행사를 마친 뒤 버닝맨 축제의 비영리 재단 블랙 록 아트에서 보조금을 받았으며, 그해 후반기에는 캘리포니아에서 열린 제1회 메이커 축제에서 수많은 사람들이 참여한 웨스트 코스트 스왑 오 라마 라마로 이어졌다. 글루 건, 가위, 가장자리 장식, 천 조각, 지퍼, 단추, 보드 게임 조각 들이 영감을 받은 바쁜 손들 사이에서 오갔다. 실크스크린 예술가 집단인 '트리니티 크로스Trinity Cross' 팀은 창문 닦는 데 쓰는 고무 청소기를 활용해 낡은 옷을 새롭고 재미있는 스타일로 바

쓰레기가 바꿔줬어요

우리는 세계 역사상 가장 심한 **과잉** 속에 살고 있다. 중고품 가게나 쓰레기더미를 살펴보면 웬만한 물건은 전부 찾을 수 있다. 산업에 빼앗겨버린 **창조성**을 되찾아오자. 쓰레기에서 **가치**를 만들어내자.

'경고' 테이프로 만든 드레스

생수병으로 만든 온실

자전거 바구니로 만든 정리함

꾸었다. 안드레아 디하트는 양말로 아이팟 덮개를 만드는 워크숍을 열었다. 지역의 바느질 모임 '스티치 라운지Stitch Lounge'는 티셔츠 복원 강좌를 열었다. 샌디 드로브니는 베틀을 가져와서 색색의 쓰레기봉투를 실처럼 엮는 과정을 시연해 보였다. 그녀가 중고품 가게에서 구해온 헤어 롤러로 장식을 꾸미자 총천연색 앞치마가 탄생했다. 에미코는 낡은 보드 게임 재료로 장신구 만드는 법을 보여주었다. 지역의 의류 디자이너 열 명은 재봉틀을 가지고 와서 한 번도 재봉틀을 써본 적 없는 사람들에게 낡은 옷을 새 옷으로 개조하는 방법을 가르쳐주었다. 화룡점정으로, 행사에서 나누어준 "디자이너 나Modified by Me"라는 자축 의미의 상표를 붙이자 헌옷은 새로운 브랜드 옷으로 재탄생했고, 참여자들은 서로의 창조성을 확인할 수 있었다.

2006년 메이커 축제 스왑 오 라마 라마에서 텍스타일 디자이너 미란다 캐롤라인이 라이브 공연을 통해 옷을 해체한 뒤 다시 만들어내고 있다.

스왑 오 라마 라마에는 몇 가지 소중한 미덕이 있었다. 우선 어떤 것도 판매하지 않았고, 창조하는 데 쓰이는 재료는 전부 공짜였으며, 거울은 절대 허용되지 않았다. 그러자 사람들은 서로 붙들고 "저 어때요?"라고 물어보게 되었다. 자연스레 그 자리에서 친밀감이 생겼고, 친구가 되었다.

가까운 테이블에서는 식물원에서 온 한 남자가 벌레를 활용해 면이나 마 같은 천연 섬유를 퇴비로 만드는 강좌를 열고 있었다. 그가 한쪽 팔에 끼고 있는 플라스틱 통 안에는 잘게 찢은 종잇조각이 들어 있고, 통 밖으로는 길게 자른 면 티셔츠 조각이 삐져나와 있었다. 면 천 조각 위로 커다란 것에서 좁쌀 만한 것에 이르기까지 다양한 크기의 벌레들이 기어 다니고 있었다. 열 살짜리 어린 참가자들이 꾸물거리는 벌레가 신기한지 손으로 만질 기회만 기다리고 있었다. 한 아이는 벌레로 뭘 만들 수 있는지 물었다.

마이키는 귀를 기울이며 듣고 있는 청중에게 무선 인식RFID에 대해 설명했다. 그런 다음 낡은 바지 주머니에 금속 섬유 직물로 안감을 대는 모습을 보여주었다. 금속 섬유는 평범한 바지 주머니를 페러데이 상자(외부 정전기장을 차단시키는 상자—옮긴이)로 바꾸어주어, 무선 인식 식별기가 신용카드나 운전면허증에 있는 개인 정보를 인식하지 못하도록 막을 수 있었다.

블랙 록 시티에서 처음 선물 경제를 경험한 뒤로 나는 채무 불이행 세상에서도 어디를 가건 그 가치를 찾았다. 도시의 거리를 가득 메운 쓰레기더미는 가치가 상실된 곳이 어디인지를 가리키고 있었다. 소비재에는 그 가치가 담겨 있지 않았다. 그 가치를 나는 스왑 오 라마 라마에서 처음으로 보았다. 워크숍 장소마다 손으로, 재봉틀로, 오버로크 기계로 바느질하는 사람들로 꽉 들어찼고 저마다 놀라운 결과물을 만들어내고 있었다.

신발도 박음질된 실을 모두 풀어 새것으로 만들었고, 가죽과 모조 피혁, 플라스틱에 그로밋(옷감에 구멍 뚫은 부분을 튼튼하게 만들기 위해 끼우는 쇠고리―옮긴이)을 박아 새 물건으로 탄생시켰다. 플립플롭 슬리퍼는 여러 개 겹쳐서 플라스틱 지퍼 끈으로 묶으니 현관 매트가 되었다. 브래지어가 해체되어 핸드백이 되었고, 실이 다 풀린 헌 스웨터는 새 스웨터로 다시 태어났다. 지그재그 바느질, 이상한 크기의 똑딱단추, 어울리지 않는 천 조각들이 조합된 독특한 문양 등 종잡을 수 없는 다양한 결과물이 변칙과 불규칙의 놀라운 장터를 만들어냈다. 괴짜 같고 삐딱하고 이상한 옷들이지만 그 안에 의미가 가득했다.

마케팅 분야에서 일하면서 나는 마케팅의 목적이 사람들을 생활 양식과 습관, 사회경제적 지위에 근거하여 구분하는 것이라고 배웠다. 이런 범주들이 브랜드로 표현될 때 사람들은 그 브랜드를 통해 자신을 해석한다. 그리고 스스로는 물론 다른 사람들까지 이런 기준에 끼워 맞춘다. 내 경우 나를 구성하는 요소로는 프라나(미국의 의류 브랜드―옮긴이)와 애플(아이폰과 매킨토시 컴퓨터 등을 만든 미국의 컴퓨터 기업―옮긴이), 심지어 버닝 맨 축제까지 있었다. 브랜드로 자신을 표현하도록 만드는 것은 소비자에게 물건을 파는 회사 입장에서는 유용한 기술이다. 그러나 이는 다른 사람을 자신과 동등한 인간으로 보기보다 사회경제적 지위와 생활 양식을 통해 바라보게 한다. 브랜드는 우리의 창조성에 대해, 관대함이나 속 깊은 가슴에 대해 아무것도 말해주지 못한다. 가끔 우리가 돈이 얼마나 많은지(혹은 없는지) 말해줄 뿐이다.

스왑 오 라마 라마에서는 세대와 민족, 문화, 사회경제적 배경이 다 다른 사람들이 한 자리에서 뒤섞였다. 브랜드를 빼고 만나자 사람들은 브랜드

루카스가 참여자들의 헌옷에 자신의
디자인을 실크스크린으로 염색해 주자
모두 행복한 얼굴로 돌아갔다.

이 옷이 낡은 소파 덮개로 만들어졌다는 것이 믿기는지?
2006년 메이커 축제 스왑 오 라마 라마 패션쇼에서 한 컷.

의 범주가 아닌 뭔가 다른 것으로 자신을 정의했다. 바로 자신의 창조성으로 말이다.

스왑 오 라마 라마는 첫해 행사가 끝나고 25개 도시로 확대되었고, 그 다음에는 125개 도시에서 개최되었다. 알래스카의 주도 주노에서부터 앨라배마의 헌츠빌, 텍사스의 웍서해치 등 미국 내 도시는 물론이고, 저 먼 이스탄불이나 예루살렘, 파나마, 퍼스, 뉴질랜드 등지에서도 저마다의 방식으로 우리의 뜻에 동참했다. 나는 스왑 오 라마 라마를 비영리 조직으로 전환하여 후원자들에게 재봉틀과 실크스크린 기계, 가위, 옷감, 잉크 등의 기부 물품을 모은 뒤 전 세계 여러 지역에 전달해 주었다. 우리의 행사에 참여하거나 각자의 지역에서 스왑 오 라마 라마를 개최하고 싶다면 언제든 환영한다. 스왑 오 라마 라마는 지금도 계속 자라고 있다.

자연은 가장 진실한 책

자연은 숨기는 것을 좋아한다.(되어가는 것은 비밀스러운 과정이니까.)

—헤라클레이토스Heraclitus

    뉴요커로서 나는 내 삶이 시끄러운 메트로폴리스를 뒤덮은 콘크리트 바닥에서 이루어지고 있다는 것을 잘 알고 있었다. 그래서인지 센트럴 파크의 100만 평에 이르는 잔디밭과 정원, 마음껏 뛰어놀 수 있는 분수대를 정말 좋아했다. 나는 한숨 돌리며 침묵을 맛보기 위해 숨어들 수 있는 한갓진 구석들을 알고 있었다. 도시에도 삶의 가치를 아는 사람들이 만들어놓은 은신처 같은 틈새들이 있었다. 거리에서는 건장한 나무가 뿌리 내린 집이기도 하면서 버려진 쓰레기들도 모여드는, 보도 한쪽의 가로 세로 1미터 남짓한 네모진 땅이라든지 창가의 화분 같은 데서 끈질기게 생명을 이어가는 자연을 만났다. 도시에 살 때는 변두리에서만 자연의 세계에 연결될 수 있었다. 판매와 거래, 교통, 상업, 매매, 협상의 과정이 만들어내는 소음은 나무 사이를 지나가는 바람소리, 콘크리트 정글 속에서 살아남은 몇 마리 새들의 소리보다 더 컸다.

    나는 이따금씩 롱아일랜드의 존스 해변이나 북쪽의 우드스톡에 가서 휴식을 취하고 왔다. 상근직의 시간 제한에서 자유로워졌을 때는 중미에서 3주간의 호화로운 휴식을 즐겼는데, 거기서는 전에 한 번도 느껴본 적이 없는 아주 깊은 이완을 맛보았다. 뭔가가 풀려버린 느낌이었다. 하지만 그 느낌을 갖기가 무섭게 일정상 집으로 가는 비행기에 올라야 했다. 나는 그 고요의 느낌을 기억해 두었고, 언제든 자연 속에 있을 때면 그 느낌이 돌아온다는 것을 알게 되었다.

브룩클린의 아파트로 돌아와서 몇 년 전 내 눈길을 사로잡았던 책을 찾아 들었다. 수피sufi(이슬람 신비주의자. 양모로 된 옷을 걸친 자라는 뜻이다—옮긴이)인 저자가 쓴 그 책의 표지에는 이런 문장이 있었다. "자연은 가장 진실한 책이다." 그 문장이 내 서약에 중요해 보였다. 탈상품화된 삶은 틀림없이 자연과 연관이 있을 터였다. 마침내 문명 전체가 땅 위에서 흔적도 없이 사라질 때도 자연만은 남을 것이기 때문이었다.

나는 수피란 지구 반대편에 존재하는 비밀스런 집단이라고만 생각했다. 사막의 동굴이나 외딴 산꼭대기에 살면서, 일부러 찾아오는 사람들 말고는 세상에서 잊힌 존재로 사는 기인들이라고 말이다. 나는 롱아일랜드 출신의 유대인 여자가 작열하는 햇빛 아래 바람을 맞으며 그들을 찾아 산으로 올라가는 모습을 그려보았다. '누군가는 그렇게 살아야겠지.' 나는 그게 내가 될 수 있을까 생각하며 속으로 그렇게 말했다.

"자연은 가장 진실한 책"이라는 그 한 문장 때문에 나는 이후 몇 년간 수피 책을 모아들이고 읽게 되었다. 수피 저자들의 글은 한결같이, 물질주의를 부추기는 충동에 대한 해결책을 내놓고 있었고, 그 해결책으로 자연이라는 마법의 도구 상자를 넌지시 암시하고 있었다. 많은 시詩가 사랑의 노래를 부르고 있지만 그들은 그런 시구들을 통해 물질적인 욕망 너머의 세계, 우리가 발견해 주기만을 기다리고 있는 생기 넘치고 풍요로운 세계를 가리키고 있었다. 나는 내 20대와 30대의 일부를 수피들이 세심하게 엮어놓은 언어들을 읽고 또 읽으면서 그 역설적이고도 암호 같은 말을 해독해 보려고 애쓰면서 보냈다.

나는 수피처럼 살고 수피들이 하는 행동을 한다면 그들에 대해 더 잘 알게 될지도 모른다는 생각이 들었다. 그래서 마치 놀이처럼 수피들이 할 법한 행동들을 따라해 보았다. 수피들은 일을 할 때 어떤 모양이든 반드시 망토를 입었다고 알려져 있었으므로 나는 옷차림과 행동을 비슷하게 바꾸어보았다. 그렇게 하면 과연 뭘 알게 될까 궁금했다. '숫기 없는 사람들은 어떤 식으로 세상을 경험할까?' 나는 질문을 던졌다. 그래서 유순한 사람처럼 행동하고 수줍음 많이 타는 사람 모습을 하고 세상에 나갔다. 전에는 나를 한 번도 눈여겨보지 않던 사람들이 내게 말을 붙여왔다. 그들은 과학적인 유형의 사람들이었고, 너무 점잖아서 지금 내가 감추고 있는 원래 내 성격처럼 활동적인 사람들에게는 선뜻 다가가지 못하던, 역시나 수줍음 많이 타는 사람들이었다. 이런 경험으로 나는 삶이 열리고 관점이 넓어졌다. 얌전한 놀이에 지루함을 느낄 때면 발바닥의 간지러움에 주의를 돌렸다. 나는 불안증을 호기심으로 바꾸었다. 실험을 할 때마다 나는 거기에 늘 있었지만 전에는 한 번도 눈여겨보지 않았던 세상을 만났다.

이 놀이를 통해 나는 삶의 아주 평범한 면들이 경외심을 일으킬 수 있다는 사실을 깨달았다. 마법은 명백히 드러나 있는 것들 속에, 그러나 눈여겨보지 않고 지나쳐온 것들 속에 묻혀 있었다. 이 새로운 관점을 내 주변 세계에도 적용해 볼 참으로 나는 땅에 떨어진 나뭇잎의 잎맥을 오래도록 들여다보았고, 바람이 불어오면 마음을 모아 바람소리에 가만 귀 기울였으며, 미풍에 어떤 냄새가 실려 오든지 가리지 않고 음미했다. 삶 전체에 스며들어 있는 풍부함을 내가 얼마나 많이 놓치고 있었는지 깨닫고 나는 몹시 놀랐다. 나는 사람 역시 자연의 일부라고 생각했기 때문에 만나는 모든 얼굴들을 자연이 보낸 대표라고 여기며 만났다. 다른 사람들과 나누는 생각과 느낌은 보물처럼 값진 것이었다.

수피 놀이를 몇 달 하고 나자 이제 신비스러운 수도자들을 찾아 나설 때라는 마음이 들었다. 자연 세계로 가는 그들의 비밀 열쇠는 내가 탈상품화된 삶을 시작하는 데 틀림없이 도움이 될 것 같았다.

내가 사는 브루클린의 아파트 근처에는 조그만 동네 정원이 있고 거기에는 정원을 다 뒤덮고 인접한 두 군데까지 가지가 뻗어 나온 커다란 나무가 있었는데, 나는 그 아래에서 노트북을 켜고 검색창에 '뉴욕 수피'라는 단어를 또박또박 입력했다. 맨 먼저 뜬 것은 수피 철학을 가르치는 4년제 강좌였다. 때마침 1년에 두 번 있는 열흘간의 추가 모집 기간이었다. 2주 후면 시작되는 강좌였다. 나는 망설임 없이 등록했다.

12일 후 나는 오래된 나무들과 약초가 무성한 정원 한복판에 있었다. 맨해튼에서 북쪽으로 두어 시간 운전해 가면 나오는 곳으로, 예전에 셰이커 교도Shakers(영국에서 기원하여 미국으로 전파된 독실한 프로테스탄트 종파로, 예배시 몸을 떨었다고 해서 붙여진 이름—옮긴이) 공동체로 쓰던 장소였다. 나는 수피들과 함께 있었다. 앞으로 시작될 모험에서 어떤 일이 벌어질지 완벽히 백지 상태였지만, 그곳이 바로 내가 있을 곳이라는 것만은 확실했다.

나는 앞니로 고무 튜브를 단단히 물고 계속 숨을 쉬고 있었다. 조금 움직이면 튜브가 입에서 떨어지는지 아닌지 확인해 보려고 혀로 튜브 안쪽을 더

ABUNDANCE

풍요

듣었다. '벌레가 튜브 안으로 들어오면 어떡하지? 힘차게 숨을 내뱉어야겠지. 안 그러면 생식生食을 하게 될 테니까.'

우리가 환경에 몸을 담그고 사는 것과 똑같이 환경 또한 우리 안에 살고 있다.
—피르 지아 이나야트 칸Pir Zia Inayat-Khan

내가 이 무덤 속에서 빠져나갈 수 있을지 알 수 없었다. 내 알몸 위로 느껴지는 흙의 무게 때문에 숨을 마음껏 들이마실 수 없었다. 숨을 들이마시면 흙이 폐를 누르면서 내가 좁은 공간 속에 들어와 있다는 사실을 재차 확인시켜 주었다. 가느다란 고무 튜브로 들어오는 공기는 아주 소량이었지만, 나는 그 찬 기운을 통해 내 몸 위에 있을 겨울 숲을 상상했다. 30분 후면 내 파트너 이스판다르무드(페르시아어로 '흙의 천사'라는 뜻)가 나를 이 무덤에서 꺼내줄 것이다. 그러면 내가 그녀를 묻을 차례였다.

자칫 일이 잘못될 수도 있다는 두려움이 들 때마다 나는 주의를 다른 데로 돌렸다. 바쁘게 움직이는 마음을 길고 느린 날숨으로 가라앉히고, 나를 내리누르고 있는 흙 속으로 내 살갗이 스러지는 상상을 해보았다.

내 뼈, 이, 손톱은 땅속의 돌과 지각판에 들어 있는 광물로 바뀌었다. 내 몸의 열기는 퍼져나가 지구 내부의 핵에 가 닿았다. 한쪽 귀 뒤와 겨드랑이, 손끝을 비롯해 몸 전체로 기어 다니는 벌레들은 내 얇은 피부층의 땀에서 습기를 가져가고 있는 것일까 생각해 보았다. 무릎 뒤에서 뭔가가 느껴졌다.

'나는 3분의 2 이상이 물로 이루어져 있지.' 나는 땅 속의 수맥을 가득 채우고 있는 지하수를 떠올리면서, 짙은 적란운에서 비가 쏟아져 내려 땅으로 스며들면 내가 그 물을 마시고 그 물이 내 몸을 구성하겠구나 생각했다. '지구상에 물은 하나뿐이구나.' 나는 새삼 스스로에게 알려주었다.

내 머리 끝에서부터 발끝까지 살아있는 것들이 꿈틀거리고 걸어 다니는 것이 느껴졌다. '겁먹지 말자, 제하나라.' '제하나라Jehanara'는 내가 새로 받은 수피 이름이었다. '생명을 모신다는 것이 바로 이런 느낌이군.' 지구를 둘러싸고 있는 자기장과 중력에 대한 두려움을 내려놓으면서 나는 내가 걱정한다고 그 거대한 시스템이 멈추지 않는다는 사실을 자각했다. 나는 땅 속의 얽혀 있는 뿌리나 단단히 뭉친 흙덩어리와 하나도 다를 바가 없었다. 땅 속에서는 흰곰팡이와 온갖 생명들이 성장하는 냄새가 났다.

흙이 '되어'보니 좋았다. 길고 긴 역사를 돌아보게 되었다. 하나이던 것이 둘로 나뉘고, 가스 폭발이 일어나고, 화산이 터지고 지각판이 움직이며 뜨거운 용암으로 뒤덮인 지구가 생겨나고, 지구가 물로 뒤덮이며 표면의 열기가 식고, 단세포 생물이 더욱 복잡한 유기체로, 물고기와 새, 포유류로 진화하는 과정을 되짚어보았다. 나는 호기심이 일었다. '그 다음은 무엇일까?'

'생에 대한 욕망이 곧 생명이지.' 나는 수십억 년 동안 생명이 지속되어 온 덕분에 지금의 내가 있다는 사실을 떠올렸다. 이 생명이 저 자신을 알도록 내 감각을 잘 활용해야겠다는 마음이 들었다.

땅이 사방에서 나를 짓누르는 느낌은 내 관점을 바꾸어놓았다. 그것은 꼭 포옹 같았다. "넌 사랑받고 있단다." 수피 교사들이 내가 사랑받고 있다는 것을 행여 잊어버릴 때마다 건네는 말이었다. "중력이 끌어당기는 걸 느껴봐."

이 순간 죽음은 종착점으로 느껴지지 않았다. 내 자아 감각이 확장되어 모든 시간을 품어버렸기 때문이다. 나는 어느 수피가 쓴 작은 책에서 읽은 문장이 떠올랐다. "자연은 가장 진실한 책이다."

내 위로 흙에 삽이 스치는 소리가 들려와 나는 상상에서 깨어났다. '저 삽으로 나를 치지는 않았으면 좋겠는데!'

수피들과 처음 한 해를 함께 보내면서 나는 우리가 평소에 쓰지 않는 감각을 일깨워 삶의 지도를 늘려가는 것이 그들의 습관이라는 것을 알게 되었다. 나는 자연에 가까워지는 마법의 열쇠를 얻기 위해 수피들을 찾아온 터였다. 내가 그들에게 배운 것은 다름 아닌 우리가 바로 그 열쇠라는 것이다.

나는 인간이 만든 세상에 쓸모 있는 기술이 아니라
생명에게 꼭 필요한 기술을 익힐 것이다.

뉴욕 한복판의 무당벌레

아는 것을 안다고 하고 모르는 것을 모른다고 하는 것이 진짜 아는 것이다.

—공자孔子

수피들과 헤어져 집으로 돌아오는 길, 담장을 다 가릴 만큼 빽빽이 자란 굵은 포도넝쿨이 내게 마치 먼 친척이라도 되는 양 말을 걸어왔다. 짙푸른 초원은 내게 차를 세우고 잠시 거닐다 가라고 속삭였다. 하지만 달콤한 시골 풍경의 1차선 도로는 도시가 시작되면서 곧 끝이 났고, 나는 도시 북부의 분주하고 정신없는 4차선 고속도로에 들어서 있었다. 다시 뉴욕 시의 꽉 막힌 도로 속에 들어와 있었지만, 그 길을 따라 내달리고 싶은 마음은 조금도 들지 않았다. 나는 이제 여유를 갖고 이 세상에서의 삶을 음미하는 다른 길을 따라가고 있었다.

아파트에 돌아와 보니 우편함에 소포 하나가 나를 기다리고 있었다. 검은색 마커로 "즉시 열 것"이라고 씌어 있었다. 나는 흥분된 마음으로 상자의 테이프를 잘라내고, 열린 창가로 가서 4층 비상계단에 놓아둔 토마토 화분 위에 상자를 흔들어 쏟았다. 내가 인터넷으로 주문한 2,500마리의 무당벌레가 쏟아져 나왔다. 바로 그 순간 아파트 위쪽의 윌리엄스버그 다리로 전철이 지나가면서 익숙한 진동을 만들어냈고, 자잘한 페인트 부스러기들이 흩뿌려지며 나와 토마토와 무당벌레들을 뒤덮어버렸다. 대참사였다. 내가 사는 아파트 건물과 옆 건물 사이의 30센티미터쯤 되는 틈으로 빨강과 검정의 점들이 비처럼 쏟아져 내렸다. 아래층 사람들에게 이것이 얼마나 기괴해 보일까 싶었다.

2,500마리의 무당벌레는 주문할 수 있는 최소량이었다. 무당벌레 상자를 열 때까지도 나는 무당벌레에게 먹이가 필요하다는 생각은 하지 못했다. 토마토가 열매를 맺으려면 꽃가루 매개충이 필요하다고 어디선가 읽은 적이 있었다. 내가 비상계단에 심어놓은 토마토는 키도 크고 색도 짙푸르렀지만 아직 열매를 맺지 못하고 있었다. 꽃가루 매개충으로 무당벌레는 사뭇 잘못된 선택이었다는 걸 미처 몰랐다.

게다가 나는 무당벌레의 먹이로 줄 진딧물도 주문하지 않았다. 하긴 누군가 귀띔해 주었더라면 아마 진딧물까지 주문하는 대참사가 벌어졌겠지만 말이다. 나는 자연에 대한 상식이 턱없이 부족했다. 토마토가 열매를 한 번도 맺지 못한 것은 어찌 보면 잘된 일이었다. 열매를 맺었다면 아마 그것을 먹고 죽었을지도 모른다.

먹을거리를 키워보려던 내 첫 번째 시도는 그렇게 끝났다. 내가 이 문제와 관련해 동원한 지식은 모두 도시나 도시 근교에서 자란 사람들이 모아놓은 것이었다. 대중교통으로 편리하게 여행하는 요령, 현금지급기를 사용하는 법, 맛있는 중국집 정보 같은 지식은 내게도 충분했다. 하지만 하늘을 보고 날씨 변화의 조짐을 읽는 법이라든지, 성냥 없이 불을 지피는 법, 식물을 키우는 법 같은 지식은 지금껏 접해본 적이 없었다. 무당벌레 경험은 내게 좌절을 안겨주었지만, 이 경험으로부터 나는 지금까지와는 다른 종류의 지식을 내가 쌓고 싶어 한다는 사실을 깨달을 수 있었다.

나는 마이키에게 수피 모임에서 내가 받은 이름에 대해 설명해 주었다.

"제하나라. 우주의 여왕이라는 뜻이야! 문명화된 이들의 우주 말고. 그런 건 '둔야dunya'(실제 세계에 덧씌워진 가짜 세계를 뜻하는 아랍어)라고 해. 나는 영원히 존재하는 진짜 세계, '제한jehan'의 여왕이야."

수피 이름은 그 사람이 이루도록 되어 있는 것, 그의 소명을 가리킨다. 나는 내가 태어나기 전 맺은 서약에 대해 생각했고, 이 새로운 이름을 가슴 속 깊이 간직했다.

직업을 갖는 데 드는 비용은 얼마일까?

미래를 손에 넣고 싶다면 손수 창조하라.

—전통 속담

다음날 마이키와 나는 팔려고 나와 있는 아파트 매물을 보기 위해 전철을 타고 브룩클린 안동네로 들어갔다. 전철에서 내린 우리는 뉴요커들이 '과도기 동네transitional'라고 부르는 곳으로 한 블록 더 깊숙이 들어갔다. '과도기 동네'란 범죄율이 높고 가난한 곳이긴 하지만 젊은 백인들이 많이 이사를 오고 있어 상황이 곧 '크게 바뀔' 것으로 보이는 동네라는 뜻이었다. 빈민가가 고급 주택가로 바뀔 때 불리는 명칭이었다. 나는 뉴욕이 파리처럼, 빈곤층이 도시 바깥으로 밀려나면서 한때 부유한 지역이던 교외가 빈민가로 바뀌는 전례를 따라갈지 궁금했다. '가난한 사람들은 어디론가 가야 하는구나' 하는 생각이 들었다. 도시에 살던 시절 나는 이른바 '과도기 동네'에 살던 사람들이 부유한 사람들의 유입과 함께 자신들의 집과 문화를 잃고 떠나는 모습을 많이 보았다.

건물 중개인인 론이 신형 볼보를 갓길에 댔다. 우리는 아직 마감이 다 되지 않은 위태로운 건물 내부를 비집고 위층으로 올라갔다. 4층 높이 건물의 마룻바닥 틈새를 널빤지 하나만 걸쳐놓고 건너갔다. "75만 달러입니다." 우리가 묻지도 않는데 론이 말했다. "세금이 아마 6,000달러쯤 붙을 거예요. 어쩌면 1만 달러나 1만 2,000달러쯤 붙을 수도 있어요. 딱 얼마다 말하기는 어렵네요. 별도로 5만 달러를 현금으로 주시면 주차 공간까지 포함시켜 드릴 수 있습니다." 나는 마이키를 돌아보았다. 나는 도시의 마천루들을 빼곡히 채운 네모 상자 속의 책상들, 그 책상에 묶인 긴 사슬과 거기 연결된 쇠고랑을 차고 있는 나와 마이키의 모습을 선명하게 볼 수 있었다. "가자." 그 말이 곧 "뉴욕 바깥으로 나가자"는 뜻이라는 걸 우리는 둘 다 알고 있었다.

다음날 아침 마이키는 앞면에 지퍼가 달려 있고 가슴께 커다란 주머니에 '콘 에디슨 사' 로고가 새겨진 군청색 점프 슈트 차림으로 현관문으로 향하고 있었다.

"그렇게 입고 어디 가게?" 내가 물었다. 마이키의 직장은 은행이었으니까!

"사표 쓰러 가." 마이키가 눈을 찡긋 했다.

그 다음날에는 '처키 치즈' 유니폼을 입었다. 담당 부서의 상사들은 그의 이런 기괴한 행동을 천재성의 표시로 해석했고(정보 기술 세계에는 괴짜 실력자들이 으레 있겠거니 하면서), 마이키는 봉급이 후하게 올랐다.

그날 마이키는 재봉틀 한 대와 납땜 인두를 사가지고 들어오더니, 브룩스 브라더스(미국의 전통 있는 의류 브랜드―옮긴이) 정장의 가는 세로줄 무늬에 일일이 발광 전선을 다는 대대적인 작업에 착수했다. 그러곤 기계 장치가 줄줄이 달린 이 옷에 손수 만든 회로판을 연결, 오색찬란한 불빛이 깜빡거리도록 만들었다. 한때 '반창고 소년'이었던 그가 그날 저녁 그렇게 만든 옷을 입고서 집 밖으로 나갔다. 놓치기 아까운 진풍경이요 무언의 시위였다.

마이키는 월스트리트 은행의 조그만 상자 같은 사무실에서 9년째 일하고 있었다. 나는 마치 언제 호출에 불려나갈지 모르는 의사의 아내처럼, 마이키가 한밤중에 일터로 불려나가는 것에도 이제 익숙해져 있었다. 물론 한 사람의 생명을 구하기 위해서가 아니라 거인과도 같은 은행이 기술적 결함으로 해를 입지 않도록 보호하기 위해서였다. 증권 시장은 한순간도 멈춰서는 안 되었고, 일말의 취약점도 결코 허용되지 않았다. 자기 노동의 열매가 의미 없는 목적에 쓰이고 있다는 사실을 자각한다는 건 조금도 유쾌한 일이 아니었다. 마이키는 상사가 그의 이름으로 특허를 신청할 때마다 당혹스러워했다. 오픈 소스(자신이 개발한 소프트웨어의 소스 코드를 공개하는 것─옮긴이) 프로그래머인 마이키는 지식이 단지 자기 경쟁력을 높이려는 돈 많은 은행들뿐 아니라, 그 지식을 필요로 하는 모든 사람의 소유가 되는 세상을 꿈꾸었다. 마이키도 나도 돈을 제일로 내세우는 세상을 지탱하는 세력이 아니라 평범한 사람들을 위해 뭔가를 하고 싶었다.

직업을 갖는 데 드는 비용은 얼마일까?

비싼 옷	그 옷의 세탁비	생활비가 비싼 도시나 그 근처에 살아야 할 필요
통근(석유 / 대중교통)	외식	스트레스 때문에 잠을 잘 못 자고 건강을 해침
뭔가를 만들 수 있는 시간을 포기하고 뭔가를 사는 데 돈을 씀	독립적으로 사는 법을 배울 시간이 없음	포기한 것들에 대한 보상 (휴가, 비싼 물건 소비)

2005년 말이었고, 마이키는 거대한 은행 사이트를 오픈 소스 시스템인 리눅스 운영 체제로 전환해 전 세계 은행가들을 연결시켜 주는 몇 년짜리 프로젝트를 막 마친 때였다. 마이키는 이제 움직일 때가 되었다고 선언했다.

도시를 떠난다는 것은 곧 든든한 수입을 끊는 것이요 우리가 아는 유일한 생활 방식을 버리는 것임을 잘 알고 있었기 때문에, 우리는 자유롭게 지울 수 있는 보드용 펜을 손에 쥐고 화이트보드에 삶에 필요한 비용들을 죽 적기 시작했다. 특히 직업을 갖기 위해 드는 비용이 얼마나 되는지 주의 깊게 살폈다. 전에는 한 번도 떠올려본 적 없는 근본적인 물음이었다.

우리가 적은 목록을 보니 삶의 비용을 차지하는 많은 부분이 직장을 관두기만 하면 바로 확 줄어든다는 답이 나왔다.

나는 일자리를 박차고 나와 자동차에 몸을 싣고 무작정 길을 나선 뒤 처음으로 내게 모든 게 갖춰져 있고 그저 뭐든지 하기만 하면 된다는 사실을 깨달았다. 나는 내가 가진 기량들을 되살렸고, 마이키를 만났으며, 요가라는 새 세상을 발견했고(이것은 내가 물물교환이나 선물로 줄 수 있는 것이기도 했다), 무엇보다 자연으로 들어가는 수피들의 비밀 열쇠를 이제 배워가고 있었다.

마이키가 회사를 관두겠다고 했을 때 마이키의 상사는 말했다. "이걸 어떻게 받아들여야 할지 모르겠네. 아직까지 아무도 관둔 사람이 없었단 말이지."

하늘은 바다

혼돈의 한가운데 조화가 있다……
들을 준비가 된 사람은 그 가락을 들을 것이다.
─스와미 비베카난다Swami Vivekananda

두세 달 뒤 우리는 살 만한 곳들을 직접 찾아가 보기 시작했다. 파나마까지 먼 길을 가게 되었는데, 한 번은 그곳 호텔 하수구에서 새끼 고양이를 구해 호텔 주인에게 가져다주었다. 수위에 조경사, 요리사, 운전기사까지 겸하던 호텔 주인은 고양이 눈에 안약을 넣어주면서 우리 대신 고양이를 보살펴주었다. 파나마에서 고양이는 쥐와 똑같은 취급을 받았지만, 다행히도 호텔 주인은 우리에게 예의를 갖춰준 것 같았다. 그는 두 손가락으로 고양이 목덜미를 붙들고 억지웃음을 지으면서, 그 고양이는 농장에 가서 노련한 쥐 사냥꾼으로 훈련받게 될 테니 걱정 말라고 안심시켰다.

고양이를 사랑하는 우리는 파나마와는 맞지 않았다. 게다가 거기서 살려면 부자거나 가난하거나 둘 중 하나여야 했다. 부자들은 좋은 집에 무장 경호원을 두었고 가난한 이들은 재미있게 생긴, 토박이들이 손수 지은 판잣집에서 살았다. 하지만 고양이를 키우는 사람은 아무도 없었다.

캘리포니아 북부에도 가보았지만, 도시와 교외 모두 우리에게 이미 친숙한 생활 방식과 너무 흡사했다. 우리는 친숙하지 않은 환경을 찾고 있었다. 그런 곳에서의 삶이 우리에게 가장 큰 성장의 기회를 줄 것 같았다.

어느 해 봄에 뉴욕을 떠나 새로 터를 잡은 친구들의 결혼식이 있어서 이른바 '매혹의 땅'이라는 뉴멕시코에 가본 적이 있었다. 뉴멕시코는 꼭 그때처럼 하늘까지 하얗게 물들인 상앗빛으로 마이키와 나를 맞아주었다. 우리는 뉴욕의 잿빛 겨울을 뒤로하고 떠나온 참이었다. "해마다 햇빛이 적어서 우울증 걸릴 필요가 없다는 걸 생각해 봐." 나는 마이키에게 속삭였다.

버스를 기다리다가 만난 남자가 사막 지역인 뉴멕시코에서 30년 동안 살았다기에 바다가 그립지 않느냐고 물었다. "하늘이 바다인 걸요 뭘." 그는 얼굴을 들어 새파란 돔 지붕 같은 하늘에서 쏟아져 내리는 새하얀 햇빛을 정면으로 받으며 대답했다. 눈부신 햇살이 그의 구릿빛 주름진 얼굴에 영화 세트장 같은 조명을 쏟아 부었다.

우리는 베이지색과 갈색의 황량한 모노톤 풍경을 오래도록 가르며 남쪽으로 내려가 '트루스 오어 컨시퀀시즈Truth or Consequences'(원래 뉴멕시코의 '핫스프링스'라는 도시였으나, 1950년대 인기 게임 쇼 '트루스 오어 컨시퀀시즈'를 따서 도시 이름을 개명했다. '진실 게임'이라는 뜻이다—옮긴이)라는 작은 마을에 도착했다. 그곳에서 내가 결혼식에 참석했던 친구 부부를 만났고, 이웃의 여러 집에서 칠면조 고기와 와인을 대접받으면서 추수감사절을 보냈다. 마을 주민이 된 지 얼마 안 되는 이들 신출내기들은 대부분 30대, 40대로 일찌감치 직장을 그만둔 커플들이었는데, 우리를 만나자 몹시 반가워했다.

그들은 이 마을에도 처음이었지만, 작은 시골 마을에서의 삶 또한 처음이었다. 하나같이 좀 더 단순한 삶의 방식을 찾아서 로스앤젤레스, 뉴저지, 뉴욕, 몬태나, 미시간, 미네소타 같은 곳에서 온 이들이었다. 상당수가 최근에 마을에서 커피숍, 옷가게, 위탁 판매점, 화랑, 숙박업소 등 작은 가게를 시작한 상태였다. 나도 한때 살았던 롱아일랜드의 글렌 코브에서 왔다는 여자는 '검은 고양이'라는 아늑한 서점을 운영했다. '이런 부지런한 개척자들!' 나는 흥분을 감추지 못하는 마이키를 흘깃 보면서 속으로 외쳤다.

나는 서부 영화 세트장과 흡사한, 화랑을 겸한 커피숍에 앉아 높다란 모자에 끝이 뾰족한 부츠, 버클이 화려한 벨트 차림의 게이 카우보이 몇이 오가는 것을 구경했다. 사람들은 저마다 커피숍에 있던 이들과 몇 마디 나누고는 눈부신 사막 세상으로 돌아갔다. 오가는 손님들을 구경하는 재미가 쏠쏠했다. 응급구조대 한 팀이 카페인을 보충할 때가 되었는지 커피를 사갔다. 이곳에서는 모두들 삶에 열정적이었고, 실제로 그렇다고들 말했다. 대로변의 가게들은 다들 "한시쯤에 열고 네시쯤에 닫습니다" "죄송합니다만 오늘은 문을 열었습니다" 같은 희한한 안내판을 내걸고 있었다. 이 작은 마을에는 화랑이 자그마치 스물다섯 군데로, 교회만큼이나 많았다.

1만 명이 채 되지 않는 이 지역 주민의 나머지는 몇 대째 여기에 살고 있는 토박이 가족들, 목장주, 주州의 지원이 끊겨 정신병원에서 내보낸 사람들, 참전 용사, 미국 어디에나 어느 정도씩 있는 메스암페타민(중추신경을 흥분시키는 마약의 일종―옮긴이) 중독자 등 비교적 가난한 사람들이라고 했다. 뉴저지에서 왔다는 30대 가량의 이탈리아 여자는 이 마약 중독자들을 '메쏘포타미안Methopotamian'(메소포타미아라는 기존의 단어를 차용한 언어 유희―옮긴이)이라고 불렀다. 남서부 사막의 마을들이 몸을 숨겨야 하는 이들의 은신처라는 사실은 나중에야 알았다. 이 마을에서 30킬로미터쯤 떨어진 곳에서는 영국의 우주 여행 사업 회사 버진 갤럭틱Virgin Galactic이 민간인을 대상으로 하층 대기권 우주 여행을 계획하며 우주선 공항을 건설하려고 준비중이었다.

마지막으로 알게 된 사실은 트루스 오어 컨시퀀시즈가 좀 더 확장되면서 이 마을에 불탑佛塔이 포함되었다는 것인데, 비유하자면 꼭 에일리언 모양으로 만든 생일 케이크 꼭대기에 체리를 얹은 느낌이었다.

2006년 말 트루스 오어 컨시퀀시즈는 점점 커지고 있었다. 하지만 이 마을의 성장은 우리가 뉴욕에서 목격한 것 같은 성장은 아니었다. 해가 바뀔 때마다 스타벅스 매장과 고급 식료품점에 자리를 내주기 위해 그리고 계속 오르는 집세 때문에, 노상강도가 더 많고 더 지저분한 동네로 하는 수 없이 이사를 해야 하던 그런 성장이 아니었다. 사막의 이 조그만 마을은 지역의 전통 문화 공동체를 밀어내고 자기들 문화를 관광 상품으로 만들어버리는 급속한 도시화의 희생양이 될 일은 없어 보였다. 비록 수십 년 전 이 지역에 살던 아파치 인디언들은 그런 운명을 맞긴 했지만 말이다.

커피숍에서 상점 몇 군데를 지나치니 지역 박물관이 나왔다. 박물관에는 아파치 인디언 추장 제로니모가 사라져가는 자신들의 삶의 방식을 구하고자 투쟁했던 족적이 연대기별로 정리되어 있었다. 제로니모의 사람들, 즉 아파치 족이 이 땅에 저주를 내렸다는 것이 마을 사람들의 말이었다. 그러나 저주는 2004년을 마지막으로 끝이 났다. 그리고 바로 그때는 우리 부부가 거기에서 만난 모든 사람들이 그곳에 이사를 온 시점이기도 했다. 뉴멕시코 사람들은 이야기를 좋아하고 그런 이야기를 들려줄 시간도 많다. 그들은 특히 뉴멕시코, 아메리카 원주민, 외계인에 대해 말하기를 좋아한다.

트루스 오어 컨시퀀시즈는 한 번에 한 구역씩 조금씩 커지고 있었다. 똑같이 생긴 건물은 하나도 없었고, 수십 개의 다른 프로젝트의 결과물들이 서로 어울리지 않을 것 같은데도 묘한 조화를 이루었다. 마을 전체가 대형 쓰레기통에서 건져 올렸을 법한 것들로 조금씩 세워져가고 있는 것 같았다. 온갖 자투리들을 모아서 독특한 담장과 천장을 만들고 튼튼한 창고로 재탄생시킨 이곳 어디를 보아도 여기가 상품화되지 않은 곳임이 명백했다. 제3세계의 단순한 삶에 기반해 있으면서 전형적인 미국 서부의 잔재와 아방가르드적 패션이 뒤섞여 있는 이곳은 어떻게 보면 〈매드 맥스〉(황량한 미래 사회를 배경으로 한 영화—옮긴이)이고 또 어떻게 보면 버닝 맨 축제이기도 했다.

그날 밤 별이 총총히 박힌 밤하늘 아래, 리오그란데 강가의 뜨거운 욕조에 몸을 담근 채 우리는 서로에게 물었다. "우리 여기서 뭐할까?" 이 마을은 꿈을 소리 내어 말하게 만드는 묘한 매력을 가진 곳이었다. 우리는 당시에 할 수 있던 유일한 대답에 깊이 만족하고 있었다. "이제 알아보지 뭐."

이곳에 있는 것은? 뉴멕시코 트루스 오어 컨시퀀시즈

저렴한 생활비:
싼 땅값, 낮은 세금,
낮은 물가

빚 없는 삶:
적게 일하고,
사는 것처럼
살 수 있다

온천: 광천 암반,
그 속에 몸 담그기를
좋아하는 사람들이 만
들어내는 편안한 문화

햇빛: 빛이 부족해
생기는 우울증은
있을 수 없는 곳

낮은 인구 밀도

깨끗한 공기

물: 수많은 암반,
두 개의 큰 호수

풍부한 자연 자원:
사방 어디를 봐도 수
백 킬로미터에 걸쳐
사막이 펼쳐져 있다

**260일이 넘는 생육
기간:** 적은 돈으로
얻는 질 좋은
먹을거리

**온화한 기후=전기,
수도 등의 시설 이용도
낮음:** 태양열로 만든
온수와 전기 사용,
난방의 필요가 적음

새로 떠오르는
마을임

세련된
개척자들이 모임

융통성 있는
건축 법규

진보적인 마을: 열려
있고 우호적이며 창
의적인 사람들

건강한 생활 방식:
하이킹, 탐험, 자연

상품화되지 않은
생활 방식

물건을 만들어 쓰는
사람들의 문화.
새로운 기술을
습득하게 됨

문화 충격=
개인의 성장

초고속 인터넷

**매일 이용 가능한
우편 배달 서비스:**
USPS, 페덱스, UPS

PART 2

LIFE HANDS-ON

스스로의 힘으로
직접 살아보기

집을 짓는 사람들

많은 이들이 스스로 아무것도 만들지 않으면서 삶이 재미없다고 생각하지만,
그들은 자신들이 세상을 만들어야 한다는 것을,
그리고 이미 무지하게든 지혜롭게든 스스로 세상을 만들고 있다는 것을
깨닫지 못한다. 무지하게 세상을 만들고 있다면 세상은 그들의 감옥일 테고,
지혜롭게 만들고 있다면 세상은 천국일 것이다.
　　　　　　　　　　　　　　　　　―하즈라트 이나야트 칸

"불 꺼지기 전에 가까이 와서 몸 좀 덥혀요." 그만 자려고 캠핑카 쪽으로
가려는데 어둠 속에서 목소리가 들렸다. 나는 그날 밤 사람들 사이에서 돌
아가던, 집에서 만든 밀주를 한 입에 털어 넣고서 불을 등지고 잠시 섰다. 맛
은 썼지만 가슴 한복판에서 불이 이는 그 느낌 때문에라도 충분히 참고 마
실 만했다.

나는 달빛을 가로등삼아 창고 겸 손님 숙소로 쓰고 있는 가로 3미터, 세
로 1.5미터짜리 캠핑카로 걸어갔다. 캠핑카는 콘크리트 블록 위에 균형을 잡
고 안전하게 서 있었다. 캠핑카에 올라 이미 산적해 있는 상자들 사이에 내
몸무게를 더하면 차가 혹시 무너지지 않을까 싶은 생각이 들었다.

"술도 한잔 했겠다, 기절하듯이 잠들어 버리면 좋겠다. 이 안이 얼마나 불
편한지 따윈 느끼지 못하게 말이야." 내가 마이키에게 속삭였다.

"다 들리겠다." 마이키가 정색을 하고 주의를 주었다.

코요테 한 무리가 울부짖는 소리가 근처에서 살육제가 벌어지고 있음
을 알려주었다. 제물은 토끼 아니면 작은 페커리(중남미에 서식하는 멧돼지의

일종―옮긴이)일 것이다. 춥디추운, 그해의 마지막 밤이었다.

"이 사람들, 만 달러도 안 되는 돈으로 땅 5만 평을 사고, 게다가 세금도 물지 않는다니 믿을 수가 없네." 내가 속삭였다.

우리를 재워준 세련된 이 젊은 부부가 지불해야 할 청구서라고는 달랑 하나였다. 둘이 같이 쓰고 있는 전화기. 그들은 그야말로 '공짜'로 살고 있었다.

텍사스 털링구아에서 무상으로 불하받은 토지에는 아주 낮은 세금이 붙었다. 물론 감내해야 하는 몇 가지 불편한 점은 있었다. 방울뱀처럼 부츠까지 뚫고 들어와 날카롭게 찌르는 염소머리가시 같은 것은 불편한 것 축에도 못 끼었다. 마음씨 좋은 누군가의 눈에 들어 빈대 신세를 면하기만 기다리며 굳은살 박인 발과 세 개뿐인 다리로 경중경중 뛰어다니는 이 동네 개들도 마찬가지다. 내가 말하는 것은 수돗물, 포장도로, 전기 시설처럼 우리 대부분이 당연하게 받아들이는 편리함이 여기에 없다는 것이다.

이곳에 땅을 산 사람들은 타는 듯한 더위 속에서 쇠 지붕을 얹고 거대한 물탱크를 세운다. 땅 주인들은 장맛비가 물탱크를 가득 채우고 나면 다시 돌아와 캠핑카를 세워놓고, 영구히 살 집을 짓느라 사막에서 고군분투하는 날들을 이어간다. 건축에 필요한 모든 물품은 기름을 몇 리터씩 쓰며 한 시간 동안 차를 몰고 가야 구할 수 있다. 털링구아에 정착해 보려고 하는 사람들 중 결국 실패하고 돌아서는 이들도 있는데, 몸을 써서 일하기엔 하루 중 거의 모든 시간이, 그리고 연중 거의 모든 날이 너무 덥기 때문이다. 스스로 만들지 않는 이상 해를 피할 차양도 없고, 낮잠 시간을 따로 가져야 할 이유는 셀 수 없이 많다.

어떤 이들은 세월아 네월아 태평하게 건물을 짓는다. 간접비가 들지 않다

보니 취직해서 돈 벌어야 할 필요도 별로 없고, 뭔가를 서둘러 끝내야 할 이유도 없기 때문이다. 이는 버려진 것들을 모아 건물을 짓는 이들에게는 안성맞춤의 방식이다. 쓸 만한 고물을 찾는 데는 꽤 인내심이 필요하다. 알맞은 순간 적절한 곳에 있어야 얻을 수 있는 행운이다. 이런 식으로 최고의 수확을 올리려면 '우연 같은 필연'의 선율을 따라가야 하는데, 직업이 있다면 오히려 방해가 될 수밖에 없다.

땅이 쩍쩍 갈라지는 건조한 털링구아는 멕시코 북쪽 국경 바로 위와 빅 벤드 국립공원 사이에 있다. 마을 중심에 가면 삐걱거리는 긴 나무 현관이 손님들을 맞이하면서 가로변 술집 '스타 라이트'와 선물 가게, 서점의 입구로

우리가 그해 마지막 날을 보낸 집은 낮은 세금으로 무상 불하받은 텍사스 털링구아의 토지에 세워진 캠핑카였다.

안내한다. 잔혹하리만치 뜨겁게 내리꽂히는 서부의 태양을 등지고 있는 흔들의자들과 그 옆에 담배꽁초 흘러넘치는 재떨이가, 임시 묘비들이 빼곡한 먼지 쌓인 공동묘지를 정면으로 바라보고 있다. 무덤에서는 멕시코 양초와 색이 다 바랜 사진들, 햇볕에 탈색된 플라스틱 조화들이 도드라져 보인다.

마이키와 나는 폐지로 만드는 섬유질 건축 자재, 종이 콘크리트로 건물을 짓는 이들을 만나기 위해 털링구아에 온 것이었다. 이 지역 주민 몇 명이 종이 콘크리트로 집을 짓는다는 이야기를 들은 터였다. 사람들이 종이 콘크리트를 선택하는 이유는 똑같았다. 공짜로 얻을 수 있는 폐지로 만들며 작업하기가 쉽고 단열 효과가 뛰어나기 때문이다. 트루스 오어 컨시퀸시즈에서 마이키와 나는 종이 콘크리트 만들기 실험을 하는 것으로만 거의 한 해를 보내고 있었다. 우리는 하루에 200장 꼴로 종이 콘크리트 블록을 만들었다. 종이 콘크리트 블록이 우리 집 터를 가득 메워서 꼭 간밤에 무덤들이 빽빽하게 들어찬 공동묘지가 새로 하나 솟아난 것 같았다. 털링구아 여행에 나선 것은 필요한 휴식이었다. 다른 사람들은 종이 콘크리트로 무엇을 짓고 있는지 엿볼 수 있는 귀중한 기회이기도 했다. 또 우리의 새 터전이 된 미국 남서부 지역을 돌아본다는 구실도 되었다.

우리는 캠핑카에서 하룻밤을 묵고 떠나기 전에 사막에 세운 주인 부부의 집을 자세히 살펴보았다. 정교한 계획에 따라 지어진 깔끔한 집이었다. 이들 부부는 결혼한 지 얼마 안 되어 보였는데, 결혼 비용으로 지금 눈에 보이는 것들을 모두 산 것 같았다. 다 합치면 3만 8,000리터의 물을 담을 수 있다는 물탱크 네 개가 내열 지붕 끝 쪽에 나란히 놓여 있었고, 그 지붕 그늘 아래에 멋스러운 빈티지 캠핑카가 주차되어 있었다. 캠핑카 옆으로 화분들이 조르르 놓여 있었는데 대부분 야채와 허브, 희귀종 선인장이었다. 그 옆으로는 그늘막으로 쳐놓은 짙은 색깔의 천이 맞바람을 맞아 팽팽하게 당겨져 있었다. 가로 6미터, 세로 3미터는 될 법한 커다란 천은 어마어마한 자외선을 한 번 걸러주어 식물이 잘 자랄 수 있도록 해주었다. 사막에서 정원을 잘 가꾸는 비결은 햇빛을 잘 가려주는 데 있다. 그늘막 뒤로는 소풍 식탁 두 개가 마치 햇볕에 굽기라도 하듯이 놓여 있었는데, 거기서 저녁도 먹을 수 있었다. 몇 미터 앞에는 네 발 달린 고전적인 도자기 욕조가 손으로 직접 만든 받침대 위에 놓여 있었다. 그리고 건전지 네 개가 장착된 크지 않은 태양광 전지판이 해가 들어오는 길에 조심스럽게 자리 잡고 있었다.

'이 사람들, 필요한 건 전부 가지고 있구나.' 속으로 생각했다. 그러면서 나도 과연 저렇게까지 간소하게 살 수 있을까 자문해 보았다.

옆집도 한 부부가 손수 지어 살던 집인데 "너무 개발되고 있다"며 털링구아를 떠났다고 했다. 포장도로를 유지하고 관리하기 위해 매년 50달러를 내야 한다는 사실이 그들을 국경 맞은편의 더 거친 황무지로 내몬 거였다. 그들은 멕시코에 새로운 집을 짓고 있다고 했다. 멕시코로 떠난 애비와 조시 부부는 매해 도로 유지비로 내는 50달러가 갖가지 또 다른 비용들로 이어질 수 있고 그렇게 되면 결국 일자리를 구하게 될 수밖에 없다는 사실을 알고 있었던 것이다.

우리는 낮 동안 애비와 조시 부부가 남겨두고 간 땅과 집터를 돌아보면서, 그들이 슬립폼slipform 공법(거푸집을 사용하지 않고 모든 공정을 연속적으로 시공하는 공법─옮긴이)으로 진흙 집을 지었다는 걸 알고 그들이 사용한 기술들에 대해 이런저런 이야기를 나누었다. 그러다가 팬 한 무더기를 발견했는데,

애비와 조시가 모터로 쓰려고 모아놓은 것 같았다. 버려진 재료로 조그만 풍력 발전기를 만들었던 모양이었다. 이제 나는 사람들이 모아둔 고물더미를 구경하는 것에 익숙해져 있었다. 예전에 나는 고물을 브룩클린의 브라운스톤 집들(뉴욕에서 흔히 볼 수 있는 다세대 주택—옮긴이) 계단에 거저 가져가라고 내놓은 상자와 비슷하게 여겼다. 하지만 고물더미가 언제나 공짜인 것은 아니다. 미국 남서부에서 고물은 그 지역의 가정 경제에서 중요한 역할을 한다. 값어치가 있는 물건인 것이다. 고물더미를 열심히 찾아다닌다면 십중팔구 값진 선물을 건지게 된다.

집 뒤에는 건전지들을 보관하는 별채가 있었다. 태양광 전지판에 집적되는 태양 에너지와, 우리가 도착했을 때도 여전히 돌아가고 있던 풍력 발전기에서 만들어지는 바람 에너지를 저장하는 저장고였다. '과부 거미'라는 별명의 우아한 검정색 독거미가 마치 전리품이라도 지키려는 듯 건전지 보관소로 들어가는 입구 앞에 매달려 있었다. 1년 넘게 사막에서 살면서 우리도 독

애비와 조시는 연간 도로 유지비 50달러와 앞으로 추가될 수 있는 생활비를 피해서, 슬립폼 공법으로 지은 진흙 집을 버려두고 멕시코로 떠났다.

을 지닌 생물과 협상하는 법을 제법 익힌 참이었다. 우리는 신문을 말아 관 모양으로 만든 다음 한쪽 끝에 불을 붙여서, 이 생명에게 사과의 말을 속삭이고 그 빼어난 조형미에 잠시 경의를 표하고는 거미를 불에 살랐다.

"병원에서 이렇게 멀리 떨어져 있을 때는 달리 방도가 없잖아." 우리는 입을 모았다. 이제 아무도 지키는 이 없는 풍부한 건전지가 있으니 끊어진 전선 몇 개만 연결하면 집에 다시 전기가 들어오게 만들 수 있었다.

1950년대 산産 프리지데어(미국의 냉장고 상표―옮긴이) 냉장고의 녹슨 문짝 두 개가 서부의 선술집으로 들어가는 입구처럼 펄럭이며 열리더니, 1미터는 족히 넘는 오코티요 선인장 줄기를 엮어 만든 담장 안쪽의 정원으로 우리를 안내했다. 가시로 뒤덮인 기둥들이 1미터 간격으로 땅에 박혀 있었다. 기둥은 가시철사로 서로 연결되어 있어서 야생 동물이 접근하지 못하게 장벽 역할을 톡톡히 했다. 양상추 몇 덩이와 토마토가 땅 속에서 끈질기게 살아남아 있었다.

"최근에 비가 왔던 모양이군." 마이키가 마치 오늘 저녁 메뉴로 생각중이라는 듯 양상추를 손가락으로 만지며 말했다.

이 건물을 빙 두른 여러 통의 물탱크에는 빗물이 가득 차 있었다. 누구나 이사를 들어와 바로 살 수 있을 만큼 아직도 모든 것이 멀쩡한 집이었다.

이 슬립폼 형태의 진흙 집은 열 취득 방식(태양광을 바다이나 벽에 흡수시켜 열을 축적한 다음 서서히 방열하는 방식―옮긴이)으로 지어진 집이었다. 견고하게 지어진 이 집은 지금 안에 생명이 살지 않는다는 것만 유일한 흠이었다. 헐거워진 창문들 틈으로 흙먼지가 들어왔다. 우리는 그날 밤 그 집의 탁 트인 거실 위쪽으로 높이 솟아 있는 다락방에서 바닥에 누워 잤다. 온기가 필요

1950년대 산 냉장고에서 떼어낸
이 녹슨 냉장고 문을 열면 정원이
나온다.

애비와 조시가 손수 만든
벽난로에는 그들의 첫아이의
손바닥이 찍혀 있다. 벽난로 문은
바비큐 그릴의 뚜껑을 달아
만들었다.

했으므로 아래층에 있는 손으로 만든 조그만 찰흙 배불뚝이 벽난로에 불을 피웠다.

손으로 주물러서 만든 벽난로 굴뚝은 마치 흙투성이 표면에 옹이가 많은 키 큰 나무 같아 보였다. 굴뚝에 조그만 손바닥 자국 두 개가 나 있는 걸 보니 주인 부부의 첫아이도 벽난로 만드는 일에 동참한 모양이었다. 벽난로 문은 녹슨 바비큐 그릴의 뚜껑에 경첩을 달아 만든 것이었다.

우리는 흙으로 만든 벽난로 위에 집에서 만들어온 타말레(옥수수, 다진 고기, 고추로 만드는 멕시코 요리—옮긴이)를 데웠다. 우리는 먼 길을 다니는 동안 음식점을 찾아다닐 필요가 없도록 집에서 만든 타말레를 아이스박스에 넣어가지고 다녔다. 검은콩과 치즈를 넣은 타말레로 배를 든든하게 채운 뒤 벌써 집안으로 스며들고 있는 어둠에 익숙해질 준비를 했다.

그 다음날은 종이 콘크리트로 집을 짓는다는 사람의 집을 찾아갔다. 그곳에는 먼지투성이 캠핑카들과 반쯤 지어진 돔 건물들, 녹슬어 못 쓰게 된 자동차와 자전거들이 아무렇게나 널브러져 있었다. 소란스러운 염소 떼와 그다지 친절하지 않은 개 한 마리가 이 보물창고를 삼엄하게 지키고 있었다. 우리는 두려움에 떨면서 이곳을 구경하다가 재미있게 생긴 수제 지그jig(절삭 공구를 정해진 위치로 유도하는 장치—옮긴이)를 발견했다. 단열성이 높은 종이 콘크리트 돔 건물의 보강재로 쓸 철근을 구부리는 데 쓰는 것이었다. 돔은 할아버지처럼 턱수염을 길게 기른 염소들에게 안식처가 되어주었다. 개는 메스키트 나무(멕시코에서 흔한 콩과 식물—옮긴이)가 만들어내는 한 뼘 그늘을 좋아하는 듯했다. 그나저나 이 땅의 주인은 좀처럼 보이지 않았다.

클라이드 커리 씨가 종이 콘크리트를 써서 손수 지은 호텔 '이브의 정원'에 도착하자 우리는 그제야 텍사스 마라톤Marathon 마을의 다른 집들보다 상태가 한결 나은 집을 구경할 수 있었다. 클라이드 씨는 우리에게 보라색과 빨간색, 번쩍이는 금색의 아름다운 천으로 장식된 방을 내주었다. 돔 천장이 인상적이었고, 침대는 보드랍고 편안했다. 숙소에 짐을 풀고 난 뒤 서재에 있는 집주인 클라이드 씨를 만나러 갔다.

우리는 따뜻한 불 앞에 앉아서 클라이드 씨가 지은 건물들을 찍어놓은 사진첩을 훑어보았다. 서로가 좋아하는 건축 천재들 이야기도 나누었다. 클라이드 씨는 네이더 칼릴리Nader Khalili(이란 태생의 생태 건축가―옮긴이)와, 웹사이트를 개설하여 '날아다니는 콘크리트Flying Concrete'라는 연립 주택을 지

클라이드 커리 씨는 텍사스 마라톤에 종이
콘크리트 호텔인 '이브의 정원'을 지었다.

은 멕시코의 한 청년에 대해 이야기했다. 마이키는 프랑스 건축가 앙티 로박 Antti Lovag과 그의 제자 로버트 브루노에 대해 이야기했다. 나는 중동의 건축을 좋아하고, 모로코를 비롯해 아프리카의 건축 양식을 좋아한다. 즉 특정 건축가 한 명이 지은 건물이 아니라, 오랜 세월 세대에서 세대로 전해 내려오며 사람들 안에 선천적으로 각인된 기술을 이용해 마을 사람들이 다 같이 지은 건물을 좋아한다. 내가 가장 좋아하는 건축 서적은 크리스토퍼 알렉산더의 《패턴 랭귀지》다.

그날 밤 우리는 와인을 마시고, 커다란 호텔 건물을 다른 건물과 연결해주는 실내 온실에서 키운 야채로 요리한 맛있는 음식을 먹었다. 온실의 습도가 건물의 열기를 붙잡아두어서 바깥 온도가 영하로 내려갈 때도 호텔에 인공적으로 난방을 할 필요가 없다고 했다. 우리는 인장 강도, 저항 값(단열 효율성을 측정하는 수치), 태양열 취득, 건축물의 둘레와 면적, 건기乾期, 평방미터당 비용 같은 것들에 대해 깊이 토론했고, 더 이상 눈을 뜰 수 없을 지경이 되어서야 좁고 기다란 실내 풀장에 잠깐 몸을 담갔다가 우리의 화려한 종이 콘크리트 방으로 자러 갔다.

그날 밤 마이키가 샤워를 하는 동안 침대에 누워 있던 나는 종이 콘크리트로 만든 돔 천장에 습기가 쌓여가는 것을 눈여겨보면서 결로 현상을 주의해야겠다는 생각을 했다. 종이는 도료를 잘 발라주지 않으면 곰팡이가 필수 있다. 하지만 이곳은 클라이드 씨가 사방에 두껍게 바른 되직한 라텍스 페인트가 충분한 해결책이 되는 것으로 보였다.

이 여행을 다니는 동안 나는 아무것도 모르는 책상물림이 된 기분이었다. 내 운동화는 그럴싸해 보이지만 실은 약한 재질이어서 하이킹을 할 때 위험했다. 손전등을 챙겨오거나 두툼한 옷을 넉넉하게 가져올 생각은 아예 하지 못했고, 어떤 식물을 피해야 하고 어떤 식물은 조금 뜯어먹어도 되는 지 따위에 대해서는 까막눈이었다. 털링구아 집에서 우리를 재워준 집주인 부부는 매일 아침 깔끔하고 활기찬 모습으로 말끔하게 차려입고 캠핑카에 서 나왔지만, 나는 꾀죄죄하고 어리둥절한 얼굴로 숙소에서 떠밀려나온 듯한 모습이었다. 한 방울씩 똑똑 흘러나오는 귀하디귀한 물로 세수를 해보아 도 소용이 없었다.

사막에서 집을 지으며 1년을 보낸 덕분에 나는 클라이드 씨 같은 사람들과 함께 건축에 관해 깊은 대화를 나눌 수도 있게 되었지만, 이브의 정원에 서 안락한 생활을 누리게 해주고 녹록치 않은 사막으로부터 보호해 주는 문하나만 없으면 나는 커다랗고 화려한 사파이어 반지만큼이나 아무 쓸모없는 물건이 될 판국이었다. 사막에서 나는 수영도 할 줄 모르는데 바다 위를 무작정 떠도는 배 안에 있는 기분이었다. 집을 짓는 법에 대해서는 배웠지만 집 밖의 세상에서 어떻게 살아남아야 하는지는 아직 몰랐다.

야외에서 요리하고 잠자기, 마실 수 있는 물 찾아내기, 하늘을 보고 날씨 예측하기 같은 기술은 아직 내게 없었다. 30년 넘게 내가 축적한 지식이란 비데의 각종 기능을 완벽하게 다루는 법, 물건을 절대 제 값 다 주고 사지 않는 법, 뉴욕 어디를 가도 무료 주차장을 찾아내는 법 따위였다. 하지만 온도 가 하루에도 10도씩 변할 수 있다는 것은 처음 안 사실이었고, 그런 일이 벌어질 때 어떻게 대처해야 할지 나는 속수무책이었다.

사막에 정착해 살고 있는 건장해 보이는 사람들이 며칠 전 모닥불 가에 서 나누던 이야기들이 떠올랐다. 10년 동안 개 한 마리와 함께 픽업트럭의 짐칸에서 잠을 자며 살아간다는 이야기, 서너 달 동안 깊은 숲속에서 나무 그루를 세며 텐트를 치고 지낸 이야기, 수십 킬로미터는 나가야 큰길이 나오는 곳에서 화재 감시인 활동을 하느라 가로 세로 2.5미터의 오두막 안에서 지낸 이야기 들이었다. 그 대화에 내가 끼어든 부분이라고는 "나를 한밤중 몇시에라도 뉴욕 한복판에 떨어뜨려 놓아보세요. 그래도 난 하나도 겁 안 나요" 같은 게 전부였다. 나는 도시 사람들이 (전혀 다른 종류의 다양한 지식을 갖고 있는 이들에게 지지 않으려고) 그런 식으로 말하는 것으로 이미 유명하다는 것을 몰랐다. 사막에 사는 사람들은 사막에서 탈수 증상을 겪고 나서 처음으로 마시는 물 한 모금은 입 안에 있는 독소를 씻어내기 위해 헹군 뒤 뱉어야 한다는 사실을 알고 있었다. 깊은 산속에서 불이 났는데 피할 시간이 없을 경우에는 물탱크 속으로 뛰어드는 것도 좋은 방법이라고 했다. 불이 빠르게 지나가서 물탱크 속의 물이 끓기 전에 그 안에서 나올 수만 있다면 목숨을 건질 수 있다는 것이다. 나는 아직 뉴멕시코 사람이 아니었다. 나는 목양견 종의 개도 없었고, 마당에서 예술품 역할을 하는 고장 난 변기도 없었다. 둘 다 곧 나타날 것 같기는 했지만 말이다.

자의식 같은 건 주머니 깊숙이 쑤셔 넣고, 한 번 더 땅에 구멍을 파고 볼일을 봐야 할 경우를 대비해 갖고 다니기 시작한 물티슈 봉지를 머리맡에 두고, 나는 내가 어쩌다가 스스로 야외 활동을 즐기는 체질이라고 생각하게 되었는지 되짚어보았다. 어렸을 때 어린이 일일 캠프에서 내가 있던 팀이 내가 만든 담장과 모닥불, 그네 때문에 두 번이나 최고 캠프 상을 받았다. 어린 시절에 나는 정원을 가꿔서 먼지가 뽀얗게 쌓인 병들을 수북이 쌓아놓고 이국적인 약초로 만든 치료약을 채워 넣는 상상을 했다. 집 뒤의 숲속에는 견고

한 요새를 세우기도 했다. 버닝 맨 축제에서는 모두들 써보고 싶어 하는 아주 인상적인 옥외 샤워기를 만들었다.

나를 아는 많은 이들이 내가 무척 강하고 거친 사람이라고 여겼다. 하지만 이런 내가 프랑스 레스토랑에서 너무 오래 노닥거린 모양이었다. 나는 사실 성냥이 없으면 불도 하나 붙이지 못했다. 내가 키워본 유일한 식물은 열매 한 번 맺지 못하고 브룩클린의 아파트 비상계단에서 죽고 말았다.

'그래서 내가 여기 왔구나.' 나는 생각했다. '끝을 보기 위해서, 내 지식이 끝나는 지점을 보기 위해서.' 나는 정확히 내가 원하던 곳, 즉 불편한 곳에 있었다. 내가 그렇게 몹시도 갈망하던 것은 바로 새로운 것이었다. 그것은 '상식'이었다. 그 지점에 가까이 가고 있는 한 지금 여러 가지가 불편한 것 따위는 아무렇지 않았다. 나는 상식을 얻을 수 있는 방법들을 고민하고 있었다. 자연에 가깝게 살고, 시행착오를 허용하며, 귀 기울여 듣고, 집을 손수 지어보고, 문제를 직접 해결해 보고, 새 이웃들과 관계를 유지하고, 걸어 다니고, 식물을 키우고, 요리를 해봄으로써 상식을 얻을 수 있을 것 같았다. 정말이지 나는 아는 게 없었다. 하지만 지식은 단지 책을 읽거나 남들이 하는 말을 얻어들어서가 아니라 경험에서 올 것이라는 것이 내 직감이었다.

마이키와 나는 미국 남서부를 더 돌아다니며, 텍사스의 알파인, 애리조나의 투손, 콜로라도의 크레스톤, 뉴멕시코 북부의 퀘스타와 타오스 등 대안적인 건축을 하는 유명 지역을 모두 들렀다. 우리는 짚단, 라스트라(일반 콘크리트 블록에 비해 시멘트 양이 절반밖에 들지 않는 콘크리트―옮긴이), 종이 콘크리트, 흙벽돌, 페로 시멘트(여러 겹의 강철 그물코에 콘크리트를 부어 만든 강하고 가벼운 자재―옮긴이) 등으로 만든 특이한 건물들을 꼼꼼히 살펴보았고, 사용된 각

재료의 특성을 기록해 비교했으며, 각각의 결점과 장점을 정리해 보았다. 주변의 풍경에 맞추어 자연스럽게 진화한 듯 옆에 솟아 있는 바위들과도 멋스럽게 어울리는 둥그런 흙배 주택earth ship(다짐흙 방식으로 재활용품을 활용해 만드는 친환경 자급자족 주택—옮긴이)도 구석구석 살펴보았다. 단순한 원뿔형 천막인 인디언 텐트 티피, 반원형 막사 주택, 집처럼 편안한 유르트(몽골 유목민들의 전통 텐트—옮긴이), 키바 돔(북미 푸에블로 인디언들이 종교 의식 등에 쓰던 큰 지하방—옮긴이)에도 들어가 앉아보았고, 운이 좋으면 그 집을 만든 영감 넘치는 괴짜 장인들도 만날 수 있었다.

마이키와 내가 만난 사람들은 그때까지 우리가 경험한 것과는 전혀 다른 삶을 살고 있었고 출신 배경도 달랐지만, 우리와의 공통점은 더없이 분명했다. 우리는 집과 연료, 먹을 것, 물, 전기라는 근본적인 문제에 천착하고 있었다. 우리는 힘들고 단조로운 고역 같은 일에서 벗어난 삶, 자연과 균형을 맞춰 살아가는 삶의 방식을 추구했다. 나는 스왑 오 라마 라마를 통해 모든 세대, 다양한 피부색과 사회경제적 지위를 가진 사람들이 한데 모였던 것이 생각났다. 사막에서도 창조성은 사람들을 삶에 그리고 서로에게 연결시켜 주었다.

트루스 오어 컨시퀀시즈에서 집짓기

네 마음대로 지어라.

—마이크 워렌Mike Warren

트루스 오어 컨시퀀시즈로 돌아온 뒤 우리는 뉴멕시코에 오자마자 구입했던 이동 주택의 리모델링 작업을 거의 마쳐가고 있었다. 쥐가 들끓는 1,200평의 야영장 내 유일한 건물로 40년 된 이동 주택이었다. 우리는 야영장을 관리하거나 돌볼 생각은 전혀 없었다. 우리의 계획은 공공 전기와 수도에 의존하지 않고 숙식이 가능한 공간을, 버려진 것들을 활용해 오로지 사람 손으로만 만들어보자는 것이었다. 이 작업을 위한 터로 야영장을 선택한 것은 그곳에 값진 환경이 구축되어 있었기 때문이다. 거기에는 전력과 물, 하수관, 그리고 6미터 간격으로 설치된 전신주가 있었다. 캠핑카들이 잠시 머무는 동안 사용하도록 조성한 시설이었는데, 우리가 새로 지으려고 하는 종이 콘크리트 건물에도 활용 만점이었다. 그래서 이곳에 터를 잡기로 했다.

이미 갖추어져 있는 기반 시설 덕분에 하수관과 전기를 설치하는 번거로움을 덜 수 있을 것이고, 태양광 전지판 시스템이 완성되면 청정 태양 에너지로 곳곳에 전력을 공급할 수 있을 것이며, 퇴비화 변기를 사용할 작정이라 하수관 연결은 하지 않아도 되고, 물탱크가 있어서 수도를 쓸 필요가 없겠다는 계산이 나왔다. 이 야영장 터는 또 용도 변경이 유연한 구역에 해당

해서 종이 콘크리트로 단층집을 짓는 것이 허용되었다.

이동 주택을 집이라고 부를 수 있는 모양으로 만들기까지는 많은 작업이 필요했다. 아직도 노란색 뉴멕시코 번호판을 달고 있는 이 낡고 오래된 수륙 양용차는 1967년에 만들어진 것이었다. 그 사이 몇 번 저렴한 증축을 통해 약 34평까지 넓어진 상태였다. 자동차 보험 회사는 이 고물 자동차에 1,000 달러의 보험금을 매겼다. 덕분에 우리는 더더욱 미련 없이 가장 친환경적인 선택을 할 수 있었다. 이 차를 리모델링하기로 한 것이다.

차를 리모델링하기로 결정하는 건 어렵지 않았다. 이 낡은 이동 주택을 쓰레기 매립지까지 끌고 가는 비용이 5,000달러라고 들었는데, 리모델링에는 1만 달러 정도면 될 것으로 예상되었다. 집을 아예 새로 지으려면 자그마치 평당 7,000달러 이상이 들었기에 그것은 선택에서 제외되었다. 우리 둘 모두 집을 지어본 경험 없이 뉴멕시코에 왔으니 아무래도 이 이동 주택으로 첫 경험을 쌓게 될 모양이었다. "혹시 망가뜨리게 된대도 무슨 걱정이야?" 우리는 말했다. 잃을 게 별로 없었다.

리모델링 작업을 시작했다. 우선 나무판으로 된 벽에 석고를 발라 건식벽으로 만들고, 두툼한 양탄자가 깔려 있던 바닥에는 대나무를 깔았으며, 욕실 바닥은 우리가 쓰레기더미에서 주워온 깨진 타일들을 새로 깔았다. 창문과 출입구, 바닥을 쓰레기더미에서 골라낸 나뭇조각으로 장식하고, 표면은 중고 장터에서 값싸게 구입한 전동 대패로 말끔하게 다듬었다. 동향으로 난 창들에는 하나씩 선반을 덧대어 곧 지어질 정원으로 나가기 전에 싹을 틔우도록 묘목들을 올려놓았다. 벽면의 각진 모서리들에는 철물점에서 싸게 구입한 타일을 덧대서 둥글게 만들었다. 그러자 공간이 부드럽고 깔끔하고 세

런되게 느껴졌다.

목재는 대부분 아주 오래된 건물에서 구해온 것이라 표면은 더러웠지만, 표면을 벗겨내니 놀라운 문양의 아름다운 견복이 되었다. 만일 목재를 새로 구입하려고 했다면 너무 비싸기도 했으려니와 희소성으로 봐도 이만한 것을 구할 수는 없었을 것이다.

내부의 가전 제품과 수납장, 세면대는 모두 쓸 만해서 그대로 두고 깨끗이 문질러 닦기만 했고, 나무로 만들어진 것들은 린시드(아마씨―옮긴이) 기름을 묻혀서 닦아주니 모양새도 되살아나고 수명도 더 늘어났다. 투박하긴 하지만 저렴한 알루미늄 방수판을 부엌 뒷벽에 덧대자 그 아래 늘어져 있던 더러운 섬유판을 가릴 수 있었다. 알루미늄 방수판으로 우리는 부엌 조리대와 수납장 사이의 공간도 이었다. 반짝거리는 은색이 있으니 부엌이 꼭 1950년대 식당 같았다. 똑같은 은색 나사못을 나란히 박아 알루미늄 판을 고정시켰더니 마치 일부러 이런 공업용 재료를 선택한 것처럼 보였다.

리모델링 비용은 대략 1만 달러로, 평당 350달러 정도 든 셈이었다. 리모델링의 가장 좋은 점은 무엇보다도 우리에게 예쁜 집이 생겼다는 것, 게다가 그 집의 거의 모든 것이 쓰레기 매립지로 갈 운명에서 건져낸 쓰레기로 만들어졌다는 것이었다. 두 번째로 좋았던 점은 집을 리모델링하면서 우리에게 기술이 생겼다는 것이었다. 배우려고 했다면 수업료로 수천 달러를 들여야 했을 기술들을 우리는 이른바 '직업 학교'에 입학하면서 공짜로 얻을 수 있었다.

우리 둘이서 이걸 다 한 것은 아니었다. 마이키와 나는 버려진 것들로 집을 짓는 건축가 제시가 우리 동네에서 낡은 집을 리모델링했다는 이야기를 듣고 그를 찾아갔다. 제시는 날마다 거리를 샅샅이 살피며 쓰레기들을 끌어왔다. 이웃에서 낡은 별채를 허물면서 나온 목재들을 쓰레기통 옆에 쌓아올리고 있으면 기회를 놓치지 않고 쓸 만한 것을 가져와 남김없이 재활용했다. 제시는 버려진 목재를 재활용해 의뢰받은 수납장과 장식, 부엌 개수대를 만들었다. 그는 간이탁자 위의 수평이 맞지 않는 전동 대패 사이에 지저분하고 낡은 판자들을 하나씩 끼우고 통과시켰다. 전동 대패 맞은편으로 나오는 판자들에는 밝고 어두운 색조가 대조를 이루는 예쁜 문양이 나타나 있었다. 제시는 본인이 생각해도 뿌듯하다는 듯 미소를 지으면서 가벼운 손놀림으로 밀폐제를 발랐다. 나무들도 그를 보고 웃어주는 듯했다. 우리는 제시에게 당장 우리 일을 해달라고 부탁하면서 기꺼이 그의 제자가 되겠다고 자처했다. 그렇게 해서 우리 셋은 석 달 동안 이동 주택 리모델링 작업을 함께했다.

어떻게 보면 제시는 전형적인 뉴멕시코 사람이었다. 우리는 하늘에 구름이 잔뜩 끼어 해가 나지 않는 날이면 그가 작업장에 나타나리라는 기대를 버리는 게 좋다는 것을 알게 되었다. 햇빛이 없으면 그는 감당하기 힘들 정도로 감상적이 되었다. 제시와 함께 일하기 위해 우리는 먼저 그가 지낼 곳을 마련해 주어야 했는데, 이는 유목민 같은 남서부 사람들에게는 상식적인 의례였다. 빌린 캠핑카 정도면 우리의 방랑 건축가의 임시 집으로서 손색이 없었다. 그는 캠핑카를 우리의 이동 주택이 있는 야영장에 주차해 두고, 그 옆에 있던 시내버스를 개인 작업장으로 개조해 썼다.

제시는 어떤 부분이든 작업을 마치면 그 완성된 작업을 망가뜨리기 전에 그를 빨리 그곳에서 데리고 나와야 했다. 그는 고물을 아름답게 변형시키는 뛰어난 재능도 갖고 있었지만, 동시에 덜렁거림이라는 저주도 함께 받은 것 같았다. 한번은 내게 벽에 시트록(종이 사이에 석고를 넣는 석고 보드—옮긴이) 바르기를 막 마쳤다면서 방을 구경시켜 주었는데, 자기 허리춤에 달린 공구 허리띠에서 날카로운 T자 형 쇠자가 비어져 나와 있는 걸 모르고 벽에 물결무늬를 그리면서 다닌 적도 있었다.

리모델링이 끝나갈 즈음이 되자 마이키와 나는 우리끼리도 작업할 수 있을 만큼 기술이 제법 늘었다. 우리는 갖가지 공구와 재료의 이름을 익혔고 사용법도 알게 되었다. 테두리 장식용 나무나 바닥재로 깔 나무를 자를 때는 고속 절단기를, 얇은 목재를 필요한 크기로 자를 때는 테이블 톱을, 목재 테두리를 얹을 때는 마감용 건gun을, 바닥에 목재를 깔 때는 바닥 스테이플러를, 시트록 빈틈을 (유리 섬유 테이프로 접합 부분을 붙인 후에) 회반죽으로 덮을 때는 흙손과 흙받기를, 타일을 자를 때는 다이아몬드 원형 톱을, 목재를 문질러 새것 같은 표면으로 만들 때는 전기 사포와 전동 대패를, 나무를 아무렇게나 자유로운 모양으로 자를 때는 실톱을, 나무를 비롯해 여러 재료들을 되살리고 보호용 도료를 씌우는 데는 다양한 용해제와 기름을 쓰면 된다는 것을, 그 밖에 다양한 드릴과 장치들을 알게 되었다.

우리는 화단과 수도, 식수 증류 장치를 설계하고 직접 지었다. 그늘막도 만들었고, 무거운 재료는 스케이트보드로 옮겨가면서 담장과 창고, 화덕 등 모든 것을 손수 만들었다. 해보지도 않고 "나는 못해" 하던 마음가짐을 어떻게든 해나가면서 계속 뛰어넘었다. 우리는 실수를 했고, 그래서 더 좋게 만들 수도 있었겠지만 그 정도로도 충분히 괜찮은 것들을 계속 만들었다. 나는 무엇이든 한다는 행위에 몰두했고, 기대를 갖는다면 다음 단계로 넘어가지 못할 것 같았으므로 기대에 사로잡히는 일이 없도록 주의했다. 때로는 무척 어려웠다. 내가 워낙 불완전한 것을 만든다는 생각을 받아들이기 어려워하는 성격이어서 설계나 방법을 두고 가끔은 마이키와 의견 충돌을 빚기도 했다. 오랜 습관은 참으로 깨기 어려웠다. 무모한 실험 정신이 반드시 필요했다.

사막에 정착한 뒤, 마이키는 평생 자기에게 있었지만 별로 쓸 기회가 없던 지식들—녹는 점, 거리 측정, 환산표, 가스의 인화성, 마찰력과 지렛대, 무게 제한점, 끓는 점, 고도 등—이 온갖 것을 손수 만들면서 살아가는 이 새로운 삶에 매우 유용하다는 걸 알게 되었다. 나는 돔 건물과 욕조, 정원의 설계도를 색색깔로 그리면서 스케치북을 빼곡하게 채웠다. 뉴멕시코에 발을 디딘 그 순간부터 우리는 1,200평의 경이로운 세상을 만들어가라는 숙제를 받고 신이 난 어린이들이 되었다. 먼저 머릿속에서 상상했고 상상 속에서 본 것을 실제로 만들었다.

우리는 쓰레기에 대한 존경의 표시로 우리의 이 '1,200평 프로젝트'와 그 발전 과정을 일일이 기록하는 블로그를 개설하고 거기에 '홀리 스크랩 Holy Scrap'(신성한 쓰레기라는 뜻—옮긴이)이라는 이름을 붙였다.

우리의 새 건물은...

우리보다 힘이 더 세지 않은 사람들, 기술이 많지 않은 사람들이 지을 것이다.

대부분이 쓰레기로 만들어질 것이다.

에너지 효율이 높고 냉난방을 할 필요가 거의 없을 것이다.

비용은 5,000달러 이하가 될 것이다.   오래갈 것이다.

새 건물을 지을 준비를 마치자 우리는 건물을 지으며 지킬 사항들을 적어 내려가기 시작했다.

우리가 처음으로 한 일은 인터넷에서 공짜로 다운받은 CAD(컴퓨터 지원 설계) 프로그램 '스케치업SketchUp'의 사용법을 익히는 것이었다. 스케치업이 있으면 기술적으로 복잡한 설계도를 그릴 수 있었고, 건축 기술자들과 의견을 주고받을 수도 있었다. 건축 기술자들에게서 우리의 종이 콘크리트 집 설계도가 실제로 건축 가능하다는 인정을 받자(두 번의 수정과 50달러의 비용 지불의 결과다) 우리는 승인받은 청사진을 주州 정부에 보냈고, 주 정부는 뉴멕시코의 승인받은 건축 기술 자료실에 우리의 청사진을 포함시켜 주었다. 우리 설계도가 주 정부의 건축 허가를 받자 지역 건축 감독관도 모든 법적 책임감에서 벗어나 홀가분해했다. 이제 우리는 자유롭게 종이 콘크리트 돔 건물을 지을 수 있었다.

우리는 곧바로 이 종이 콘크리트 돔 건물 설계도를 인터넷에 올려 누구든지 원하는 사람은 공짜로 쓸 수 있게 했다. 마이키의 아이디어로 회사가 특허를 받던 나날들을 드디어 끝장 낸 것이다. 우리는 이를 자축했다.

우리가 처음으로 지은 돔 건물은 지름이 3미터, 높이가 4미터였다. 먼저 철근과 메탈 라스(성긴 철망―옮긴이) 보강재부터 세웠다. 그 다음 내부 보강재와 외부 보강재 사이의 공간에 종이 콘크리트를 부어 넣자 종이 콘크리트가 마르면서 30센티미터의 벽이 만들어졌다. 마지막으로 종이 콘크리트를 만들 때 썼던 스투코 분사기로, 실외 환경에 맞게 벽을 보호해 주는 종이 반죽을 갈색으로 만들어 다시 분사했다.

지금 우리의 첫 번째 돔 건물에는 우리 집의 모든 전력을 공급하는 태양

종이콘크리트

종이 콘크리트는 작업하기 쉬운 건축 자재이다. 언제든 손쉽게 구할 수 있는 폐지로 만들어지며, 단열 효과도 뛰어나다. 우리가 지은 지름 3미터, 높이 4미터짜리 돔 건물의 설계도를 인터넷에 올렸으니 누구나 무료로 사용할 수 있다.

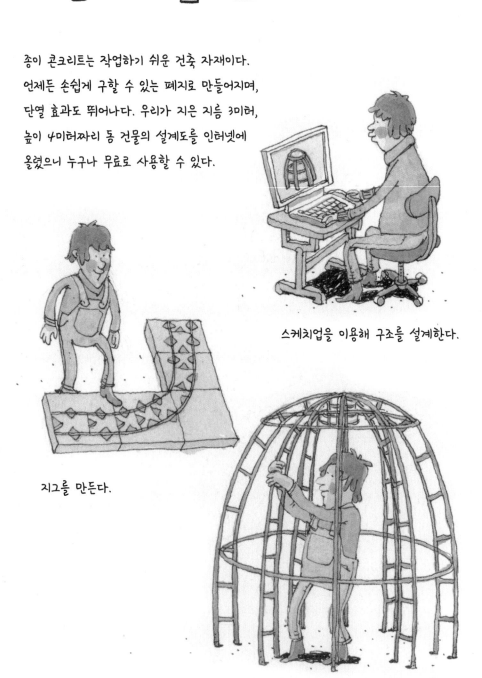

스케치업을 이용해 구조를 설계한다.

지그를 만든다.

철근 보강재를 세운다.

철근 보강재의 안과 밖을
메탈 라스로 덧씌운다.

종이 콘크리트를 반죽한 다음 메탈 라스 내부와
외부 사이에 부어 두꺼운 벽을 만든다.

마무리로 안료를 섞은 종이 콘크리트를 벽의 내부와 외부에 분사해 준다.

광 전지판 전력 인버터와 건전지가 들어 있다. 우리가 종이 콘크리트로 짓고 있는 두 번째 돔 건물은 욕심을 조금 더 부려서 지름이 6미터, 높이는 5미터에 달한다. 이 건물에는 화장실과 다락방도 있다. 완공되면 손님용 별채로 쓰려고 한다.

2008년, 돔 건물을 지으면서 시작한 뉴멕시코 트루스 오어 컨시퀀시즈에서의 삶은 동네 사람 한 명이 티셔츠에 새겨 입고 다니는 문구가 한마디로 정리해 준다. '캠프 T or C.'(트루스 오어 컨시퀀시즈를 줄여 부르는 말—옮긴이) 우리가 이 마을로 이사 오기 전에 마을 커피숍에서 만난 30~40대의 젊은 퇴직자들은 우리가 건물을 짓는 동안 꾸준히 우리를 찾아주었고, 우리도 그들 집을 자주 방문했다. 서로에게 연장을 빌리고, 아이디어를 교환했으며, 자주 만나 고무 튜브를 허리에 끼고 리오그란데 강 위를 떠다녔다. 바비큐를 구워 파티를 열고, 자신의 예술 작품들로 전시회를 열고, 사막 도보 여행을 하

우리는 대부분의 사람들이 버리고 가는 이동 주택을 개조하고, 마당에 정원을 가꿔 나무를 심고, 태양광 전지판을 설치하고, 종이 콘크리트 건물을 세워서 집터를 새롭게 탈바꿈시켰다.

고, 모닥불을 피워놓고 둘러앉았다. 전통적인 의미의 전문직을 가진 사람은 거의 없었다. 대부분이 프리랜서거나, 나중에 수입원이 될 수도 있는 뭔가를 짓고 있는 상태였다. 여기서는 날마다 바쁘게 달리며 살 필요가 조금도 없었다. '캠프 T or C'에서의 삶은 멋졌다.

결국 우리 부부는 민박이나 친환경 숙박업 같은 것은 우리에게 맞지 않는다고 결론을 지었고, 이런저런 사업 계획들을 모아서 우리의 집이자 인생 실험실이 된 '홀리 스크랩Holy Scrap'을 만들었다. 우리는 건물 짓는 것이 재미있어서 계속 더 지었다. 난방이나 냉방이 거의 필요 없는, 흙무더기처럼 생긴 작은 돔 건물을 계속 지으면서 하나는 부엌으로, 다른 것은 침실로, 어떤 것은 거실로, 또 어떤 것은 손님용 별채로 쓰자고 마음속으로 구상했다. 이 설계에서 유일한 문제는 우리 집 고양이 두 마리가 어디 숨었는지 찾기 어려우리라는 것뿐이었다.

뭔가를 이루어냈고, 문제를 해결했고, 아이디어를 진척시켰고, 꿈을 더 꾸었고, 어떤 거라도 개조하고 짓고 만들었다는 성취감을 느끼지 않고서 지나가는 날은 하루도 없었다. 우리는 실패하면 전문가들을 불러 고쳐달라고 하면 된다고 생각했고, 그래서 어떤 문제든 '한번 해보지 뭐'라는 태도로 임했다. 유튜브를 비롯해 자세한 방법을 알려주는 인터넷 사이트들의 도움도 받을 수 있는데 무엇이든 새로운 것을 시도해 보지 않을 이유가 없었다. 이런 태도를 갖고 있으면 제아무리 야심차고 거대한 프로젝트라도 한결 가벼운 마음으로 시도해 볼 수 있다.

공짜 연론

상상력이 지식보다 중요하다.
지식은 우리가 지금 이해하고 납득하는 것에 국한되지만,
상상력은 온 세상을 품을 수 있다. 거기서는 모든 것이 이해되고 납득된다.
—알버트 아인슈타인Albert Einstein

트루스 오어 컨시퀀시즈에 사는 많은 이들이 처음 이곳에 정착하게 된 이유가 차가 여기서 고장이 났기 때문이라고들 말한다. 우리가 집을 개조할 때 많은 도움을 주었고 엄청 큰 일을 해주고도 매번 미안하다고 사과하는 놀라운 척척박사 제시는 유럽형 디젤 엔진을 단 도시 버스를 몰고 다닌다. 차는 이동식 목공소로 개조해서 쓴다. 뉴멕시코 북부의 한 대학교 강사인 스코트는 학생들에게 폰티악 사의 오래된 스포츠카 피에로를 초고속 전기차로 개조하는 법을 가르친다. 이웃들은 스코트가 자동차를 개조할 때 틀어 놓는 저니Journey(미국의 록 그룹—옮긴이)의 음악에 맞추어 신나게 몸을 흔들어댄다. 과연 그중 몇 대나 전기차로 개조될지는 미지수다.

셰이나는 라스 크루세스의 홈데포(가정용 건축자재 유통 회사—옮긴이) 매장 주차장에 주차해 놓은 스바루 자동차에서 아들 레비를 낳았다. 음식을 먹지 않아 아사 직전까지 갔던 이 기氣 수련자의 생명을 살리기 위해 앤디 포터가 마이키와 나를 그의 랜드로버에 태우고서 강을 건너기도 했다. 현악기 제작자 래리는 캐딜락의 윙을 용접해 붙인 소형 픽업트럭을 몰고 다닌다. 그는 고가의 캐딜락을 몰고 몬태나 주의 오프로드를 달리면서 4륜 구동 자동차 운

전자들도 가기를 주저하는 험한 곳까지 호기롭게 운전해 보았노라고 모험담을 들려준다. 롭이 빨간 스쿠터를 타고 다니는 모습은 시내에서 쉽게 볼 수 있다. 그의 차는 그의 집이기도 한데 거기서 여자 친구와 개 두 마리와 함께 산다. 뭐든 가져다 모으는 제이슨은 볼 때마다 다른 고물 차를 몰고 다니며, 버려진 차에서 기름을 수거해 파운드 단위로 판다.

이 지역의 목장주들은 듀얼 모드 서스펜션의 흰색 디젤 엔진 픽업트럭을 좋아한다. 마을에는 전기차가 모두 다섯 대 있다. 토요일에 중고 장터에서 만나는 여자들이 그 다섯 대 중 네 대의 주인이다. 그리고 마이키와 내가 마지막 다섯 번째 전기차의 주인이다. 우리는 제이슨에게 종이 콘크리트 블록과 약간의 현금을 주고 전기차를 샀다. 앨리스와 줄리안은 1만 2,000평의 부지에 사는데 픽업트럭 뒤에 실을 수 있도록 개조한 4.2평짜리 트레일러 안에서 지낸다. 그들은 그 주변으로 14평에 이르는 방충망 베란다를 설치했다. 루크는 엘패소 공항에서부터 월마트까지 걸어가 거기서 산 자전거를 타고 우리 집에 왔다고 했다. 그는 자전거로 200킬로미터를 달려와 우리 집에서 자전거 수리 워크숍을 열었고, 그리고 다시 월마트에 자전거를 반납했는데 구입했던 때보다 더 좋은 상태로 만들어서 돌려주었다. 월마트에서는 다시 엘패소 공항까지 걸어가 비행기를 타고 오스틴의 자기 집으로 갔다.

마이키와 나 역시 낡은 전기 골프 카트를 갖고 있는데, 집 주변에서 물건을 옮길 때 사용한다. 골프 카트는 종이 콘크리트 블록 수백 개를 주고 얻어 왔다. 가비오는 진흙 벽돌로 벽을 바르고 점토로 화덕을 만드는 등 내부를 개조한 고급 캠핑카 에어스트림Airstream에서 산다. '굴뚝'이라는 별명의 닉은 4미터짜리 유홀U-Haul(미국의 트럭 전문 대여업체―옮긴이) 박스 트럭을 몰고 다닌다. 트럭을 빌리러 갔는데 대여료보다 차를 구입하는 것이 더 싸서 아예 샀다고 했다. 대여한 밴을 바이오 디젤차로 개조해 타고 다니는 한 남성 밴드가 바이오 디젤을 얻으려고 우리 집에 들른 적도 있었다. 그들은 마이키에게 "별로 좋지는 않다"면서 자신들의 새 CD를 주고 갔다.

나무로 지붕을 얹고 현관과 우편함, 초인종, 전등까지 갖춘, 작지만 잘 지은 집이 짐칸에 곱게 얹힌 픽업트럭 한 대가 한동안 마을 여기저기에 나타났었다. 그런가 하면 성경 구절을 곳곳에 써 넣은 버스 한 대가 시내의 유일한 바bar 역할을 하던(지금은 없어졌다) 술집 앞에 계속 주차되어 있더니만, 결

빠른 전기차로 직접 개조한
피에로 옆에 선 스코트

우리 집 전기차 두 대는 고물 골프 카트와 작은 전기차로 모두 물물교환해서 얻은 것이다.
강가에 가서 정원에 쓸 모래를 실어올 때 이 두 녀석이 아주 유용하게 쓰인다.

국 마을 사람의 신고로 국토안보부의 검문 같은 것을 받았다. 그 차는 곧 사라졌다. 그밖에도 톱으로 자르거나 늘려 펴는 등 다른 차의 일부분을 언뜻 보면 안 어울릴 성싶은 부분에 용접해서 재탄생시킨 많은 차들이 시내 곳곳에 돌아다닌다.

　숏 버스short bus(미국의 특수 학급용 스쿨버스—옮긴이)를 모는 우리 이웃 브라이언은, 밴을 타고 미국 전역을 돌아다니며 사는 21세기 유목민들의 파티인 밴스테더Vansteader 모임에 나간다. 브라이언의 오토바이에는 사이드카가 달려 있는데, 그의 개 디나의 전용 좌석이다. 수공예품 전시회에서 손으로 만든 물건들을 파는 브라이언네 세 식구는 바이오 디젤로 가는 대형 스쿨버스에서 산다.

자기네 버스를 우리 땅에 주차하고 싶다는 이 괴팍한 히피 커플을 우리는 결국 말리지 못했다. 그들은 전에 메인 주의 창의적인 디자인 집단 비하이브 디자인 공동체Beehive Design Collective에서 살기도 했고, 바느질 공방이며 드럼 세트, 도자기 가마, 오토바이, 자전거 두 대, 카누, 심지어 도서관까지 전부 차에 싣고 돌아다니며 살고 있었다. 이들은 원래 근처의 우주 공항 활주로로 버스를 몰고 가서 건설 인부들에게 아이스크림과 커피를 팔 계획이었다. 그러나 우주 공항으로 가던 길에 그만 소 한 마리를 치면서 버스가 고장 나고 말았다. 목장주에게 소 값을 치르고 나자 기름을 살 돈마저 떨어져 결국 우주 공항으로 가지 못하게 되었다. 그래서 이 마을에 몇 달째 머물러 있다고 했다.

언론 재벌 테드 터너는 트루스 오어 컨시퀀시즈 북부와 남부에 대규모의 땅을 소유하고 있는데, 거기서 버펄로와 늑대, 볼손땅거북을 키우면서 빛바랜 노란색의 낡은 쉐보레 서버밴을 몰고 다닌다. 제이와 론다는 엔티크한 목제 열차 칸을 지나가는 사람들에게 하루나 이틀 밤 정도 대여해 주곤 했는데, 나중에 실제 돌고래와 함께 두개천골요법craniosacral therapy(두개골의 리듬을 회복시켜 뇌척수액의 흐름을 좋게 만들어 신체의 문제를 개선시키는 치유법—옮긴이)을 하는 차스와 캣에게 그 차를 팔았다. 마을에 온천 리조트를 짓고 있는 마이클과 테스는 '녹색 타라'라는 티베트 불교의 보살이 빽빽하게 그려진 밴을 타고 다닌다.

이런 차들은 영화 〈매드 맥스 3〉에 나오면 딱 어울릴 법하다. 영화 속에서 바터타운의 경매인이 낙타들이 끄는 훔친 카트를 높은 값에 팔아보려고

"독립식 서스펜션에 동력 조향 장치를 갖추었음은 물론 배기 가스도 없습니다!"라고 선전하지 않던가.

여러 가지 독특한 차 중에서 우리의 삶을 바꿔준 것은 바이오 디젤로 가는 스쿨버스였다. 노마드 영화감독이자 미디어 활동가인 플럭스 로스트럼이 모는 이 버스는 필요할 때면 이동식 뉴스 방송국으로 변신했다.

나는 이 스쿨버스의 커다란 쇠문을 열었을 때 꼭 영화 〈찰리와 초콜릿 공장〉의 윌리 웡카가 툭 튀어나와서 어서 올라타라고 할 것만 같다는 생각이 들었다. 비록 윌리 웡카는 아니지만, 마이키가 날염으로 염색한 점프슈트를 입고 특이하게 생긴 둥그런 문에서 튀어나올 때면 꽤 그럴싸해 보인다. 마이키는 종이 콘크리트 믹서를 뒤에 달고 우리 집 트럭을 몰 때도 그런 차림이다.

플럭스의 커다란 스쿨버스가 디젤 엔진이 다 그렇듯 시끄러운 소리를 내며 질주해 왔다. 버스는 속력을 늦추며 터덜터덜 우리 집 터로 들어오더니 마치 마지막 남은 힘까지 다 짜냈다는 듯 11번 전신주 앞에 멈춰 섰다. 우리 집 터에 있는 캠핑카용 전기 시설은 여간 쓸모 있는 것이 아니었다. 차들은 꼭 자동 유도 장치가 장착된 것처럼 정확하게 전신주 앞에 멈춰 섰다. 아무런 지시도 없이, 생명 없는 독버섯 앞에 저절로 멈춰 서서는 엔진을 식히면서 어디를 고쳐줘야 하는지 온몸으로 표현했다.

플럭스 로스트럼이 차에서 한달음에 달려 나왔다.

"좋은 옷을 깨끗하게 입고 싶으셨군요?" 나는 그가 이미 더러워질 대로 더러워진 옷 위에 메고 있는 앞치마를 가리켰다.

그가 활짝 웃으면서 그 더러운 옷차림으로 나를 껴안았다.

플럭스가 마이키와 함께 버스를 고친 뒤 근처 음식점에서 얻은 폐식용유를 넣고 있다.
그의 버스는 바퀴 달린 이동 방송국이다.

이번에 플럭스를 만난 것은 몇 년 전 브룩클린의 '픽스'라는 커피숍에서
본 뒤로 처음이었다. 그때 그는 기자 시험에 합격해 인터뷰를 하러 다녔는데
기자증을 들어 올릴 때면 정말 잘 어울렸다. 플럭스는 그때부터 쭉 비주류
미디어에 인생을 걸었다. 그는 현재 집이기도 한 바퀴 달린 이동 뉴스 방송
국을 타고 온 미국을 돌아다니면서, 인구 밀도가 낮은 도시들에서 일어나는
복잡한 노동 분쟁처럼 제대로 보도되지 않는 사건들을 기록하고 있었다. 그
는 보조금을 받지 못하고 있거나, 후배 세대의 젊은 군인들에게 앞일에 대해

경고하다 배척당한 참전 용사들을 만나 인터뷰를 했다. 학생들의 시위 현장, 퇴출당한 비영리 단체, 빈곤층의 고단한 삶도 취재했다. 그는 상업성이 없어서 주류 언론이 관심 갖지 않는 인종 차별 분쟁을 영화로 기록하기도 했다.

플럭스의 버스는 우리 집 터로 들어오자마자 여느 버스들과 똑같은 행동을 보였다. 작동이 멈춘 것이다. 알고 보니 그는 그 차를 막 사시 몰고 오는 길이었는데 폐식용유를 넣는 시스템이 벌써부터 골치를 썩이기 시작한 것이었다. 더러운 앞치마와 꼭 그만큼이나 더러운 그의 옷매무새는 그렇게 만들어진 거였다. 기름을 직접 다루는 사람의 삶은 지저분할 수밖에 없는 법. 꼬리에 꼬리를 물고 문제들이 이어졌지만, 그것이야말로 플럭스가 반기는 것이었다. 마이키는 플럭스의 차를 샅샅이 뜯어볼 수 있다는 사실에 신이 나서 정비공을 자처하며 문제점을 찾아 나섰다. 배출 펌프가 무거운 연료를 흘려보내기에는 너무 약했고, 막힌 필터가 많았으며, 연료를 묽게 해줄 열熱도 충분하지 않았다. 수명이 다한 듯한 내부 시스템은 한마디로 엉망이었다.

나흘 뒤 플럭스는 다시 털털거리며 25번 고속도로에 올랐다. 그의 다음 체류지는 캘리포니아 남부의 사막 도시 슬랩시티라고 했다. 그날 밤 마이키는 선박용 컨테이너로 만든 마당의 작업실에서 전에 없이 오래도록 작업을 하다가 집으로 들어왔다. 새벽 세시, 그의 얼굴에는 죄책감이 묻어 있었다.

마이키는 불쑥 수수께끼 같은 질문을 던졌다. "혹시 이거 알아?"

"뭘?" 깜짝 놀라 되묻는 내 목소리에서 우리 어머니의 브롱크스 억양이 들렸다.

"이베이eBay(인터넷 경매 사이트—옮긴이)에서 벤츠 한 대 샀어. 디젤 자동차!"

재료
폐식용유 15리터, 메탄올 2리터,
양잿물 60그램

연일 요동치는 연료비, 다가올 에너지 위기, 그리고 우리가 언제든 활용할 수 있는 폐기물이 가득한 시점에서 연료는 진작부터 우리가 손수 만들어 쓰는 물품 목록에 올라 있었다. 그리고 바로 그날이 온 것이다.

'자, 이제 앞치마를 입을 시간이군.' 나는 속으로 생각했다.

입술 안쪽에 보란 듯이 무시무시한 문신을 하고서, 일할 때면 〈스위트 홈 앨라배마〉를 틀어놓는 동네 정비사의 도움을 받아, 우리는 우리의 '신상' 벤츠에 연료 변환 장치를 장착했다. 두세 달 뒤, 우리는 마침내 폐식용유를 넣고 차를 몰 수 있었다. 그로부터 2~3년 뒤에 우리 집 자동차 군단에는 디

폐식용유 자동차 '운'을 오르막길에서 밀고 올라가지 않았다면
우리는 밤새 사막 한가운데 고립되어 있을 뻔했다.

젤 자동차 한 대가 더 추가되었다. 별 말썽을 일으키지 않은 착한 녀석, 빨간색 구형 폭스바겐 비틀Beetle이었다. 우리는 이 녀석에게는 연료 변환 장치를 달지 않고, 그에 맞는 바이오 디젤 연료를 집에서 손수 만들어 썼다. 바이오 디젤 연료를 만드는 쪽이 폐식용유를 넣을 수 있도록 차를 개조하는 것보다 더 낫다는 걸 알게 되었기 때문이다. 그렇게 또 한 가지를 배웠다.

우리는 텍사스 엘패소에서 온 벤츠에게 '운Chance'이라는 이름을 지어주었다. 그 차가 우리를 어디로든 데려다줄 수 있는지 여부는 순전히 '운'에 달려 있었기 때문이다. 그리고 그 운이 점점 줄어드는 것 같자 우리는 차 이름을 '퍽이나 운Fat Chance'이라고 고쳤다. 녀석이 돌연 도로에서 멈춰버려 견인 트럭만 기다리고 있었을 때 그 녀석의 이름은 '운 없음No Chance'이었다. '마지막 운Last Chance'은 내가 차에 발을 올려놓은 채로 마이키에게 우리 이거 팔아버리자고 했을 때 붙여준 이름이었다. 근처 시내에서 한참 달려오다가 하필 오르막길에서 멈춰 서는 바람에 마이키는 액셀을 밟고 나는 차에서 내려 '운'의 꽁무니를 밀어야 했기 때문이다. 차가 조수석 문이 열린 상태로 오르막길 꼭대기에 이르자 마이키가 소리쳤다. "어서 타!" 나는 차가 서면 시동이 꺼져 가파른 경사로에서 다시 뒤로 밀릴까 싶어 젖 먹던 힘까지 짜내 달리는 차 안으로 뛰어들었다. 다른 차들이 저마다의 이유로 죄다 말을 듣지 않아 하는 수 없이 이 차를 몰고 가야 했을 때는 '유일한 운Only Chance'이라는 이름을 붙여주기도 했다. 마이키와 '운'의 입장에서 말하자면 잦은 고장은 '운'이 너무 낡고 상태가 엉망이기 때문이었다. 연료 변환 장치나 폐식용유와는 무관했다. '운'은 이제 우리가 호수에 다녀올 때만 쓰는 해변 차량이 되었다. 팔아버리자던 위협을 받아서인지 제법 잘 굴러간다. '운'이 아직 다

하지 않은 모양이다.

한편 우리가 주로 쓰는 빨간색 폭스바겐 비틀은 바이오 디젤 연료를 넣고서 갤런당 50~80킬로미터를 가는데, 참고로 바이오 디젤 연료 1갤런 만드는 데는 약 1달러밖에 들지 않는다. 또 장 보러 갈 때나 동네 친구들 집에 놀러 갈 때, 철물점이나 중고 장터에 갈 때, 파티에 갈 때, 볼링장과 음식점에 갈 때는 태양광 전지판에서 전력을 충전하는 전기차를 마음 놓고 쓴다. 이제는 주유소에 들를 일이 없다.

가치 있는 것

광기狂氣의 비밀은 그것이 이성의 원천이라는 것이다.

—루미Rumi

마이키가 전화를 끊더니 흥분해서는 부엌으로 성큼성큼 걸어왔다.

예전 직장에서 알고 지내던 사람과 통화를 했는데 우리더러 왜 40만 1,000달러라는 돈을 은행계좌에 넣어놓고 현금으로 빼서 쓰는지 모르겠다고 했다는 것이다. 마이키는 자신이 주식 시장을 믿지 않는 이유를 설명했다. "나는 가진 돈을 지금 살고 있는 삶에 투자할 거니까요." 주식을 권하려고 전화를 걸었던 동료는 마이키의 대답에 어이없어했다.

"그이는 내가 미쳤다면서 내가 내 주식equity을 '찾을' 수 있도록 도와주겠다고 하더라고." 마이키가 눈을 희번덕거렸다.

어떻게 주식을 '찾아낼' 수 있단 말일까? 상당히 추상적으로 들렸다. 주식이란 고고학 유물처럼 땅속 어디 무덤에서 캐내는 것이 아니다. 중고 장터에 나온 먼지 쌓인 상자에서 툭 튀어나오는 것도 아니다. 주식은 손에 쥘 수 없는 것이다. 그러나 은행은 주식이 마치 허공에서 뚝딱 만들어질 수 있는 것처럼 생각하게 했다. 집처럼 돈의 가치가 있는 뭔가를 우리가 소유할 수 있다는 전제에서 말이다.

우리는 그것을 자본주의 세상의 속임수라고 결론지었다. 그것은 가치 있는 것과 돈을 분리시키고 그들 말대로 돈을 '유동적'인 것으로 만드는 방법이다. 내게 '주식'이란 '훔치기 더 쉽다'는 뜻의 다른 말이었다. 은행가들은 전국의 집을 대상으로 이런 행위를 일삼고, 그 결과 사람들은 소유권을 빼앗기고 막대한 대출금을 떠안고 산다. "우리에게만은 안 된다"는 것이 우리의 서약이었다.

2008년 시장은 불안정했다. 경제가 오르락내리락하는 것은 지난 세월 오랫동안 지켜보았지만, 그해에는 훨씬 더 변화가 극심하고 변덕스러웠다. 때로는 예컨대 플로리다 주에서 지나치게 건조한 여름 날씨가 지속돼 오렌지 값이 천정부지로 치솟은 것처럼 세상에서 일어난 실제 상황 때문에 그런 파동이 생기기도 했다. 하지만 시장의 변동은 보통사람에게는 공개되지 않은, 세상의 알 수 없는 원리 때문인 경우가 훨씬 더 많았다. 너무 복잡해서 뭐가 뭔지 이해할 수도 없는 경제 상품들이(나중에야 밝혀지는 것처럼 이는 그 상품을 파는 사람들조차 마찬가지였다) 어떤 이들은 부자로 만들고 어떤 이들은 가난하게 만들면서 현실 속 사람들의 삶을 변화시키고 뒤바꾸어놓았다. 그런 일은 삶이 전반적으로 나아지는 데 조금도 기여하지 못했다.

극적인 승부는 상식적으로는 납득이 되지 않는 법. 우리는 깨끗이 손을 떼기로 했다. 가진 돈을 모두 모아서 '유동적으로', 즉 현금으로 만든 것이다. 주식 시장도, 투자도 우리 사전에 더는 없었다. 우리는 금리 2퍼센트의 평범한 저축 계좌에 그 돈을 다 넣었다. 전문 자산관리사, 은행가 등 온갖 전문가들에 따르면 우리는 세상에서 가장 멍청한 짓을 한 셈이었다. 그러나 리먼 브라더스가 파산했을 때, 베어 스턴스가 붕괴됐을 때, 그리고 경제 전체가 미쳐 날뛰는 것을 보게 되면서 우리는 우리의 선택이 결코 멍청하지 않았다는 걸 알았다. 나는 수피 격언이라고 들었던 한 구절이 떠올랐다. "생명은 산다. 오직 죽음만 죽는다." 그래, 이 나라의 죽어가는 은행 시스템 안에 삶이라곤 조금도 없었다.

우리는 주식 시장에서 손을 떼고 퇴직금을 모두 은행에 넣었을 뿐 아니라, 가진 돈을 죄다 털어서 경제 상황과 무관하게 가치 있다고 생각되는 것을 사기로 했다. 삶을 지탱시켜 주는 것들, 그러니까 땅과 물, 연장, 장비 같은 것들이었다. "다른 것을 만들 수 있는 것을 산다"(Buy things that make other things)는 것이 우리의 만트라가 되었다.

그러고도 돈이 좀 남자 우리는 반은 농담으로 자문해 보았다. "매드 맥스 세상에서는 뭐가 필요하지?" "최고급 블렌더!" 나는 어느 날 밤 따뜻한 침대에서 노트북 컴퓨터를 켜고 뒹굴뒹굴하다가 답을 얻었다. 음식은 집과 연료, 전력과 더불어 필수품 중에서도 필수품이었다. 나는 고성능 모터가 달려 있고, 옥수수 가루와 각종 곡물 가루, 견과류 가루를 만들 수 있도록 분쇄기로도 활용 가능한 모델을 골랐다. 얼마 뒤 모터도 갈아 끼우고 평생 품질 보증도 해주는, 그러면서 새것의 반값밖에 안 되는 중고 블렌더가 우리 집에 도착했다.

우리는 무엇이든 만들 수 있는 연장과 재료를 샀다. 콘크리트 믹서, 모르타르 믹서, 용접기, 수준기水準器, 목공 대패, 전동 제초기, 대형 낫, 페인트 분사기, 충격 해머 드릴 등 뉴멕시코에 살기 전까지는 듣도 보도 못한 것들이었다. 우리는 2기통 가스 엔진이 달린 연장들을 없애고 그 대신 우리가 설치한 태양광 전지판에서 만들어지는 청정 에너지로 작동되는 전동 연장들을 들였다.

파스타 기계

주물 냄비

건물 짓기!

목공 대패

드릴

요리하기!

앵글 그라인더

우리가 사는 것은
무언가 다른 것을
만들 수 있는
도구들이다

과실나무

차량 자기
진단 장치(OBD)

수리하기!

재봉틀

납땜인두

고성능 블렌더

수선하기!

우리의 새로운 투자품들은 여기저기 찌그러진 철제 컨테이너 안으로 들어갔다. 컨테이너는 이제 낡아서 해외 운송 용도로는 적합하지 않았지만 우리 집 창고로는 훌륭했다. 그리고 선박용 컨테이너를 하나 더 구해 마이키가 전기 작업을 할 작업실로 개조했다.

트루스 오어 컨시퀀시즈에 처음 왔을 때 우리는 별이 쏟아질 것 같은 밤하늘 아래에서 온천욕을 하면서 우리의 꿈을 소리 내어 말했는데, 그때 마이키는 〈스타워즈〉에 나오는 타투인 행성의 루크 스카이워커의 집처럼 마당에 박혀 있는 철제 실험실을 갖고 싶다고 했다. 그러기에 우리 집 마당의 지하수면은 너무 높았다. 하지만 마이키라면 어떻게든 해볼 것이다.

이 선박용 컨테이너가 없었다면
철물점에서 엉성한 창고를 돈 주고
살 뻔했는데, 덕분에 그보다 적은
돈에 4.5평의 작업실이 마련되었다.
앞으로 수십 년은 끄떡없을 것이다.

악명 높은 유령들

기회는 딱 한 번 오지만, 유혹은 현관에 늘 기대고 서 있다.

—작자 미상

사막에서 첫 두 해를 보내는 동안 우리는 집을 짓고 집터를 가꾸는 시간을 너무 많이 빼앗지 않겠다는 약속을 받고 몇 군데서 소소한 일들을 맡아 돈을 벌었다. 나는 《크래프트Craft》지에 〈재:수리Re:Fitted〉라는 칼럼을 썼다. 재활용 방식으로 흥미로운 작업을 하는 창의적인 사람들을 소개하는 코너였다. 그밖에 요가를 가르쳤고, 학생들과 함께 수피 명상 워크숍을 했으며, 점점 더 많은 곳에서 열리는 스왑 오 라마 라마 행사를 관리하기도 했다. 이런 활동으로 적지만 얼마간의 현금이 손에 들어온 덕분에 우리는 빈털터리 신세는 면할 수 있었다.

그러자 돈과 명성이라는 무엇보다 악명 높은 문명의 유령들이 보란 듯이 나타났다. 나는 이미 스왑 오 라마 라마의 미래에 대해 숙고해 본 터였기에, 유령들이 내 눈앞에 들이미는 유혹에 아주 속수무책은 아니었다. 나는 내게 주어진 선택지를 잘 알고 있었다. 대도시에서 대형 경기장을 빌리고, 직원들을 고용하고, 행사를 주최 및 관리하고, 이 행사의 저작권을 얻을 수 있었다. 스왑 오 라마 라마를 프랜차이즈화하면 상당한 수익도 낼 수 있었다. 비자르바자Bizarre Bazaar, 레니게이드 공예 축제Renegade Craft Faire, 메이커 축제Maker

Faire(모두 공예, 과학을 주제로 한 미국의 벼룩시장 및 박람회—옮긴이)도 저마다 다양한 특성을 유지한 채 그렇게 규모를 늘려가고 있었다.

스왑 오 라마 라마는 한 가지 서약, 즉 물건을 향한 끝없는 욕구에 대한 처방전을 제시하겠다는 약속에서 나온 것이었다. 이를 돈을 벌 수 있는 사업으로 탈바꿈해 상품화한다는 것은 애초의 그 신성한 서약을 깨뜨리는 것 같았다. 내게는 그 서약이 그로부터 탄생한 결과물(스왑 오 라마 라마)보다 더 가치 있었다. 버닝 맨 축제의 블랙 록 시티에서 지내면서 나는 내가 만든 스왑 오 라마 라마의 가치는 그것을 선물로 만들 때에만 지켜질 수 있다는 사실을 깨달았다. 돈과 명성이라는 유령은 나 말고 다른 후보를 찾아가야 했다.

그래도 내 에고는 마지막 반항의 외침을 내뱉었다. "나는 성공하고 싶다고." 극적인 장면이었다. 텔레비전 방송국 프로듀서들이 내게 전화하기 시작했다. 그 한 달 동안만 출판사 아홉 군데에서 책을 출간해 주겠다며 연락해 왔다. "책을 쓰거나 텔레비전 쇼에 나가는 게 곧 나를 상품으로 만드는 것 아닐까?" 나는 마이키에게 물었다. 적어도 그때는 그것이 사실이었다. 미국 굴지의 한 전력 회사는 스왑 오 라마 라마 행사를 열 때 자기네 회사 이름을 붙여달라고 부탁했다. 그들은 자신들의 나쁜 평판을 내 브랜드의 좋은 이미지로 뒤덮는 비용으로 자그마치 10만 달러를 제시했다.

결정해야 할 것들이 많아 터질 것 같은 머리를 싸안고 나는 점심을 먹으러 시내로 갔다. 나간 김에 이 유혹들에 대해서도 깊이 생각해 볼 참이었다. 시카고에서 재즈 음악 프로모터로 일하다가 뉴멕시코로 왔다는, 전에 시내에 나올 때 몇 번 마주친 적이 있던 한 여성이 식당의 내 옆 테이블에서 아는 체를 해왔다. 매우 요란한 선글라스를 쓴 그녀는 지팡이를 허공에 대고 휘두르며 신나했다. 그녀는 우리의 만남이 무슨 비밀 조우라도 된다는 듯 턱을 바싹 끌어당기고는 화려한 선글라스 너머로 두 눈을 치켜뜨고 말했다. "사람들은 자기들이 치유받고 휴식하기 위해 여기로 왔다고들 생각하지요. 나도 그랬다우. 근데 나를 봐요!"

그녀의 목소리가 갑자기 커지면서 손에 쥔 지팡이도 그만큼 높이 솟구쳤다. 그녀는 바짓가랑이 한쪽을 들어 올리더니 그 속을 보여주었다. 짤막한 정강이에 의족이 달려 있었다. 사고였을까? 무슨 일이 일어났던 것일까? 의족은 최신 유행의 운동화에 예쁜 레이스 양말을 신고 있었다.

"여기 이 마을의 이름을 잊지 마시우, 예쁜 양반. '진실' 게임이라는 뜻이잖수." 이 한 마디는 무슨 불길한 전조 같았다. 저 우주에 일하는 직원들이 있고 그중 '서약 지키기 부서'에서 일하는 직원이 있어서 나를 위에서 내려다보고 있는 상상이 들었다.

"네, 잘 알겠습니다." 나는 상상 속 우주 직원에게 대꾸했다. 내가 만든 것을 상품화하지 않기로 했다.

집에 오니 〈스타워즈〉의 한 장면이 떠올랐다. 스카이워커가 전투에서 스스로를 믿고 포스를 사용해 제국을 끝장내는 장면이었다. 나는 마치 선언이라도 하듯 텔레비전 프로듀서에게 답했다. "싫습니다." 출판사 아홉 군데에도 답했다. "안 하겠습니다." 전력 회사와 10만 달러에게도 답했다. "사양합니다."

이 시험을 통과하고 나니 마침내 스왑 오 라마 라마를 세상에 선물로 내놓겠다는 마음이 확실해졌다. 이제 스왑 오 라마 라마를 앞으로도 계속 탈상품화된 모습으로 유지시킬 수 있는 방법만 알아내면 되었다. 그러기 위해 문명이 제시하는 방법들은 하나같이 저작권, 특허, 프랜차이즈 모델 따위들이어서 썩 어울리는 짝 같지가 않았다.

나는 손에 상상의 열쇠를 쥐고서 자연으로 갔다. 풀이 우거진 정원에서 나만 알고 있는 장소에 앉아, 내 밑에 있는 온천수에서 뜨거운 물이 솟아 올라오는 느낌을 상상했다. 그리고 내 머리 위로 하늘을 가로질러 시베리아 같은 먼 곳을 향해 날아가는 새떼 소리에 귀 기울였다. 왜가리 한 마리가 커다란 날개를 펼치고 바로 코앞에서 날아가는 모습은 장관이었다. 공기 속에서는 딱히 아무런 냄새도 나지 않았다. '깨끗해.' 나는 생각했다. 밝게 빛나는 뜨거운 태양 볕을 받으며 나는 바로 저것 덕분에 내가 살고 있다는 사실을 다시금 새겼다. 나는 광합성 작용을 하는 살아있는 식물을 음식으로 먹고 있다. 나는 모습을 바꾼 빛을 섭취하는 셈이다. 나는 내 작은 자아의 좁은 경계를 내려놓고, 내가 지구 전체만큼 커질 때까지 감각을 확장시켜 보았다. 그런 다음 질문을 꺼내놓고 새로운 답이 떠오르는지 보았다.

내가 전혀 새로운 종류의 배(舟)를 아주 훌륭하게 지었다고 해보자. 그렇다면 나는 그것에 대한 찬사를 받아들이기 전에 선박 건조의 역사가 내 성공에서 중요한 부분을 차지했음을 먼저 인정해야만 할 것이다. 내 배를 만들기 위해 나는 과거로부터 지금까지 축적된 지식을 빌려 썼으니 말이다. 나뭇조각들을 이어붙이는 법, 돛을 꿰매는 법을 알아낸 것은 내가 아니었다. 목재가 되어준 나무도 내가 만든 것이 아니다. 나는 무슨 수로도 나무를 만들거나 지어내지 못한다. 배를 띄우는 바람이나 부력도 내가 만드는 것이 아니다. 물을 만드는 것은 내가 가진 잔기술을 아무리 뒤져봐도 불가능하다.

내가 어떤 생각을 '갖고' 있고, 가령 그것이 배를 만든다는 생각이라고 할 때 그 생각에 대한 공로를 인정받는다고 한다면, 나는 정확히 무엇을 인정받는 것인가? 이처럼 확장된 관점에서 한번 바라보자, 인정이란 내가 받는 것이 아니라 오히려 줘야 한다는 깨달음이 왔다.

저작권과 특허라는 문명의 장치는 뭔가를 만들어낸 창의적인 사람으로 하여금 '내가 낸 좋은 아이디어는 이것이 마지막'이라고 생각하게 만든다. 한마디로 그만큼 좋은 아이디어가 또 나올 것이라고 믿는다면, 스스로가 본래 창의적이며 아이디어가 풍부하다고 믿는다면, 우리는 굳이 저작권이니 특허권이니 하는 수고스러운 작업을 하지 않을 것이다. 이렇게 우리 문화는 '난 사실 정말로 창의적이지는 않아. 어쩌다 보니 좋은 아이디어 하나를 건진 것뿐이야'라고 생각하게 만들었다. 본질적으로 저작권과 특허권은 창작자들을 자기 아이디어를 지키는 감시자쯤으로 전락시켜 버린다. 그들은 계시적啓示的인 경험들을 명예퇴직시키고 창조성을 상품으로 둔갑시킨다. 우리의 문명은 우리가 가진 최고의 아이디어가 세상으로 자유롭게 풀려나와 공유되고 발전되지 못하도록 막아버리는 체제에 기반을 두고 있다.

다행히도 새로운 종류의 '열린open' 저작권이라는 것이 나타나고 있다. 사람들은 크리에이티브 커먼즈Creative Commons(자신의 창작물에 대해 창작자가 제시한 일정 조건을 지키면 창작자의 허락 없이도 해당 창작물을 자유로이 이용할 수 있게 하는 운동―옮긴이)라는 것을 만들어서 서로의 좋은 아이디어들을 보호하고 공유한다. 나는 스왑 오 라마 라마에 대해서도 크리에이티브 커먼즈 저작권을 선택해, 비영리 조직과 커뮤니티, 개인 들이 자유롭게 사용하고 공유할 수 있도록 했으며, 영리적인 목적으로는 사용하지 못하도록 금지했다. 나는 스왑 오 라마 라마를 지키는 문지기가 되겠다고 서약했다.

그런데도 스왑 오 라마 라마의 규모가 계속 커져감에 따라 그 끈질긴 유혹의 유령들이 다시 찾아왔다. 스왑 오 라마 라마는 흡사 이상한 신탁처럼 되어가기 시작했다.

어느 날 미드웨스트에 스왑 오 라마 라마를 조직한 여자가 독특한 고민을 갖고 찾아왔다. 자원봉사자 중에서 골치를 썩이는 무직자 예술가가 있는데, 분명 생활이 넉넉해 보이는데도 계속 급여를 달라고 주장한다는 것이었다. 그녀가 내게 물었다. "그 사람에게 뭐라고 말해야 하죠?"

그녀의 이야기를 들으면서 나는 삶에 꼭 필요한 것들을 갖지 못하는 데서 오는 고통과는 다른 새로운 가난이 있다는 사실을 깨달았다. 충분히 갖고 있는데도 그 사실을 인지하지 못하는 데서 오는 가난이었다.

어떤 사람들은 세상이 주지 않으리란 걸 뻔히 알면서도 달라고 요구함으로써 세상은 부족한 것투성이라는 사실을 증명하려고 애쓴다. 세상에, 급여를 요구하는 자원봉사자는 어떤 사람이란 말인가? "드릴 여유가 없다"는 대답을 기대하는 사람이 아니라면 말이다. 이 자원봉사자가 삶을 새롭게 경험하려면 그가 으레 기대하던 것과는 다른 대답이 필요했다.

우리는 그녀에게 "아니요. 자원봉사자에게는 급여가 지급되지 않습니다"라고 대답하는 대신 "알겠습니다"라고 하고서는 이렇게 덧붙이라고 조언했다. "요구하신 것보다 조금 더 드리겠습니다."

몇 달 뒤 이 조직의 리더는 내 조언이 통했노라고 전해주었다. 첫 행사에서 급여를 받았던 그 봉사자는 두 번째 행사 때는 아무런 요구 없이 순수하게 자원봉사를 했다는 것이다.

안도의 한숨을 내쉬기도 전에 유혹의 유령들이 또 한 번 내 집 현관을 두드렸다. 한 자동차 회사가 스왑 오 라마 라마 행사를 미국의 14개 도시에서 개최하고 홍보할 거라는 소식이었다. 그 회사는 행사를 이용해, 주행거리도 그저 그렇고 겉으론 친환경 이미지를 내세우지만 실제로는 유해 물질을 배출하는 새 차를 홍보하려는 심산이었다. 참석자들이 기증한 헌옷으로 새 옷을 만드는 기존의 스왑 오 라마 라마 행사와는 달리, 이들이 기획한 행사에서는 사람들이 회사 측에서 제공한 새 옷으로 옷을 만들게끔 되어 있었다. 그 회사의 임원들이 내게 스왑 오 라마 라마에 대한 사용 허가를 요청하지 않았던 것을 보면, 그들은 영리 단체는 스왑 오 라마 라마를 자유로이 사용할 수 없다는 걸 모르는 모양이었다.

이 일을 통해 나는 처음으로 평범한 사람들의 힘을 목격했다. 그 자동차 회사는 행사를 주최하면서 10만 달러가 넘는 비용을 들였다. 그와 동시에 전 세계에서 각종 단체들이 스왑 오 라마 라마를 열었고, 행사는 모두 자원봉사자들의 힘으로, 그리고 쓰레기더미에서 건진 공짜 재료들을 통해 거의 0원에 가까운 예산으로 만들어졌다.

어설픈 흉내에 한판승을 거둔 것이 뿌듯했다. 나는 거대 기업을 상대로 한 싸움에서 내가 이겼다는 사실을 믿을 수가 없었다. 하지만 그래도 어떻게 이런 일들이 일어났을까 하는 의아함은 남아 있었다. 나는 인터넷 검색을 통해 그 마케팅 회사와 판매 책임자를 찾아냈다. 그리고 책임자의 이름을 인터넷에서 검색해 그녀가 섬유 예술가이기도 하다는 사실을 알아냈다. 내가 예전에 일에서 성공하기 위해 마음속으로 옳다고 생각했던 것을 외면했던 것처럼, 그녀 역시 직업 때문에 스왑 오 라마 라마에서 부당한 방법으로

최후의
좋은 아이디어
같은 것은
없어요.

이익을 얻는 일에 가담했으리라는 생각이 들었다. 나는 그녀를 뉴욕에서 열리는 다음 스왑 행사에 초대했다. 워크숍에서 만났을 때 우리는 자동차 회사나 그들의 실수 따위에 대해서는 얘기하지 않았다. 그저 재미있는 것들을 같이 만들었을 뿐이다.

나는 눈을 들어 마치 건장한 노인처럼 산 능선을 오래도록 바라보다가, 다시 부엌 창에 비친 내 모습으로 시선을 거두었다. 밖에서는 흰 빛이 파란 하늘에 튕겨져 나오면서 사방곳곳을 눈부시게 비추고 있었다. 뉴멕시코에서 사는 동안 필요한 돈을 어떤 통로로 어떻게 벌어들였는지 나는 잘 모른다. 다만 그 돈이 빈털터리로 살지 모른다는 두려움에서 나오지 않았다는 것만은 확실히 알 수 있다.

나는 마이키와 내가 리오그란데 강가에서 온천욕을 하면서 했던 약속을 잊지 않았다. 내 꿈을 크게 소리 내어 말하면서 살려고 여기 온 것이었다. 길들여진 삶의 개념들, 그러니까 돈과 명성은 여기 매혹의 땅에서 날아오르기에는 너무 무거워 버려야 하는 것들이었다.

**돈은 지구상에서 제일 많이 넘쳐나는 것이라
제일 덜 소중한 것이라는 사실을 기억하라.**

생활비

내가 돈과 명성의 유령들과 싸우고 있을 때 마이키는 과학 잡지 《파퓰러 사이언스》나 엔지니어 관련 웹진 '해커데이Hack a Day' 같은 매체에 글을 기고하면서 돈을 벌고 있었다. 마이키는 온라인으로 리눅스 컨설팅을 했고, 우리가 만들어 쓰고 남은 바이오 디젤 연료를 팔았다. 또 프리랜스 기술자로 작업하다 보니 뉴멕시코의 다양한 해조류 회사들이 의뢰하는 주문 장비를 설계하는 작업도 맡았다. 하지만 정말 재미있는 일은 우리의 탈소비주의적 삶을 더 쉽게 만들어줄 독창적인 전기 장치들을 고안하면서부터 시작되었다.

뉴욕에 살 때 화이트보드에 "직업을 갖는 건 돈이 많이 드는 일"이라고 쓰기도 했지만 그것을 뼈저리게 절감한 것은 바로 집안 살림을 하면서였다. 우리는 버려진 재료로 집을 짓고 연료와 전력을 손수 만들어 쓴 덕분에 상품화가 지워준 주된 속박에서는 벗어날 수 있었지만, 대출금이나 가스 요금, 세금 등 부업만으로는 충당할 수 없는 고정 지출이 여전히 남아 있었다.

우리는 음식과 약으로 쓸 먹을거리를 손수 키우고 채취하면서 살림살이가 얼마나 소중한 것인지를 깨달았다. 그리고 갖가지 것들을 발효시키는 취미가 생겨서 와인과 벌꿀주, 김치, 치즈, 빵, 요거트, 템페(콩을 발효시킨 인도네

시아 식품―옮긴이), 곰부차를 집에서 만들어 먹었다. 우리가 직접 만든 흙집에서 이 모든 걸 만드느라 긴긴 시간을 쓰는 우리에게 따로 직업을 갖는다는 것은 삶의 질에 직결되는 위협이었다. 프리랜서로, 혹은 더 안 좋은 경우 전업으로 일을 하느라 많은 시간을 쓴다는 것은 우리 집 마당에서 기른 유기농 식재료로 차리는 식단을 끝내겠다는 뜻이었고, 매주 신선한 우유로 만드는 생 치즈를 더 이상 먹을 수 없다는 뜻이었다. 자칫하다간 석유를 사러 주유소에 다시 서 있게 될 참이었다. 만일 우리 건물 중 한 채라도 건축업체에 의뢰해 지었더라면 우리는 뉴멕시코에서의 첫해가 가기도 전에 파산했을 것이다. 우리는 직업이 없다는 바로 그 이유 때문에 풍족했다.

우리의 가정 경제는 시간이 지나면서 미묘한 색깔이 생겨나고 나름의 흐름을 띠게 되었다. 우리는 돈이 드는 것들에 대한 의존을 최대한 줄여나갔고, 지역의 비화폐 경제에 더 적극적으로 참여했다. 마이키는 트루스 오어 컨시퀀시즈에서 처음으로 지역 내 경제의 필요성을 인지하고 앞장서서 연결을 시도했다. 그는 빵을 만들어서 사람들에게 나눠주기 시작했다. 그러자 친구들이 크게 늘어났고, 그들 역시 답례로 마이키에게 뭔가를 주기 시작했다. 만들 수 있는 것이 많아질수록 줄 수 있는 선물도 많아졌다. 집에서 만든 와인, 연고, 차, 약초로 만든 약 등 선물 목록은 갈수록 늘어났다.

가내 공업을 시작하면서 나는 마이키에게, 마치 우리가 선물을 만들었는데 너무 멀리 살아서 받을 수 없는 사람들을 위해 온라인 가게에 올려놓는 듯한 기분이 든다고 말했다. 내가 블랙 록 시티에서 처음 맛보고 스왑 오 라마 라마를 통해 더 확신하게 되었듯이 손수 만든 물건에는 수많은 의미가 담겨 있다. 진짜 가치가 들어 있는 것이다. 거기에는 이야기가 담기고, 마음이 담겨 있으며, 의도와 책임감이 들어 있다. 게다가 거저 주는 선물일 때 그 가치는 헤아릴 수 없이 올라간다. 우리는 애초에 선물로 주려고 물건을 만들었다. 그러고는 동네의 친구들에게 그것을 나눠주었다. 그렇게 하고 조금 남는 것이 있다면 온라인에 올렸다. 그러자 그것이 상품이 되었다.

작은 시골 마을이 대개 그렇듯 트루스 오어 컨시퀀시즈의 지역 내 경제 역시 국가의 통화 제도 밖에서, 즉 호의와 노동, 조언(좋은 것이든 나쁜 것이든 둘 다 아닌 것이든), 선물과 물물교환으로 이루어진다. 낙타 똥, 파이, 천, 바구니, 벽돌, 건축 자재, 가구 등 수많은 것들이 오간다. 친구들이나 동네 사람들과 돈을 주고받는 것은 번거로운 방법이다. 이런 에티켓에 예외가 있다면, 바로 거의 모든 사람이 돈을 벌기 위해 한 가지 정도는 하는 일이 있다는 점이다. 우리는 각자의 그 한 가지가 무엇인지 알고 있으며, 그것을 위해 서로에게 기꺼이 달러를 지불한다. 우리는 이렇게 서로를 지지하고, 우리 모두 국가 경제에—적어도 지금까지는—연결되어 있다는 것을 다시 한 번 확인한다.

우리는 암묵적인 호혜의 법칙을 받아들이고 따르는 만큼, 가령 동네의 어떤 노인을 위해 태양열 온풍기를 짓는 일 같은 지역 프로젝트에 자원봉사로 참여하기도 한다. 마이키와 나는 식품 공동 구매 모임과 협동조합에서 임원을 맡고 있다. 한동안은 재생 에너지 모임을 중재하기도 했다. 가끔은 '실험을 통해 더 나은 삶을Better Living Through Experimentation' 대담회, 음악회, 옷 아나바다 장터, 전국 귀농인을 위한 일주일간의 귀농 기술 나눔 워크숍 같은 행사를 열기도 한다. 마이키는 여덟 명의 학생을 대상으로 전력과 건전지에 관련한 수업을 했다. 모두 열두 살이 채 안 된 어린 학생들이었다.

우리가 여기 사막으로 올 때 기댈 수 있는 저축금이 약간이나마 있었고 그것은 실제로 의지가 되었다. 게다가 생활비가 적게 드는 덕분에 "어떻게 하면 돈 없이 살 수 있을까?" "돈이 다 떨어지기 전에 그 방법을 발견할 수 있을까?" 하는 질문들에 매달릴 수 있는 시간도 벌었다. 이곳에 온 지 채 두 해도 못 되어 우리는 더 이상 억대 연봉으로 살아가던 예전의 우리가 아니었다. 한 해 총수입은 맨해튼에서 살던 때의 1년 방세에 불과한 3만 달러였지만, 그것으로 더 풍족하고 행복한 삶을 꾸려가고 있었다.

탈상품화된 삶을 표방하면서 우리가 포기해야 했던 단 한 가지는 의료보험의 다양한 혜택이었다. 일단 뉴멕시코에 정착하자 우리는 의료보험 범위를 2,000~3,000달러 이상이 드는 심각한 질병의 경우로만 대폭 축소했다. 이 정도의 보험 혜택으로 우리는 매달 1인당 100달러 정도를 낸다. 우리가 이런 선택을 한 데는 여러 이유가 있었다. 우리는 심각한 질병이 닥친다고 삶이 무너지는 게 아니라는 것을 확인하고 싶었다. 그저 의료보험 회사에 의존하는 것이 마뜩치 않기도 했다. 특히 많은 보험 회사들이 범죄 행위를 저지른 것으로 드러나는 사실을 감안하면 더 그랬다.

우리는 의료보험 회사에 큰돈을 쓰느니 평소에 건강을 위해 시간을 투자하고 스스로를 위해 돈을 쓰기로 했다. 그리하여 유기농 먹을거리가 가득한 텃밭 가꾸기, 지역에서 직접 잡은 야생 동물의 고기, 지역의 야생 약초로 만든 약, 도시에서는 꿈꾸기 어려운 오염 물질 없는 사막의 쾌청한 공기, 자연에 순응하는 삶의 리듬, 마감 기한이나 교통 체증 없는 스트레스 제로의 생활 방식, 영감靈感과 목적 의식, 일하면서 또 놀면서 하는 몸 움직이기가 우리만의 건강보험이 되었다. 우리의 삶 자체가 바로 의료보험인 셈이다.

뉴욕을 떠나기 전에 우리는 그간 진 빚을 모두 청산하고 새로 빚을 내지 않기로 서로 약속했다. 하지만 뉴멕시코로 와서 다시 빚을 져야 했다. 담보 대출을 받지 않고서는 여기 집터와 집을 살 방법이 없었기 때문이다. 그럼에도 대출을 받기가 어려웠다. 은행은 "다시는 직업을 갖지 않는 것"이 목표라고 털어놓는 삼십대 무직자들에게 돈을 빌려주지 않는다. 돌아보면 이것이야말로 숨은 축복이었다. 법률의 부당한 세부 조항을 빠져나가려다 보니 우리는 낮은 금리에 대출을 유지하고 싶어 하는 사람이 내놓은 땅을 찾게 되었다. 물론 그것도 갚아야 할 빚이었으므로 우리의 생활비 목록에 올랐다.

우리는 바로 그 주에 앨 고어의 다큐멘터리 〈불편한 진실An Inconvenient〉과 석유 고갈의 심각성을 다룬 〈교외의 종말The End of Suburbia〉을 보고 큰 자극을 받아 그 길로 예금통장에 남겨둔 현금으로 2킬로와트짜리 태양광 전지판 시스템과 건전지 묶음을 샀다. 2008년 4월 23일, 우리는 전기와 상하수도 등의 공공 시설에서 완전히 자유로워졌다. 앞으로는 음식과 연료, 전력 등 석유에 근간한 모든 것이 천정부지로 값이 치솟으며 더욱 구하기 어려워질 것이라는 데에 한 표를 던졌다.

마침내 주식 시장이 무너지고 은행들이 파산하면서 로스앤젤레스의 공원들이 집 잃은 사람들의 텐트촌으로 변했다는 기사를 읽었다. 도시에서 그런 일이 벌어지는 동안에도 트루스 오어 컨시퀀시즈의 상점들은 여전히 문을 열었고, 자신들이 잘 알고 있는 일, 즉 중고 물건을 값싸게 파는 일을 계속했다. 나라 곳곳에서 저당물 압류가 횡행하는 동안 이곳 뉴멕시코 남부에서 압류를 당한 집은 1퍼센트도 채 되지 않았다. 뉴멕시코는 오랜 기간 빈곤한 곳이었다. 사람들은 버려진 것들을 재활용해 살아갔고, 자기 소유의 낡은 이동 주택이나 트레일러에서 살았다. 이곳의 삶은 전과 다름없이 흘러갔다.

웬디와 마이키의 연간 생활비

집
- 담보 대출금, 주택보험, 토지세 9,100달러
- (가정용) 천연가스 275달러
- 전기세 120달러(기본적인 접속: 드물지만 한 주 내내 흐릴 때나 건전지를 충전해야 할 때 등 필요할 경우를 대비해 전력 인버터를 가지고 있다.)
- 물, 하수도, 쓰레기(트루스 오어 컨시퀀시즈에서는 이것들이 통합되어 있음) 1,200달러

기술/통신
- 인터넷 서비스 600달러
- 데이터 사용 휴대전화 두 대 1,320달러

교통
- 자동차보험: 4대분 600달러
- 자동차등록비 200달러
- 연료 300달러(한 해에 1만 6,000킬로미터)

음식/건강
- 의료보험(극심한 중병 대비) 2,400달러
- 먹을거리와 가정용품 4,500달러

총 생활비
- 매년 고정 지출 2만 달러 약간 초과

* 2011년 기준

시간을 갖고 여유롭게

시간은 짧다네. 그게 우선 알아야 할 사실이지……
자네가 주인 노릇을 하면 시간은 하인이 되어 자네를 섬길 거야.
자네가 시간의 개가 된다면 시간은 자네의 신이 될 거라네.
우리는 시간의 창조자이고 시간의 희생양이며 시간을 죽이는 자라네.
시간은 영원해. 그게 그 다음으로 알아야 하는 사실이지. 자네는 시계라네.
─영화 〈멀고도 가까운!Faraway, So Close!〉의 천사 역, 윌렘 대포의 대사

우리는 뉴멕시코에서 경제적으로는 비록 빈털터리였지만 시간만큼은 넉
넉한 부자가 되었다. 언제든 나는 돈 말고 시간을 택할 것이다.(사실 그렇지 않
을 사람이 어디 있을까?) 돈 있는 사람들이 그 돈을 가지고 자꾸 시간을 사곤
한다.

오전 아홉시부터 오후 다섯시까지 일한다는 비자연적인 시간표에서 떨어
져 나오면 우리 몸은 자연적인 리듬을 되찾는다. 잠에서 깨고, 잠에 들고, 일
하고, 쉬고, 놀고, 먹고, 생각에 잠기는 일에는 저마다의 흐름이 있으며 거기에
얼마만큼의 시간이 들지는 사람마다 다르다. 수렵 채집 시대의 사람들은 뭔
가를 하다가 말다가 하는 방식으로 시간을 썼다고 말하는 이들도 있다. 짧은
시간 동안 열심히 일하고 나머지 시간은 놀거나 쉬었다는 것이다.

개인적 리듬은 24시간 생체 리듬이나 절기 같은 커다란 자연 리듬에 연
결된다. 이렇게 더 큰 리듬에 연결될 때 생명에 연결된 느낌이 생긴다. 이런 주
기는 자연적인 것이기 때문에 다시 그 주기에 포함될 때 행복감이 생겨난다.

- 시간 여유가 있는 생활을 상상하면서 그러면 어떨지 느껴보라.
- 영혼은 본디 느리다. 시간 여유를 가져보면 이것이 자명해진다.
- 어떤 생각이 떠오르고 있는지 알아차리면서 지금 지나가는 시간을 기억해 둔다.
- 자신이 무엇을 좋아하는지 알아보는 시간을 내본 적이 있는가?

시간이 드는 일들……
- 사람을 알아가는 일. 알지 못하는 것을 사랑할 수는 없다.
- 돈을 벌어다주지는 않지만 삶을 향상시키는 무엇인가를 만드는 일. 예컨대 선물, 장난감, 단지 좋아서 만든 것들.
- 건강한 먹을거리를 키우는 일, 또 그런 재료로 음식을 만들고 음미하며 먹는 일.
- 고장 난 것을 고치는 일.
- 새로운 기술을 배우는 일.
- 과거로 시간 여행을 갔다가 언제든 현재로 돌아오는 일.

시간이 있으면……
- 한밤중에 잠에서 깨어나 유성우나 개기 일식 같은 별들의 잔치를 바라볼 수 있다.
- 스스로를 더 잘 알게 된다.
- 내 몸에 꼭 맞는 맞춤옷을 제작할 수 있다.
- 나만의 맞춤형 세상을 만들 수 있다. 모든 것을 원하는 크기와 형태, 색

DAYDREAMING

is

Time
Well
Spent

백일몽은
유익한 시간

깔, 스타일로 만들 수 있다.

- 품질보증센터에 전화할 수 있다. "저는 무직자입니다"라는 문장으로 시작되는 대화는 고객 센터 직원에게 내가 불만을 얼마든지 철저하게 따지고 들 수 있다는 사실을 알려준다.

- 공짜 원료와 쓰레기를 값진 물건으로 변신시킬 수 있다.

- 흘려듣는 대신 귀 기울여 들을 수 있고, 지나치며 보는 대신 주의 깊게 바라볼 수 있다.

- 시간이 있으면 어떤 일이 벌어지는지를 새로이 알게 될 수도 있다.

언제나 더 좋아지기

이 존재 자체로 축복받은 것이라고 확신에 차서 말할 때
절망의 수문은 잠기고 그 대신 안심이 찾아온다.
——가이안 마허Gayan Macher

고물더미 속의 삶은 중매결혼을 해서 사는 삶과 같다. 일이 잘되면 애초에 설정한 적당 수준의 기대치에서 점수가 바로 올라간다. 나는 쓰레기더미에서 아주 꺼내기 쉬운 위치에 기우뚱하게 서 있던 1950년대 풍의 윤이 나는 알루미늄 소파 틀을 건져왔는데, 이 보물은 꼭 아직 친밀해지지 않은 배우자에게서 좋은 점을 발견했을 때와 같은 기쁨을 준다. 다정한 몸짓과 관대한 행동, 전에는 미처 보지 못했던 보조개는 상대방을 더 매력 있어 보이게 하고 부부 간을 더 가깝게 만들어준다. 좋은 고물도 있는지도 몰랐던 것 혹은 그저 그랬던 어떤 것이 더 나은 것으로 끊임없이 업그레이드되는 것이다.

전문직을 갖고 처음 사회 생활을 시작하면서 앞으로 마케팅 쪽에서 일하겠다는 포부를 품었던 20대 시절, 나는 계산기를 두드리며 평균 수입에 근거해 내 삶의 소득을 가늠해 보고는 했다. 수치는 해마다 힘차게 상승세를 보였고, 내 직장 생활의 수명도 그만큼 길게 예상되었다. 마지막으로는 퇴직 때에 맞춰 숫자를 가늠해 보았다. 이따금씩 받는 상여금으로 이 수치는 더 올라갔다. 나는 의료 혜택이나 승진해서 새로 얻은 직함같이 직장인들이 시간과 창조성을 맞바꾸어 얻는 부수적인 것들을 가치 있다고 여겼다. 그래봤

자 맡아야 할 책임과 투자해야 하는 시간이 많아진다는 뜻이었을 뿐인데 말이다. 나는 내 분야에서 벌어들이는 낮은 연봉과 높은 연봉을 비교해 보았다. 그리고 이 수치들이 보여주는 것은 별로 놀라울 것 없는 미래와, 그저 계속해 감에 따라 몸집만 커지는 삶이라는 것을 깨닫고 좌절했다. 주말에 겨우 짬을 내서 빡빡하게 계획한 여가를 즐기면서 이것은 내가 살려던 삶이 아님을 깨달았다. 그것은 그저 앞으로만 움직이는 것이지 꾸준히 더 좋아지는 삶은 아니었다.

건물을 짓는 틈틈이 나는 마당에 둔 소파 틀에 새 발포 패드를 쿠션으로 대고 차양용 툭툭한 천을 덮어씌웠다. 공상 과학 소설에나 나올 법한 기괴한 모양의 고철 스프링, 오래 전에 수명을 다한 농장 기계의 부품들이 우리 집 마당에 후기 종말론적 예술 작품마냥 여기저기 널브러져 있는 건 이제 일상이 되었다. 내 눈에 그것은 다가오는 르네상스를 알리는 재활용 콜라주 작품의 일부이다. 쓰레기가 남김없이 활용되고 산업이 속도를 늦추는 때 우리는 모두 물건을 만들어 쓰는 사람들이 되어 있으리라 상상해 본다. 쓰레기는 우리에게 배움의 시간을 벌어준다.

녹슨 톱날은 말린 유카 줄기와 함께 철사로 줄줄이 엮으면 예쁜 장식이 된다. 층층이 쌓아올릴 수 있는 플라스틱 빵 쟁반들이 폐업한 식료품점 뒷마당에 버려져 있기에 가져다가 약초와 과일, 각종 야채를 말리는 선반으로 쓰니 아주 훌륭했다.

무선 전동 공구들이 쓰레기더미에서 계속 나타나는데, 그런 기기들의 유일한 결함이라고는 배터리가 고장 난 것뿐이어서 용접기로 조금만 손봐주고 나면 얼마간은 꽤 쓸 만하다. 중고 가구점에서 거의 공짜로 얻어온 가구들은 사포질하고 착색하고 떨어진 손잡이를 다시 달면 감쪽같이 새것이 되어 집 안을 아늑하게 해준다. 내 주위의 물건들은 모두 뿌듯함과 보람으로 윤이 난 다. 내가 방을 새로 꾸미면서 느끼는 편안함은, 뉴욕 전철 안에서 손재주꾼 들이 색색의 실로 손뜨개질을 할 때 느끼는 편안함이나 다름없다.

상태가 더 좋은 쓰레기를 발견하면 그 전에 있던, 성능이 안 좋은 쓰레기 는 다시 왔던 곳으로 되돌아간다. 다만 다른 점이 있다면 그것이 애초에 버 려졌을 때보다 더 오래 사용된 만큼 새로운 물건이 만들어지고 새로운 재료 가 소모되는 일을 방지했다는 점일 것이다. 차를 모는 사람들이 더 줄었고, 종이에 인쇄하는 사람들도 줄었고, 내내 책상에 앉아 있어야 하는 사람들도 줄었다. 그날 하루 하늘의 색깔을 못 보고 지나치는 사람들이 더 적어졌다. 개는 산책 시간이 더 늘어났다. 모든 것은 언제나 더 좋아진다.

버려진 것을 재활용해 사는 중에도 소비주의의 위험은 여전히 나타난다. 바로 쌓아두려는 경향이다. 마이키와 나는 가끔 주워온 물건들로 집안이며 주차장, 별채 건물이며 창고까지 가득 채우는 사람들을 보게 된다. 그들은 에너지가 생기고 영감이 솟는 등 언제고 여건만 되면˙그때 이런저런 작업을 할 것이라고 자랑스럽게 이야기한다. 도시나 쇼핑 센터가 멀리 떨어져 있어 서 그런지 뭔가가 부족하다는 믿음을 고집스럽게 붙들고 필요한 것보다 더 많이 손에 쥐고 있으려 하는 것이다.

눈에 보이진 않지만 상부상조의 법칙에 대한 믿음이 있다면 그런 행동을 피할 수 있다. 나는 내가 서약을 잘 지키는지 살피는 우주의 확인 부서 직원 들이 위에서 나를 내려다보면서, 혹시 내가 필요한 것보다 더 많이 취하거나 두려움에 뭔가를 손에 넣으려고 하면 풍요로움은 더 이상 없다고 말해준다는 상상을 해본다. 설사 세상이 본디 풍요로운 곳이라 할지라도 그런 세상을 직접 만나려면 우리 쪽에서 먼저 한 발을 내디뎌야 한다. 이 사실을 명심하고서 나는 나무, 지붕 판, 쇠붙이들, 쇠파이프와 PVC 파이프, 천, 천연 섬유 등 주워온 것들을 종류별로 단정하게 정리해 놓은 내 보물창고를 정기적으로 확인한다. 확인하여 고물더미의 양을 줄이고 우리가 쓰지 않을 성싶은 것은 다른 이들에게 준다.

쓰레기를 줄이는 방법 중 내가 가장 좋아하는 것은 마이키와 같이 1년에 한 번씩 크리스마스 요정처럼 차려입고 선물을 나눠주는 산타 체험이다. 크리스마스 요정이 되어 선물을 나눠주려면 여섯 가지가 필요하다. 요정 옷, 남들 시선은 무시할 수 있는 용기, 사람들을 불러 모을 수 있는 능력, 선물로 나눠줄 중고 물건들, 풍요에 대한 믿음, 그리고 즐거움이다. 우리 집 서랍과 옷장을 전부 뒤지면 우리가 더는 쓰지 않는 물건들이 잔뜩 나오는데, 그것을 흰색 인조 모피로 테를 두르고 소방차처럼 새빨갛고 보드라운 천으로 만든 산타클로스 선물 자루에 가득 담는다. 역시 같은 인조 모피로 장식한 빨간색 스웨터를 입고서, 눈꽃 모양 단추를 달고 끝이 뾰족한 모자를 쓰면 우리는 요정이 된다.

"네가 분명 좋아할 것 같구나." 나는 시내 번화가에서 아버지 허리춤에 딱 붙어 수줍게 서 있는 시골 소녀에게 속삭였다. 다음 주면 크리스마스지만 가게들은 밤이면 문을 닫았다. 노란색 차선으로 나뉜 도로에는 내가 브룩클린 금속 작업장에서 만들었던 것과 비슷한 쇠 드럼통들만 점점이 놓여 있었다. 나는 소녀의 아버지가 쓴 챙 넓은 카우보이 모자를 보고 그가 듀얼 서스펜션 픽업트럭을 타고 오지 않았을까 상상하면서 그에게 무료 세차 쿠폰을 건넸다. 딸아이에게는 색색의 스티커 모음을 주면서 아버지를 향해 눈을 한 번 찡긋했다. 꼬마는 내가 정말로 북극에서 온 요정이라도 되는 줄 알았는지 눈이 휘둥그레졌다. 나는 진짜 요정들만 코로 플루트를 불 수 있으니 틀림없이 그렇다고 아이에게 말해주었다. 내 1달러짜리 플라스틱 코 플루트가 요긴한 것은 바로 이런 순간이다.

어떤 새침한 여자에게는 내가 샌프란시스코 스왑 오 라마 라마에서 얻은 보풀로 덮인 스카프를 주었고, 추위에 떨고 있는 경찰에게는 귀마개를 건넸다. 마이키와 나는 유대인이고 유대교 풍습으로 자랐지만, 유대인 숫자가 너무 적어 예배 최소 출석자 수도 채울 수 없는 동네에서 크리스마스 요정으로 분장하고 다닌다고 해서 문제될 것은 없을 터였다.

"저게 바로 풍요지." 나는 마이키가 나눠준 마시멜로우를 모닥불에 굽는 법까지 배워 신나게 뜯어먹고 있는 두 아이의 환하디 환한 얼굴을 가리키며 말했다.

선물 나눠주기의 최고 묘미는 쓰레기 매립장으로 갈 뻔한 물건들이 선물로 변신해서 되살아난다는 사실이다. 물론 명색이 요정이 준 선물이니 버리지 않으리라는 건 내 생각일 뿐이기는 하지만. 그것들은 더 이상 물건이 아니고, 단순한 선물도 아니다. 바로 마법 같은 선물이다.

다큐멘터리 〈노 임팩트 맨No Impact Man〉은 뉴욕의 한 가족이 1년간 지구에 어떤 영향도 남기지 않고 살아보기로 하고 그 실험 과정을 기록한 결과

물이다. 나는 이들 가족이 좋다. 그들도 나처럼 서약을 했다. 우리에게는 공통점이 있는 셈이다. 나는 〈노 임팩트 맨〉이나 〈탈상품화 소녀Decommodified Girl〉 같은 다큐멘터리들이 영화 〈매드 맥스〉 속에 나오는 가상의 도시 바터타운의 심야 동시 상영관에 걸리는 상상을 해보았다. 노 임팩트 맨 가족들에게도 우주의 서약 지키기 확인 부서에서 나온 신비로운 존재가 따라다니고 있을까 궁금했다.

이 가족은 정말 심각한 난관에 부딪히면서도 정한 바를 끝까지 지켜냈다. 그들은 대담하게도 에어컨, 전기, 대중 교통, 냉장고를 비롯해 삶의 편리함을 전부 포기했다. 그들은 때로 힘겨운 듯 웃음을 지으면서 당면한 상황의 밝은 면을 찾으려 했다.

노 임팩트 맨 부부는 여전히 서약을 지키면서도 계속 값비싼 도시의 아파트에 살고 업무가 많은 전문직을 이어갔다. 그런 상황을 감당할 수 있게 해주던 갖가지 편리함을 서약 때문에 포기해야 했는데도 말이다. 물이 반쯤 찬 유리잔을 물이 반이나 남았다고 바라보는 사람처럼, 그들은 자신들에게 주어진 것을 감사히 받아들였다. 한여름 아파트가 너무 더워 참을 수 없으면 도시의 공원으로 나가 여가를 즐겼다. 지하철을 타는 대신 걸어 다니니까 운동을 더 많이 할 수 있었다. 냉장고 대신으로는 제3세계 국가에서 그릇들을 독특한 원리로 포개놓아 냉장 효과를 얻는 것을 보고 이들도 도자기 속에 도자기를 넣어 '단지 속 단지'라는 이름의 냉장 시설을 만들었다. 뉴욕의 아파트에서는 별 소용이 없었지만 말이다.

그들이 지구에 영향을 끼치는 전기를 에너지원으로 쓴다는 이유로 지하철을 타지 않는 것을 보면서 나는 '맥락'이란 걸 곰곰이 생각해 보게 되었다.

EVERYTHING THAT I LOVE IS FREE.

내가 사랑하는 것은 전부 다 공짜

지하철이 순식간에 당신을 집에 데려다주고 당신이 탈 만한 공간도 충분하다면 지하철을 타는 게 상식적이지 않을까? 사람들이 가득 차 있는 지하철이 텅텅 빈 지하철보다는 낭비가 덜해 보인다. 에너지는 이미 쓰이고 있다. 노 임팩트 맨 가족이 자기네 아파트에서 전기를 꺼버렸을 때의 장면은 황량했다. 크나큰 열정과 훌륭한 목적 의식에도 불구하고 그들의 삶은 계속 더 어려워져가는 것만 같았다.

나는 노 임팩트 맨 가족의 서약을 곰곰이 생각해 보면서 그 서약 자체가 결핍을 의식한 데서 나왔다는 사실을 깨달았다. 문명의 모든 것은 영향을 남긴다. 즉 그들이 약속을 지키기 위해 포기해야 하는 것들은 끝이 없다는 뜻이다. 그들이 어디로 가든 세상은 같은 대답을 주었다. "더 포기하라."

뉴욕에서 3,200킬로미터도 더 넘게 떨어진 뉴멕시코에 사는 마이키와 나는 상자형 냉동고를 개조해 냉장고로 쓰고 있다. 마이키가 설계하여 손수 만든 온도 조절기를 장착해서 쓰니 우리 집 태양광 전지판에서 끌어다 쓰는 전력이 10배는 절감된다. 이렇게 아낀 전력으로 냉풍기로는 역부족인 장마철에 꼭 필요한 에어컨을 트는 등 다른 기구들을 돌린다. 우리는 생활 방식이 많이 바뀌면서 처음에는 뭔가를 희생하는 것 같았지만, 나중에 보니 변화들은 모두 풍요로 이어졌다. 마이키와 내가 정말로 포기한 것이 있다면 단 하나 형편없는 의료보험이었는데, 우리는 그것이 조금도 아쉽지 않다.

마이키와 내가 풍요로울 수 있는 것은 우리가 무엇을 얻을 수 없는지가 아니라 무엇을 얻을 수 있는지를 물었기 때문이다. 우리는 세상이 줄 수 없는 것을 달라고 다그쳐 세상으로부터 '안 돼'라는 대답을 듣는 대신, '좋아'라는 대답을 들었다. 노 임팩트 맨 가족의 서약은 자원봉사자에게는 급여를 지급하지 않는다는 걸 알면서도 스왑 오 라마 라마 조직자에게 급여를 요구한 자원봉사자와 비슷했다. 그 자원봉사자는 돈을 요구했고 거절당할 것을 기대했다. 자신이 가진 결핍의 관점이 다시금 확인되도록 말이다. 문명 속에서 살면서 아무런 영향도 끼치지 않겠다는 건 결코 지킬 수 없는 약속이다. 이와 달리 자연은 풍요를 약속한다.

우리는 쓰레기, 자연이 주는 것, 그리고 우리 자신에 의지해 살면서 세상으로 하여금 자신의 풍요를 증명할 기회를 주었다. 모든 것을 만들어 쓰기를 자청함으로써, 주어진 공짜 재료들이 우리의 창조성을 통해 우리 삶을 더 좋게 만드는 최종 물건으로 변신하는 혁신적 변화를 이뤄냈다.

우리 삶의 모토는 모든 것이 언제나 좋아지고 있다는 것이었다. 비록 세상은 기본적으로 늘 예전 모습 그대로이고, 노 임팩트 맨 가족과 스왑 오 라마 라마 자원봉사자가 살고 있는 바로 그 상태일지라도, 우리는 풍요를 체험했다. 바뀐 것이 하나 있다면 마이키와 내가 우리 스스로를 바꾸었다는 것이다. 우리는 늘 그 자리에 있던 것을 볼 줄 알게 되었다. 풍요는 진실이며 동시에 관점이기도 하다는 것을 깨달은 것이다. 그것을 만나기 위해 우리 쪽에서 먼저 한 발 내딛을 때만 볼 수 있는 것이다.

모든 사람은 두 세계에서 산다

우리는 현대 문명과 같지 않다. 우리는 살아있지만, 문명은 그렇지 않다.

살아있다. 자연에는 우리도 포함된다. 우리는 그 안에 살면서 이 세상을 만든다.

인공적으로 규제되어, 균형에서 벗어나 있다.

자체적으로 규제한다. 자연적으로 균형을 추구한다.

쓰레기를 만들어내지 않는 완벽한 체계이다.

모든 활동이 돈의 움직임과 관련되어 있다.

쓰레기를 만들어내고, 생명의 파괴를 야기한다.

노력하고 애쓰지 않아도 뭔가를 만들어낸다. 물, 불, 흙, 공기. 무엇이든 만들어낼 수 있는 원료가 다 갖춰져 있다.

만들어진 모든 것이
자연에서 뽑아낸 것의
재현이다.

명상을 통해 이해할 수 있다.
자연이 주는 지식은 값이 없으며
누구에게나 열려 있다. 바로
그래서 '상식'이라고 한다.

자연은 현존이며
(재현이 아니라),
늘 생성되고 있다.

따로 배우거나 모방해야 하며
직관적으로는 이해되지 않는
만들어진 지식이 필요하다.
이 지식은 꼭 생명에 안전하거나
유익하다는 법이 없다.

소비를 요구하는
경제에 의해
돌아간다.

풍요롭다.
언제나 새롭고
창의적이다.

자연은 유일하게
주체적이다.
그 무엇에도 의존해
있지 않다.

모든 것이
값이 매겨져
판매된다.

공짜다.

문명은 모든
원료를 자연에
의존하고 있다.

이해하지 못하는 것은 그저 이해하지 못했기 때문이다.
자기한테 이미 있는 것을 찾으므로 달리 더 찾을 수가 없는 것이다.

—노발리스Novalis

자연에는 자물쇠가 없다

자연의 모든 것은 하나하나가 다 자신만의 답을 지니고 있는 질문들이다.
—크리스토퍼뱀포드Christopher Bamford,《그린 신비주의:
연금술과 생태학Green Hermeticism: Alchemy & Ecology》

도시에 살 때 나는 발밑에서 땅 에너지가 느껴지는지 궁금한 적이 많았다. 이 행성의 서명署名과도 같은 중력, 즉 광물과 뜨거운 핵으로 이루어져 빠르게 회전하고 있는 이 거대한 구에 나를 묶어두는 힘 말이다. 수피들은 나에게 중력을 이 행성이 그 위의 생명들에게 보내는 사랑의 표현으로 느껴보는 법을 가르쳐주었다. 나는 기실 내가 어디에 있는지를 전혀 모른다는 사실을 알아차릴 때 기쁘다. 이 지구 위에는 내 집 주소도 있고 우편번호도 있지만, 저 우주의 별들 사이에는 그런 것이 없다.

사막에서 '수확'하는 날이 되어 나갈 채비를 하면서 나는 마이키와 뉴욕의 센트럴 파크에서 보냈던 날들이 떠올랐다. 지금 우리가 있는 해발 1,400미터 고도에서는 중력이 더 약하게 느껴지지만, 그래도 뉴욕에서보다는 이곳의 바싹 마른 땅 위에 서 있는 편이 중력을 느끼기가 훨씬 쉽다.

셰퍼드처럼 청력이 예민하고 활짝 웃는 모습이 일품인, 몸무게 18킬로그램의 붉은 목양견 '참깨'는 먼저 트럭에 올라타서는 흥분해서 꼬리를 흔들어댔다. 참깨는 짐칸에 실린 물건들, 그러니까 삽과 양동이, 나뭇가지 절단기, 가위와 장갑 따위를 보고, 또 다른 차가 아니라 트럭을 타고 가는 것을 보고 우리가 오늘 '수확' 여행에 나선다는 것을 눈치 챈 모양이다. 태생이 들개인 이 녀석에게 사막에서의 모험보다 더 즐거운 일은 없다. 끙끙거리면서 차 안에서 왔다 갔다 하는 폼이 우리가 타기만을 기다리는 것 같았다.

우리는 리오그란데 강둑에 늘어선 위성류渭城柳 나무들(낙엽 활엽 소교목—옮긴이) 중 카바요 호수 방향으로 구부러진 나무 그늘 아래서 먹으려고 점심 도시락을 싸왔다. 버바스컴 한 줄기가 잘 있는지도 확인하고 싶었다. 마침 꽃이 피었다면 따와서 마이키가 여름에 잘 걸리는 외이도염을 앓을 때 귀에 바를 오일로 만들 생각이었다. 버바스컴이라는 허브는 언제나 수영 철을 2~3주 앞두고 꽃을 피운다.

물색해 둔 장소에 도착하니 근처 강둑에서 소떼가 느릿느릿 걸어 다니고 있었다. 강 건너편에는 내가 예전에 짓는 걸 도와주기도 했던 테마스칼(북미 인디언들이 정화 의식을 치를 때 쓰는 오두막으로 한가운데에 불에 달군 돌을 쌓아놓고 땀을 흘린다—옮긴이)이 울창하게 자란 노간주나무와 삼나무에 뒤덮여 가려져 있었다. 전에 버드나무 가지를 구부려 만든 조그만 돔 지붕에 중고 가게에서 산 담요를 덮어준 적이 있는데, 확인해 볼 겸 건너가 보았더니 커다란 화산암 무더기가 여전히 테마스칼의 위치를 표시해 주고 있었다. 안에 들어가면 의식을 행하느라 땅이 둥그런 모양으로 단단하게 다져져 있을 것이다. 돌을 데우기 위해 불을 지피는 커다란 화덕이 문 바로 앞에 그대로 남아 있었다. 화덕 바로 옆에는 문 밖에 있는 뜨거운 돌을 집어 올려 오두막 안의 구덩이로 들여올 때 쓴 사슴뿔이 놓여 있었다. 나는 잠시 과거 테마스칼에서 의식을 이끌던 지도자를 떠올려보았다. 그는 이곳에서 마지막으로 땀을 흘리고 그 땀방울을 마차에 흘리며 경찰들에게 잡혀갔을 것이다. 그의 행위가 범죄로 치부된 자세한 내막은 전혀 알고 싶지 않다.(미국에서 원주민들의 종교 의식을 범죄시하며 탄압한 행위를 가리킨다—옮긴이) 개척 시대의 황량한 서부에서는 의식을 초월하고자 하는 종교 행위와 테러 행위의 경계가 아슬아슬한 경우가 많았다.

나는 그날의 할 일로 되돌아왔다. 바로 강변에서 모래 열 양동이 퍼오기, 막 구조물을 완성한 그늘막의 서쪽 벽을 만들기 위해 위성류 나뭇가지를 길고 곧은 것으로 잘라오기였다. 그날 하루치의 노동을 마치면 우리는 공짜로 얻은 자연의 선물을 집으로 가져갈 것이다. 모래는 찰흙, 퇴비, 낙타 똥과 섞어서 마당 화단에 끼얹어줄 것이다. 아직 봄 날씨 같지 않아서 씨앗을 뿌리지 않았는데, 메스키트 나무가 새싹을 서둘러 틔우려 하는 것을 보니 곧 마지막 서리가 내릴 모양이었다. 6~8주쯤 지속될 강풍을 비롯해 봄의 시련들에 대비해야 할 시간이었다. 강풍이 그렇게 몰아닥치면 사람이든 식물이든 안간힘을 쓰고 버텨야 한다.

그늘막은 다 짓기까지 석 달이 걸렸다. 우리는 스케치업 프로그램을 이용해 설계를 한 다음, 재료값을 비교해서 주문할 것은 주문하고 나머지 재료는 폐품더미를 뒤지며 찾았다. 전에 시멘트 고정 푸터footer(기둥을 세울 때 기초가 얕을 경우 기둥이 잘 설 수 있도록 시멘트를 부어 고정시키는 것—옮긴이)에 끼워져 땅에 박혀 있던 1.2미터짜리 사각 쇠 파이프를 고속 절단기로 조심스럽게 자른 다음 용접기로 이어 붙여서 지지대 없이도 설 수 있는 세 개의 아치로 만들었다. 그것을 죔쇠로 고정해서 세우고, 수평이 맞는지 계속 확인한 뒤, 시멘트를 부었다. 쇠 가장자리의 거친 면은 사포로 문질러 부드럽게 했고, 용접을 했으며, 페인트 자체의 독성이 강해서 별로 내키지는 않았지만 그래도 오

나는 자연 재료와 인공 재료가 합쳐져서 탄생한 이 그늘막이 정말 마음에 든다.

래가게 하려면 별 수가 없어서 러스트 올리엄(미국의 페인트 회사―옮긴이) 사의 페인트로 마무리 칠을 했다.

> 종종 타협을 하게 되는 때가 있다. 그럴 때는 이용 가능한 지식을
> 최대한 활용해 각 상황에 대처하라.

이 그늘막의 천장은 기다란 폰데로사 소나무를 몇 센티미터 간격으로 얹은 다음 일일이 철사로 묶어서 만들었다. 해가 하늘을 가로지르며 지나가노라면 소나무들 사이로 빛이 내리비치면서 밑에 있는 착색 시멘트 판에 그림자가 만들어지는데 그 줄무늬 빛 그림이 여간 멋지지 않다. 시멘트 판은 갈색 도료와 물을 섞어서 자연스러운 흙빛이 나게 칠한 다음, 시멘트 도료를 칠해 마무리했다.

여름 동안에는 폰데로사 소나무 아래에 가로 6미터, 세로 3.5미터짜리 커다란 가림막을 걸어놓았다. 천의 크기가 워낙 커서 집 안으로 들여오기 전에 모든 가구를 한쪽으로 민 뒤 거실에 들여서 내가 손바느질로 꿰매 만든 가림막이었다. 가림막을 걸치면 따가운 자외선이 그나마 누그러진다. 이 그늘막을 만드는 데 200~300달러쯤 들었는데 아마 앞으로 수십 년간은 그 자리에 튼튼하게 서 있어줄 것 같다. 그보다 더 큰 돈을 들여서 그늘막을 구입했더라면 어땠을까 상상해 보았다. 엉성하게 만들어진 기성품 그늘막은 아마 계절이 한두 번 바뀔 즈음까지 버티다가 강풍에 망가지고, 결국 다리까지 몇 군데 부러진 채로 쓰레기더미로 직행했을 것이다.

제대로 바라볼 줄만 안다면 자연은 풍요로 가득 찬 곳이다. 우리는 철물

점에 가서 그늘막 벽을 덮을 만한 철판 같은 것을 구입할 수도 있지만, 그렇게 하면 무슨 재미가 있을까? 아마 그랬더라면 '참깨'는 풀이 무성한 들판을 자유롭게 내달리다가 강가에서 소떼를 만나는 경험도 하지 못했을 것이고, 우리는 완벽한 봄 소풍과 기가 막힌 봄 산의 장관을 감상하는 호사도 누리지 못했을 것이다.

　동네에 나가면 메스키트 나무가 단백질이 풍부하고 달콤한 캐러멜 향의 콩 꼬투리를 땅 위로 뚝뚝 떨어뜨리고 있다. 대부분 사람들은 이 콩을 눈여겨보지 않고 그냥 지나친다. 심지어 때 되면 나타나는 성가신 것쯤으로 여기기도 한다. 마이키와 나에게 그것은 맛있는 음식이기 때문에, 우리는 가볍게 몇 번 잡아당기기만 해도 꼬투리가 쉽게 뜯겨져 나올 정도로 여문 시기가 오기만을 기다린다. 그때가 되면 천 자루를 메고 나가서 한 가득 채워온다. 우리는 보랏빛 줄무늬가 나 있고 통통하게 살이 올라 단맛이 나는 콩 꼬투리들이 달린 나무를 고른다. 그런 콩 꼬투리에 우리가 가장 맛있어 하는 콩이 들어 있고 벌레도 가장 적다.(아몬드 색깔의 판판한 꼬투리들은 단맛도 없는데다 그 안에는 혹한의 추위나 극심한 폭염에도 살아남은 작은 벌레들이 들어 있다.)

　날마다 참깨를 데리고 산책 나갈 때 우리는 가지에 붙어 있는 콩 꼬투리들을 몇 개 따 와서 먹어보고 맛을 감별하면서 꼬투리가 여물 때까지 기다린다. 집에 오면 주워온 것들을 상자형 냉동고에 며칠간 넣어 얼렸다가, 섭씨 41도가 넘는 온도의 태양열에 말려 벌레와 벌레 알을 없앤다. 꼬투리들이 톡 치면 부러질 정도가 되면 버릴 것과 먹을 것을 골라내고, 구멍 나 있는 부분은 벌레들이 그리로 들어갔다는 뜻이니까 뜯어내 버린다. 그런 다음 골라낸

콩을 꼬투리째 중고 장터에서 1달러 주고 산 커피 분쇄기로 갈아 메스키트 가루로 만들어서 쟁여두고 겨우내 먹는다. 메스키트 가루는 흰 밀가루의 스무 배 값에 팔리지만 우리에게는 공짜다. 알아볼 수 있는 눈, 약간의 육체 노동, 그리고 얼마간의 시간만 있으면 된다.

메스키트는 흔치 않은 나무이다. 미국 서남부의 아주 건조한 지역이 원산지로, 질소 고정 콩과 식물의 견목인 메스키트는 물을 찾기 위해 60미터까지 원뿌리를 뻗는다. 극심한 가뭄에도 대부분 식물이 내려가지 못할 깊이까지 깊게 뿌리를 뻗어 물을 찾아내고 생명을 이어간다. 메스키트 나무는 당분과 단백질 형태로 칼로리를 쌓는다. 약용(국소용/섭취용)과 식용(가루와 당밀 형태로) 모두로 쓰인다. 글루텐과 대두 알레르기 성분이 들어 있지 않고, 섬유질이 많으며, 칼슘이 풍부하다. 꼬투리까지 전체 다 먹을 수 있고 각종 아미노산이 골고루 들어 있다.

이곳의 토종 백년초 선인장은 여름내 가시투성이의 두툼한 초록색 잎 끝에서 즙이 풍부한 진홍색 열매를 맺는다. 우리는 메스키트 나무처럼 이 백년초 선인장도 미리 점찍어 놓고 여물어가는 모습을 쭉 지켜본다. 열매는 당분이 충분히 생기기 전에 따면 아무 맛이 안 난다. 하지만 너무 오래 기다렸다가는 다른 채집꾼들한테 모두 빼앗길 위험이 있다. 열매를 딸 때는 백년초의 옥살산이 가장 낮은 아침이 좋다.(옥살산은 신장 결석의 원인이 되는 물질인데, 백년초 열매를 하루 중 알맞은 때에 수확하면 옥살산이 전혀 없다.)

백년초 열매를 수확할 때는 하루나 이틀 동안 처리할 수 있는 양만큼만 따고, 다음에 다시 와서 따간다. 마이키가 용접 장갑을 끼고 집게를 쭉 뻗어

마이키는 메스키트 콩 따는 것을 무척 좋아한다. 우리는 우리가 점찍어 둔 나무를 자주 보러 가서 꼬투리를 따 맛을 보고 단맛이 충분히 들 때까지 기다렸다가 수확한다.

서 선인장 잎에 달린 열매를 쥔 다음 비틀면, 그 밑에 내가 받치고 있는 상자 안으로 열매가 떨어진다.

열매는 손으로 만지면 절대 안 된다! 그 솜털 같은 작은 가시들이 살에 박히면 찾아내서 빼내기까지 며칠이 걸리기도 한다. 집에 오면 백년초 열매들을 쇠 집게로 잡고 불에 달군다. 그렇게 해서 가시를 태우고 난 다음 열매를 끓는 물에 넣고 1분 이내로 데친다. 데친 열매를 나무 도마에 올려놓고 반으로 갈라 껍질을 벗기고, 벗겨낸 껍질은 퇴비로 쓴다. 속살은 으깨어 퓌레(육류나 채소를 갈아 채로 걸러 걸쭉하게 만든 재료―옮긴이) 상태로 만들며, 이 백년초 열매 농축액을 얼음 틀에 채워 얼린다. 수제 곰부차에 백년초 즙을 넣으면 수박 맛 사탕하고 똑같은 맛이 나는, 보기만 해도 기분 좋아지는 분홍색 탄산 음료가 된다. 게다가 천연 유산균까지 들어 있다!

여름이 아닐 때는 손바닥만한 초록색 백년초 이파리를 따와서 양동이형 믹서에 부러뜨려 넣고 물을 가득 붓고 돌린다. 이것을 망 위에 부어 질긴 섬유질을 걸러내고 찐득한 진액은 따로 보관한다. 진액은 시간이 지나면 투명한 젤리가 되는데, 이는 항균 작용을 하는 방수 페인트와 도료로 쓸 수 있다. 이렇게 백년초로 만드는 수제 페인트가 있어서 우리는 19리터 들이 한 통에 100달러쯤 하는 유독성 물질의 탄성 페인트를 따로 살 필요가 없다. 백년초 페인트는 공짜일 뿐 아니라 친환경적이기까지 하다.

매해 우리는 참깨를 데리고 엘리펀트 뷰트 호수 근처의 모래밭을 다녀온다. 그곳에는 열매를 맺는지 우리가 지켜보고 있는 무환자나무들이 있다. 이 나무들은 3년 전에 열매를 맺고 그 뒤로는 다시 열매를 맺지 않았다. "아마 올해는 열렸겠지" 하고 우리는 천 자루를 메고 확인해 보러 간다.

열매 맺는 해가 아닐 경우에는 제일 꼭대기 가지에 오래되어 갈색으로 변한 열매들밖에 볼 수 없다. 무환자나무 열매 덕분에 우리는 세탁 세제를 살 필요가 없다. 이 열매에는 비누처럼 거품을 내고 항균 작용도 하는 사포닌 성분이 풍부하다. 광목 천 자루에 열두 개 정도 담으면 세탁물 10자루를 빨 수 있는데, 여기에 소요되는 비용은 호수까지 오가는 짧은 여행에 드는 기름 값뿐이다. 점찍어 둔 나무들을 보러 갈 때 우리는 천천히 여유를 갖고 호숫가에 한참 앉아 있기도 하고, 집에 오기 전에 해지는 풍경을 오래도록 바라보기도 한다.

무환자나무는 유카가 자라는 곳 근처에 있기 때문에 우리는 모래밭 깊이 묻혀 있는 유카 뿌리를 캘 준비도 해간다. 무환자나무 열매처럼 유카에도 사포닌이 들어 있다. 거품 나는 특성이 있는 유카 뿌리는 캐서 말린 다음, 헤어 컨디셔너와 관절염 약으로 만들어 쓴다. 그 덕분에 '우리가 더 이상 사지 않는 것들' 목록에 헤어 컨디셔너와 관절염 약이 추가되었다. 유카 꽃이 만발할 때면 그 연백색 꽃잎을 따서 샐러드에 넣어 먹는다. 유카 꽃이 만개했다면 방울뱀이 밖으로 나와 돌아다닐 만큼 날이 덥다는 뜻이어서, 우리가 이곳을 방문하는 것도 그해의 마지막이 다 되었다는 뜻이 된다. 여름이 끝나고 방울뱀이 겨울잠을 자러 집으로 돌아가면 그때 다시 이곳으로 온다.

이렇게 공짜 수확거리를 찾아다닐 때면 마치 세상의 계산원들이 "이제 더는 돈을 내실 필요 없어요. 모든 게 공짜니까요!"라고 말하는 것 같다. 꼭 웨이터에게 도리어 팁을 받는 것 같다고 할까? 아니면 차에 탔는데 내가 잠든 사이에 누군가가 기름을 가득 채워놓은 걸 알게 된 기분? 자연이 주는 모든 것은 선물이다. 그것도 우리 모두에게 주어진 선물이다.

무환자나무 열매는 아주 독특하다.
표면은 반투명하고 촉감은 우툴두툴하다.
물에 넣고 흔들면 비누처럼 쓸 수 있다.

어느 날은 로즈마리 덤불을 가지치기해 주었는데 내가 로즈마리를 워낙 좋아해서 잘라낸 것을 차마 버릴 수가 없었다. 그래서 퇴비로 쓰려고 모아둔 더미 위에 몰래 챙겨놓듯이 살짝 얹어놓았다. 두어 번 로즈마리더미를 지나쳐가는데 소나무 향기가 훅 끼쳐왔다. 나는 이미 잘라낸 가지들을 다시 다듬으면서 그중에서 가장 예쁜 것들로 골라 집 안으로 가져왔지만, 무엇에 쓸지가 딱히 떠오르지 않아 그저 식탁에 놓아두었다.

나중에 나는 로즈마리 가지 몇 개를 손에 들고 이리저리 꼬아 화환 비슷한 것을 만들게 되었는데, 문득 내가 화환을 한 번도 좋아한 적이 없다는 생각이 들었다. 화환은 구닥다리여서 나랑은 어울리지 않는 것 같았다. 그런데 이렇게 로즈마리 화환을 만들고 있다니, 내가 어디서 화환 만드는 법을 배웠나 의아했다. 나는 보통 화환 만드는 방식으로 이 로즈마리 화환을 만들고 있지 않았기 때문이다. 내 느낌에 나는 그 로즈마리가 정말 마음에 들었기 때문에 화환 만드는 법을 저절로 알게 된 것 같았다. 로즈마리가 나를 학생 삼아 가르쳐주었달까? 누구도 내게 해준 적 없는 수업이었다.

한번은 메사mesa(꼭대기는 평평하고 등성이는 벼랑으로 된 미국 남서부의 언덕—옮긴이)에서 뛰어다니다가 종아리 근육이 찢어져서 집까지 절뚝거리며 온 적이 있다. 집에 오자 나는 정원으로 가서 컴프리와 톱풀, 금잔화, 예르바 만자를 뜯었다. 이 풀들을 굵직하게 썰어서 냄비의 끓는 물에 넣었다. 그렇게 10분간 우린 다음 조그만 면 보자기에 한 국자 떠 넣고 잠시 식혔다가 다리에 감싸주었다. 나는 내 정원과 그 안에 사는 곤충과 애벌레, 미생물, 내가 흙과 함께 섞어서 넣어주었던 화덕 속의 숯에 감사했다. 퇴비와 열, 빗물, 이 지구라는 생명에게 감사했고, 그에 앞서 탄소의 존재에게도 감사를 표했다. 나는 이 민간 요법을 알려준 친구 캐서린에게 감사했고, 해에게 감사하면서는 살아있는 모든 것이 태양의 세포나 태양 변환기와 같다는 생각을 했다. 살아있는 모든 것은 어떤 식으로든 태양 빛이나 열을 흡수하니까 말이다.

매해 개미 떼가 일개 대대 규모로 불어나기 전에 나는 우리 집 정원에서 요가 수업을 연다. 나는 절기를 알고 지표指標들을 읽어야 할 이유가 있다는 사실을 잊지 않으며, 자연에는 때가 있다는 사실을 늘 상기한다. 그래서 시멘트 판 위로 조그만 강줄기처럼 가느다랗고 빨간 개미 떼가 바쁘게 움직거리는 모습이 눈에 들어오면 바로 요가 수업을 중지한다. 매해 여름 적어도 한 번은 아래를 내려다보며 내가 빨간 개미 양말을 신고 있다는 것을 확인하

《뉴욕타임스》 베스트셀러 《본 투 런Born to Run》에 지나치게 감명을 받은 나머지 너무 빨리 뛰다가 종아리 근육이 찢어지고 말았다. 그래서 내가 가꾼 정원에서 이런저런 약초들을 뽑아 찜질 약을 만들었다. 컴프리, 톱풀, 예르바 만자로 만들었다.(금잔화도 넣었는데 그건 그냥 찢겨져 나간 근육에게 너 역시 사랑받았노라고 말해주기 위해서였다).

게 된다. 그럴 때는 태양신에게 제사를 지내는 사람처럼 미친 듯이 발을 휘두른 다음, 내가 매해 만들어두는 크레오소트 팅크 스프레이를 뿌려 벌레들의 습격을 진정시킨다.

텃밭을 가꾼 첫해 마이키와 나는 아마 33센트쯤 값이 나갈 만큼의 고수잎을 수확했다. 쓰레기더미에서 건져온 나무판자로 고수 밭에 테두리도 세워주는 등 정성을 들인 농사였다. 텃밭을 가꾼 지 3년째, 밭에는 우리가 다 먹을 수 없을 만큼 많은 야채들이 자라나서 나머지는 겨울에 먹기 위해 따로 저장해 두어야 했다. 이제 나는 매일 아침 우리 집 텃밭을 둘러보면서 그 활발한 생명력에 놀라곤 한다. 텃밭은 내게 살아있는 모든 것은 끊임없는 변화 속에 있다는 사실을 알려준다. 우리는 밭두둑을 몇 개 더 만들었다. 이듬해에는 가지를 말리고 통조림하고 냉동시키는 법, 게다가 집에서 두 블록 떨어진 건강 식품 가게에 내다파는 법까지 알게 되었다. 작년에는 만일 다른 먹을 것이 다 떨어진다 해도 우리는 살 수 있겠구나 하는 생각이 들었다. 작년에 나는 매주 싱싱한 꽃을 꺾어 우리 집에, 또 친구들 집에도 줄 수 있었다. 처음으로 약초도 길렀다.

가끔 밤이면 내가 여덟 시간 들여 파놓은 구덩이에 불을 지핀다. 구덩이 가장자리에는 내가 트루스 오어 컨시퀀시즈 남부의 테드 터너 씨 목장에 갔을 때 챙겨온 화산암을 둘렀다. 구덩이에 넣고 태우는 나무는 동네가 끝나고 광활한 사막이 펼쳐지기 시작하는 곳에서 가져오는 것들이다. 우리는 메스키트 나무 냄새를 가장 좋아해서 그 나무를 곧잘 태운다. 노간주나무는 냄새가 정말 좋지만 만나기가 어렵다. 우리 집 과실나무에서 쳐낸 가지로도 불을 피우고, 그 불 위에 두부와 고기, 생선도 구워 먹는다.

집 안에 꿀벌들이 들어오면 나는 밖으로 나가라고 손가락에 얹어서 문 앞까지 데려다준다. 벌집에서 가져온 꿀은 차에 넣어 마시거나 빵을 구울 때 넣는다. 나는 꽃가루 알레르기가 있는데 꿀은 꽃가루 알레르기에 대한 민감성도 줄여준다. 벌집은 껌처럼 씹기도 한다. 밀랍으로 립밤(갈라진 입술에 바르는 화장품의 일종—옮긴이)과 연고를 만든다. 언젠가는 초도 만들 것이다.

손님용 별채에는 3.8리터짜리 벌꿀 술 유리병을 갖다놓았는데, 입구에 박아놓은 플라스틱 에어록(용기 입구에 끼우는 튜브 형 공기 차단 장치—옮긴이)에서 이산화탄소가 새어나온다. 이는 꿀 속의 당분을 먹고 사는 효모가 만들어내는 것이다. 이산화탄소가 빠져나오는 것을 바라보면서 나는 그것이 내 폐 속으로 들어가는 상상을 해본다. 호흡은 내 몸속 필요한 곳으로 산소를 운반해 준다. 나는 습기를 내뿜는다. 메스키트 나무가 꽃을 피울 때면 우리가 담근 벌꿀 술의 색깔이 더 짙어지는 게 보인다.

나는 우리가 기르는 꿀벌들을 보러 가는 시간을 좋아한다. 꿀벌들의 아량에 매번 놀란다. 가끔은 자기들 꿀을 훔쳐가려고 온 것인데도 나를 한 번도 쏜 적이 없다.

야생 식물 수확하기

자연은 제대로 바라볼 줄만 안다면 풍요로 가득하다.

지금 사는 곳의 토종 식물에 대해 알아보라.

그러면 먹을 것, 약, 건물 지을 때의 재료까지도 얻을 수 있다.

외래종

위성류 나무(미국 남서부에서는 외래종)의
맨 윗부분 가지로는 담장과 베란다 벽을 만들 수 있다.

버바스컴

거담제로 쓸 수 있다.
외이도염에 좋다.

백년초

맛있는 펀치 음료를 만들 수 있다.
페인트를 넣거나 모르타르와 섞어서
방수 도료를 만들 수 있다.

메스키트 나무 열매

갈아서 가루로 만들어 먹을 수 있다.
추출액으로 당밀을 만들 수 있다.

크레오소트

베인 상처, 벌레에 쏘이거나
물린 데 바르면 소독 작용을 한다.
항진균제 역할을 한다.

유카

염증을 가라앉힌다.
사포닌이 들어 있어 머리 감을 때 쓸 수 있다.

흰꽃광대나무

목감기를 완화한다.

오코티요

배탈을 진정시킨다.

매주 화요일에는 농부 비벌리가 현관 앞에 둔 아이스박스에 우유를 넣어 주고 간다. '공주'라는 이름의 젖소가 만들어준 우유다. 마이키와 나는 이 우유로 요거트와 모차렐라 치즈, 로마노 치즈, 체다 치즈와 맛이 비슷한 멕시칸 치후아후아 등 몇 종류의 치즈를 만든다. 나는 젖소 '공주'에게, 효소에게, 땅과 열기, 미생물과 공기, 그리고 비벌리에게 감사를 전한다.

에너지가 바닥날 때면 나는 '모르몬 차'라는 별칭의 토종 식물 마황을 씹는다. 이런 별칭이 붙은 것은 모르몬교도들이 흥분제를 금하기로 맹세했지만 이 식물만은 즐겼기 때문이다. 나중에 밝혀진 것인데 마황은 그 자체로 흥분제이다. 나는 우리 온라인 상점에서 마황 차와 마황 팅크(어떤 약품이나 생약을 알코올, 에테르 따위에 담가 녹이거나 우려낸 액체―옮긴이)를 판다. 뉴멕시코 토종 마황은 불법으로 유입되는 아시아 품종에 들어 있는 것 같은 알칼로이드가 없다. 뉴멕시코에서 자라는 마황은 그만큼 강하지 않다.(그래도 섭취시에 주의해야 하는 것은 마찬가지다.)

묵직한 음식을 먹거나 과식했을 때는 물 한 컵에 오코티요 팅크를 스포이드로 한 번 떨어뜨려서 단숨에 들이킨다. 효능이 웬만한 소화제 못지않다. 오코티요 선인장 꽃은 봄에 수확한다. 이 선인장의 날카롭고 단단한 가시에 손을 다치지 않으려면 용접 장갑을 껴야 한다. 오코티요 선인장을 키우는 사유지에서(허락을 받고) 한두 줄기를 딴다.(그 이상은 따지 않는다.) 이 식물은 과도하게 수확하는 것이 법적으로 금지되어 있다. 줄기의 새빨간 윗부분을 잘라 종이봉투에 넣어 말리는데, 종이봉투는 부엌 창문의 두 군데 귀퉁이 사이에 철사를 연결해 빨래집게로 매달아놓으면 편하다. 타들어가는 듯 새빨간 윗부분은 원기를 회복시키는 붉은빛 차로도 만든다. 관봉옥 과의 유일 속인 오코티요 선인장은 사람들이 목이 말라 차를 찾는 여름에 꽃을 피운다.

언젠가 밤에 감자 꿈을 꾸었는데 나 역시 땅속에 있는 것 같은 기분이었다. 그 다음날 아침에 일어나 때마침 감자를 캤다. 몇 년 뒤 페코스 강변을 걷고 있었는데 속새풀이 내게 자기가 방광에 좋은 약이라는 것을 알아달라고 말하는 것 같았다. 자신은 빠른 물살 바로 옆에서 자라서 빈 관 모양으로 자라게 되었고 그 모습이 방광으로 이어지는 관과 꼭 닮았다는 것이다. 같은 날 버바스컴이 내게 폐 속의 섬모와 비슷하게 생긴 제 털 많은 잎들을 알아봐 달라고 말을 걸었다. 버바스컴은 태워서 연기를 맡거나 뜨거운 물에 우려내 차로 마시면 거담제 역할을 한다.

나는 자연이 가장 진실한 책이라는 사실을 잘 알고 있기 때문에 이런 이야기는 이쯤 해두어야겠다.

나는 버려지기 직전의 철제 침대 틀을 용접해서 손보았다. 발포 고무를 한 장 깔고 그 위에 보드라운 천과 담요, 베개를 두어 정원의 침대로 삼고 백일몽을 즐긴다. 나는 삐삐 롱 스타킹이 내 사촌이라는 공상을 하고는 한다. 내 침대는 날 수는 없지만 마법의 침대인 것이 확실하다. 우리 집에 놀러 온 손님들은 정원 침대에서 자는 것을 정말 좋아하고, 아침에 깨면 행복감으로 얼굴이 환하게 빛난다.

밤이 되면 별이 반짝이는 검보라색 하늘을 지붕삼아 정원 침대에 누운 채 하늘에서 바쁘게 움직이는 위성들을 바라본다. 위성들은 보드라운 면천 위에 누워 반쯤 잠이 든 내게 장난을 건다. 마법의 침대를 만들기 전에는 공기 매트리스에 바람을 불어넣어서 지붕에 얹어놓고 그 위에서 마이키와 자고는 했다. 아침이면 새들이 날아다니는 길이 지붕에서 몇 센티미터 떨어지지 않은 곳인지 아침 해를 맞으러 몸을 일으킨 우리와 거의 부딪치다시피 한다.

나는 가끔 트루스 오어 컨시퀀시즈의 가장 높은 지대로 올라가 급수탑 밑에 서서 사방으로 마을을 내려다본다. 근처에 사는 여우 한 마리와 이따금씩 마주친다. 마을이 끝나는 곳부터 사방으로 광막한 사막이 펼쳐진다.

나는 우리 집 마당의 2.5미터짜리 물탱크에서 관을 통해 흘러나오는 섭씨 42도의 지하 온천수에 몸을 담그고 둥둥 떠다니며 새 날을 맞이하고 지나간 것들은 흘려보낸다. 춘분점과 하지점, 추분점과 동지점을 지나는 해는 터틀백 산을 넘어 남에서 북으로 이동한다. 늦여름에는 아름다운 별들의 무리 은하수가 이 우주에서 내가 있는 자리가 어디인지 귀띔해 준다. 황혼이 물들 때면 나는 해가 떠올랐던 바로 그 지점에서 파란색과 초록색의 마지막 음영이 검보라색으로 변하는 모습을 바라본다. 달이 떠오른다. "동쪽이야." 나는 방향을 확인하듯 내뱉는다. 얄따란 초승달은 늘 서쪽 어딘가를 서성이는 것처럼 보인다. 꼭 웃는 입을 그려놓은 것 같은 초승달은 내가 서 있는 지구 이쪽 편에서는 더 이상 보이지 않는 해에서 나온 빛을 받아들이고 있다.

나는 내가 아는 별자리들의 이름을 불러보고 더 많이 알아가겠다고 약속한다. 남십자성, 오리온 자리, 플레이아데스 성단, 성운(아기별들의 놀이방), 이름 모를 별똥별 하나, 우주 정거장까지. 얼마 안 있으면 여기서 50킬로미터 거리에 있는 우주 공항에서 우주선이 사람들을 싣고 하층 대기권으로 데려가 줄 것이다. 우주선이 착륙하고 이륙하는 모습을 내 눈으로 목격하게 될까 궁금하다. 나 역시 초승달 모양의 대접처럼 되어 빛을 담뿍 담아두고 싶다는 생각을 하면서 초승달을 보고 씩 웃어주기도 하고, 그럼 어느 길로 올라갔다가 내려올까 하는 생각도 한다. 나는 우주가 나를 통해 저 자신을 경험하고 있다고 느끼며, 이웃들에게 들으란 듯이 큰소리로 외친다. "이게 바로 내 삶이에요."

나는 남자들 세계의 경계선을 훌쩍 뛰어넘어 사막으로 나가 치료약이나 필요한 것들을 찾아낸다. 사막이 지닌 치료제는 약초뿐이 아니다.

날쌘 흰색 원숭이올빼미가 내 머리 위의 밤하늘을 소리도 내지 않고 날아간다. 그러나 규칙적인 세찬 날갯짓은 고요한 밤공기를 날카롭게 가른다.

여름이면 나는 노트북 컴퓨터를 들고 정원 침대로 간다. 더운 밤이면 우리는 마당에서 잠을 잔다.

순식간에 일어난 이 일에 한 발 늦게 반응한 나는 날카롭게 공기를 가르는 느낌과 저 커다란 날개의 날갯짓을 느껴보려면 얼마나 가까이 가 있어야 할까 상상해 본다. 나는 올빼미의 눈으로 보기 위해 눈을 감아본다. 움직임이 한층 생생하게 느껴진다. 깜깜해서 눈에 잘 안 띄지만 이웃집 마당에서 생쥐 한 마리가 고양이 옆을 허둥거리며 지나가는 것을 본다. 그리고 내가 본 것이 사실일까 생각해 본다.

거의 매일 밤 100미터쯤 떨어진 곳에서는 코요테들이 먹이(대개는 토끼다)를 찾아냈음을 알리며 울어댄다. 시내를 돌아다니는 개들이 그 울음소리에 일제히 답한다. 강 건너편에 사는, 마당을 벗어나 본 적 없는 나귀들도 이 합창에 가세한다. 참깨는 비록 우리 할머니가 러시아에서 미국으로 올 때 싸가지고 온 담요를 가지고 내가 만들어준 거위 털 베개에서 엉덩이를 떼지는 않지만, 예민한 귀를 쫑긋 세운다. 나는 이 장면이 저 광막한 사막이 시작되는 곳 어딘가쯤에서 벌어지고 있다고 상상해 본다. 집 두 채, 강, 코요테, 산, 그리고 버진 갤럭틱 사가 우주 공항을 건설하고 있는 지역의 원래 이름 조르나다 델 무에르토Jornada del Muerto(죽은 자의 발걸음)까지.

오후에 뜨거운 온천물에 몸을 담그고 있노라면 전깃줄과 지붕을 까맣게 뒤덮은 시끄러운 검은 새떼가 시야에 들어온다. 하늘에 거대한 브이 자를 그리며 소란스럽게 날아가는 야생 거위들의 숫자를 세어본다. 그런 것을 세어볼 시간이 내게는 있다. 내가 사랑하는 것은 전부 공짜다.

디지털 귀농인들

신기술이라는 증기 롤러가 지나가는데,
그것에 붙지 않으면 너는 길의 일부로 남게 될 것이다.

—스튜어트 브랜드Steward Brand

열일곱 대의 번쩍거리는 노트북 컴퓨터 화면이 우리 집 거실의 암흑을 깨뜨렸다. 키보드 위를 달리는 서른네 개의 손이 속닥거리며 만들어내는 기계 잡음은 흡사 작은 공장을 연상시켰다.

나는 부엌에서 점심 먹고 깨끗하게 씻은 접시를 사기그릇장에 가득 채워두면서, 이 디지털 귀농인들의 연례 행사를 주최하는 것이 손님 한 명을 대접하기보다 훨씬 쉽다는 것을 실감했다. 웬일인지 이 손님들 덕분에 34평짜리 우리 집이 부대 하나를 들여도 될 만큼 넓다고 느껴졌다. 비록 엉덩이를 맞대고 옹송그리며 앉아 있기는 했지만 말이다. 설거지를 하고 비질을 하고 소파를 옮기고 가전 제품들을 수리하고 고장 난 창문을 고치고 나무를 끌어오는 일에 하나같이 손이 빠른 귀농인들은 가족 같은 마음으로 집안일을 함께 해준다. 우리 집 마당에는 텐트가 가득하고 오래된 캠핑카 공원 전신주 앞에는 주차된 밴들이 즐비하지만, 그래도 추운 밤이 되면 손님들은 우리 집 거실로 모여들어 침낭 속에 몸을 묻는다.

식탁에서는 비디오 블로거 제이와 라이언이 전날 있었던 심리학자 앤디 포터의 기술 나눔 워크숍 장면을 업로드했다. 앤디는 해조류 학자이지만 주물 냄비 요리 수업을 열어서, 그날 모인 사람들 전부가 오후 내내 배불리 먹을 수 있을 만큼 프리타타(달걀과 채소, 치즈 등을 넣은 이탈리아식 오믈렛―옮긴이)와 피치 코블러(밀가루 반죽을 두껍게 씌운 과일 파이―옮긴이)를 만들어주었다. 라이언은 다른 귀농인들이 이 잔치의 사진을 웹에 올리기 전에, 자기가 찍은 동영상이 조리법 및 팁들과 함께 온라인에 올라 있다고 사람들에게 알려주었다.

그동안 애셔는 블렌더를 가지고 자신의 수업을 준비하느라 여념이 없었다. 비스킷을 베이스로 하고 대추야자와 견과류를 넣은 키 라임 파이를 불 없이 손쉽게 만드는 법을 알려주는 수업이었다. 그는 우선 라임이 들어간 코코넛 버터를 만드는 법부터 보여주고 그 위에 딸기와 배를 얹었다.

리비와 트리스탄은 템페를 만드는 신비스러운 과정(306쪽 참조)을 공개했다. 고단백의 대두와 균을 결합시키기 위해서는 여러 단계가 필요했다. 먼저 아이스박스에 백열전구 선이 들어갈 수 있도록 구멍을 하나 낸다. 그 다음 아이스박스 안에 선반(쓰레기통 옆 상자에서 찾아낸 오븐 선반이었다)을 설치했다. 트리스탄은 템페 발효기를 만드는 데 필요한 부품들을 마당의 폐품더미에서 찾아내더니, 서두르는 기색도 없이 느긋하게 발효기를 완성시켰다.(214쪽 참조)

피치 코블러, 라임 파이, 템페. 우리의 연례 행사가 음식 위주로 돌아간다는 것은 전혀 놀라운 일이 아니다. 우리의 생활 방식 자체가 그렇기 때문이다. 매일 저녁 모인 이들의 셋 중 하나는 그날 모두가 먹을 저녁 식사를 만들었다. 요리를 하지 않는 이들은 설거지를 하고 다음 식사를 할 수 있도록 부엌을 말끔히 청소했다.

앤디가 주물 냄비로 요리하는
법을 가르쳐주고 있다.

가비오는 모인 이들에게 각자 제일 좋아하는 계절 음식을 쭉 적게 하더
니 호박, 아스파라거스, 석류, 바질, 오크라 등 언급된 재료들로 저녁을 만드
는 '놀이'를 선보였다. 언뜻 보기에는 어울리지 않을 법한 재료들이 한데 어
우러져 근사한 음식으로 탄생하는 것을 보고서 사람들은 깊은 묵상에 잠기
기도 했다. 덧붙이자면 가비오는 마이키와 내게 부엌에서 첨단 기술이 얼마
나 중요한지를 가르쳐준 은인이다. 그는 커다란 푸드 프로세서(식재료를 다지
고 채썰고 반죽하는 등의 다용도 주방 기구—옮긴이)와 고성능 블렌더가 없으면 아
쉬울 일이 많을 거라고 일러주었다. 그가 맞았다. 나중에 우리는 커다란 음

식 건조기와 가스레인지용 훈제 팬, 탐침 달린 디지털 온도계, 그 밖에 수많은 첨단 기술의 주방 기구들을 들여서 부엌을 하나의 무기고로 만들었다.

우리는 요리하고 먹기만 하는 것은 아니다. 나는 용접 수업을 열었고, 마이키는 건전지 워크숍을 진행했다. 리비와 트리스탄이 집에서 만들어온 철 난로를 보여주자, 라이언은 우리 집 마당에 굴러다니는 폐품들, 바로 크리스마스 선물용 쿠키통과 수프 캔으로 직접 철 난로를 하나 만들어보았다. 철 난로는 연소 작용과 수직 굴뚝의 원리로 놀랍도록 적은 양의 나무를 태워도 아주 뜨거운 불꽃을 만들어냈다. 에릭은 패시브 하우스(첨단 단열공법을 이용하여 에너지 낭비를 최소화한 집—옮긴이)에 관해 발표했고, 루크는 우리 집 마당에서 기초적인 자전거 수리 강좌를 열었다. 마이키와 나는 종이 콘크리트를 만들고 그것으로 건물을 짓는 방법을 동영상으로 보여주면서 설명하고 의견을 나누었다.

특히 올해에는 에릭이 곰부차 초모醋母(간장이나 술, 김치 등 물기 있는 식품의 표면에 생기는 곰팡이 같은 흰색 물질. 더 자세한 설명은 299쪽 참조—옮긴이)로 찢어진 자전거용 가죽장갑을 수선한 것을 보고 모두 흥분을 감추지 못했다. 에릭이 곰부차 초모를 손수 말리고, 자르고, 크기를 맞춘 뒤 찢어진 장갑 부위에 덧대서 꿰맨 것이었다. 필은 다양한 재료들을 신속하고 정확하게 자를 수 있는 새로운 레이저 절단기를 선보이며 신나했다. 그는 레이저 절단기를 이용해 스시 롤 위에 〈스타 트랙〉 이미지들을 새겼다. 리모는 손수 만든 전자 기기라면서 눈에 잘 띄지 않는 조그만 리모컨을 꺼냈다. 이 리모컨 버튼을 누르면 휴대전화로 전화를 걸거나 받을 수 없도록 전파를 막는 신호가 방출된다. 그녀는 "휴대전화 전파 교란기"라면서 악동같이 웃었다.

마이키와 내가 제이와 라이언을 처음 만난 것은 우리 집 터에서 공사를 막 시작한 해였다. 우리를 공통으로 알고 있던 친구가 제이 부부가 대안적인 방식으로 사는 사람들에 관한 비디오 블로깅을 하고 있다는 것을 알고 우리를 소개시켜 준 것이다. 그들은 《메이크》지에 소개되었던 '홀리 스크랩'에 관해 짧은 영상을 몇 개 찍어갔는데, 동영상은 무려 5만 건의 조회 수를 기록했다. 이렇게 입소문이 퍼지면서 우리는 비슷한 사람들을 더 많이 만나게 되었고, 그러면서 인터넷을 통해 공동체를 발전시키고 싶다는 마음이 커졌다.

제이와 라이언의 조언에 따라 우리는 블로깅을 시작했다. 그들은 샌프란시스코로 돌아가면서 우리와 비슷한 방식으로 살아보겠다고 약속했다. 그리고 1년 만에 버지니아에 땅을 사고 집을 개조해서 먹을거리를 키우고 꿀벌을 기르는 등 독립적인 생활을 꾸려가기 시작했다. 우리는 이따금씩 서로를 직접 방문할 때도 있지만, 틈틈이 화상 회의를 통해 각자 어떻게 발전해 가고 있는지, 어떤 시도를 해보았고 어떤 시행착오를 겪었는지 이야기를 나누곤 한다.

우리의 귀농인 연례 행사는 마이키와 내가 열심히 인터넷을 뒤져 우리와 비슷한 이상을 가지고 살아가는 사람들을 찾아낸 덕분에 이루어질 수 있었다. 우리는 서로의 블로그를 방문해 글을 읽고 의견을 달아준다. 우리는 필요한 물건을 스스로 만들어 쓰고, 버려진 것들을 활용해 살아가며, 먹을 것을 손수 키우고 요리해 먹는다는 생활 방식뿐 아니라 그 이상으로도 공통점이 많다. 바로 모두가 디지털 세대라는 것이다. 우리는 블로그를 운영하고 유튜브 채널을 갖고 있으며, 사진 및 동영상 공유 사이트인 플리커 계정을 갖고 있고, 온라인 상점도 운영한다. 문제가 생기면 통신 기술을 이용해 해결한다. 우리는 블로그와 온라인 화상 회의를 통해 의견을 교환하고 경험담을 나눈다.

맨디와 라이언은 정착할 만한 공동체를 찾아 전국을 누비고 다닌 자전거를 우리 집 문간에 뉘어놓고 나타났다. 마을의 누군가가 그들에게 "웬디와 마이키를 만나보세요"라고 말해주어서 찾아왔다는 거였다. 그날 밤 우리는 그들이 캘리포니아 북부에서 애리조나에 이르기까지 비슷한 뜻을 가진 열두어 군데 공동체에서 찍어온 영상들을 보았다.

우리는 저녁마다 노트북 컴퓨터와 디지털 프로젝터로 거실 벽에 더 많은 동영상을 틀었다. 우리 집의 뜨거운 온천물에 몸을 담그고, 모닥불에 마시멜로우를 구워먹고, 기타와 우쿨렐레를 치고, 드럼 대신 쩔그렁 소리가 나는 무엇이든 두드리고 부딪치면서 노래를 하고 놀았다. 나는 매일 아침 요가 수업을 열었고, 타지에서 온 손님들은 기술 나눔 워크숍 중간의 쉬는 시간에 우리 동네의 중고품 가게를 순례하면서 멋진 골동품을 찾아냈다. 어떤 이들은 커다란 여행 가방을 가득 채울 만큼 물건들을 사와서는 나중에 이베이에서 되팔아 생활비에 보태기도 했다.

우리는 기술 나눔 워크숍과 식사 시간 틈틈이 우리가 처한 상황의 아이러니를 놓고 깊은 토론을 벌였다. 우리 집에 모인 디지털 귀농인들은 기술과 연장, 장비를 사용해서 돈에 덜 얽매인 방식으로 살고 있다……. 그런데 이런 장치들을 가지려면 돈이 필요하다. 우리는 지구에서 지속 가능한 방식으로 살고 싶은 바람을 공통으로 갖고 있지만, 우리가 사용하는 것들은 생산될

202

때 환경을 소비하는 대가를 치른다. 우리의 생활 방식은 모순으로 가득하다.

마이키와 내가 설치한 태양광 전지판은 우리 집에 청정 에너지로 전력을 공급해 주지만, 전지판이 생산될 때 탄소 발자국(어떤 일을 할 때 만들어지는 이산화탄소 양을 표시한 것―옮긴이)이 만들어진다. 우리는 그것이 만들어내는 청정 에너지를 사용해 버려진 재료로 뭔가를 만들 때 쓰는 기계를 돌리는데, 그 기계들은 공장에서 만들어진다. 우리가 시골에 집을 구해 살고, 먹을거리를 키우고, 발효시키고, 퇴비를 만들고, 버려진 것을 재활용하고, 건물을 짓는 일에 관해 알고 있는 지식 대부분은 인터넷에서 시작되었다. 우리 디지털 귀농인들이 모여 우정을 쌓을 수 있게 된 것도 모두 온라인이 있었기에 가능했다.

이처럼 일견 반대로 보이는 것들을 조화시켜 가다 보니 과정과 맥락, 그리고 우리가 살고 있는 이 시대에 대한 토론으로 이어졌다. 스스로 주변화되어 기술이 주는 연결감 없이 외진 곳에 살면 저마다 지구에 남긴 작은 발자국을 이미 만든 것보다는 조금 더 줄일 수 있을지 모른다. 그러나 우리는 모두 우리 개인의 삶을 넘어서 그 이상의 영향을 남기기를 바라고 있다. 우리가 이 문제를 풀고 해답을 공유하는 데는 기술이 도움을 준다.

버닝 맨 축제 때 일시적으로 세워지는 도시가 자본의 힘 아래 만들어지고 돈으로 구입한 물건들에 의존해서 지어지듯이, 우리의 해답도 자본주의 시대라는 맥락에서 탄생한다. 블랙 록 시티의 선물 경제는 전 세계 사람들에게 깊은 인상을 준 나눔의 본보기를 만들어냈다. 스왑 오 라마 라마는 온라인상의 공동체다. 온 지구가 인터넷으로 연결되어 있지 않았다면, 전 세계 도시들은 버려진 직물을 재활용한다는 스왑 오 라마 라마의 사례를 모델로 사용할 수 없었을 것이다. 현대 세상의 문제점을 고치기 위한 해답들은 애초에 그 시대가 배태한 기술의 도움으로 나타나기도 한다.

마이키와 나는 '메이커' 개개인이 복원시키는 세상이 기업들이 이끌어가는 세상보다 더 나으리라고 본다. 그런 개인들은 상품화되어 있지 않기 때문이다. 기업은 법적으로 주주들에게 최대 이익을 창출해 주는 결정을 내려야만 하는 의무를 지닌다. 이익을 목표로 하는 기업들은 각 부서에 의사 결정의 책임을 분산시키고 과정을 배분함으로써, 파괴적인 결과를 빚는 결정이 단 한 사람에 의해 내려지지 않도록 한다. 기업에서는 사람들이 "나는 그저 서류를 정리할 뿐이야. 나야 배관만 확인하는 거지. 나는 컴퓨터 시스템 설치를 맡았어. 나는 배선 장치만 담당해. 나는 예산만 관리해. 내 담당 업무는 하드웨어 구입일 뿐이야"와 같이 말하는 것을 들을 수 있다. 그 개개인에게 유독 물질을 강에 버린 것이 당신이냐고 묻는다면 아니라고 대답할 것이다. 하지만 강에 유독 물질을 버린 그 기업에 고용된 직원으로서 그들은 스스로 깨닫지 못한 사이에 그 행위에 조금씩 가담한 것이다.

반대로 물건을 만들어 쓰는 개인 '메이커'들은 그들이 한 행위의 결과에 직접 연결된다. 이익 창출이라는 의무에서 자유롭기 때문에 다른 결정을 내릴 수 있다. 개인에게는 고맙게도 '생명'에 대해 깊이 숙고해 볼 수 있는 기회가 있다. 우리가 던지는 근본적인 물음은 "우리 모두에게 영향을 미치는 의사결정 권한이 누구한테 있는가?" 하는 것이다.

이 시대를 사는 사람들은 이미 구축된 것, 이미 실패하고 있는 것, 이미 파괴적인 것을 더 나은 것으로 탈바꿈시켜야 하는 의무를 지고 있다. 우리는 비닐봉지 하나를 써야 할지 말지 고민해야 하는 순간을 지나고 있다. 소비자 행동이 뭔가 더 강력한 영향력을 갖기까지 100년을 기다릴 일이 아니다. 비닐봉지 하나를 사용할지를 두고 깊이 고민하는 행동이 곧 그 봉지를 만든 사람들의 무분별한 행위에 동참하지 않는 것이다. 물론 산업 쓰레기와 화석 연료의 연소, 정부가 지지하고 자본이 이끌어 기업들이 소비하는 원료들, 이 모든 것은 개인 소비자의 행동에 비교하면 비할 수 없이 막강하다.

환경 운동가이자 녹색 저널리스트인 빌 맥키번Bill McKibben은 2012년 7월호《롤링 스톤Rolling Stone》기사에서 미국 상공회의소가 2010년 정치 자금의 90퍼센트를 공화당에 건넨 뒤, 미국 환경보호국에 탄소 규제의 철회를 촉구하는 지침서를 제출했다고 밝혔다. "과학자들의 말이 맞은 것으로 드러나면 어쩔 것인가?"라는 질문에 상공회의소 대표는 "인간은 다양한 행동적·심리학적·기술적 적응을 통해 지구 온난화에 익숙해질 수 있다"고 대답했다. 미국 상공회의소 입장은 다윈 식으로 말하자면 인간은 지속적인 파괴를 특징으로 하는 세상에 적응해야 한다는 것이다. "그 대규모 재정 지원 덕에 화석 연료 산업은 우리 나머지 시민 전체보다 훨씬 더 큰 자유 의지를 갖게 되었다." 맥키번의 결론이다.

그는 셸, 영국 국영석유회사, 엑손, 셰브론, 피바디처럼 탄화수소에 투자하고 있는 기업들에 대해, "그들은 이 행성의 물리적·화학적 성질을 바꿀 수 있는 힘을 지녔고 그 힘을 행사하려고 한다"고 썼다. 역시 같은 기사에서 그는 나오미 클레인Naomi Klein의 말을 인용해 이렇게 썼다. "많은 회사들이 사업을 운영하는 과정에서 형편없는 임금을 지불하고 노동력을 착취하는 등 부정부패를 저지른다. 그리고 우리는 그들에게 그런 관행을 바꾸라고 압박한다.…… 화석 연료 산업에 관한 한 지구 파괴가 그들의 사업 모델인 것으로 보인다. 그것이 그들이 하는 일이다." 《누가 세계를 약탈하는가*Stolen Harvest*》의 저자 반다나 시바Vandana Shiva는 산업과 자연 간의 힘겨루기를 "자본이 커질 때 자연은 축소된다"는 말로 묘사했다. 그녀 역시 "지구의 남용이 바로 생태학적 위기"라고 지적한다.

이 지구상에서 살아가는 한 생명으로서 우리는 모두에게 주어진 이 보물을 쓰고 또 보호할 권리를 다 함께 지니고 있다. 물과 공기, 땅은 우리의 것이며, 우리는 그것을 세상을 더 좋게 만들기 위해 쓸 수(혹은 쓰지 않을 수) 있다. 개인은 기업보다 더 나은 의사 결정을 한다. 우리는 이윤보다 더 많은 것을 고려할 수 있다. 우리는 맥락, 균형, 조화, 생명을 더 중요하게 생각할 수 있다. 우리 각자가 현명한 결정을 내릴 때 세상은 늘 더 좋아진다.

가장 쓸모없지만 가장 재미있는 것

기쁨이 무엇인지 진정으로 아는 것은 그것을 부정하지 않는 것이다.

—크리슈나무르티Krishnamurti

마이키와 내가 벌이는 첨단 기술 작업들이 늘 실용적인 목적을 갖고 있는 것은 아니었다. 손님들이 낮잠을 자고 여러 워크숍 사이를 바쁘게 오갈 동안 마이키는 햇살에 달궈진 우리 집 마당에서 반사광을 번쩍거리며 플라스마 절단기를 가동시켰다. 그는 10센티미터짜리 사각판과 1.8미터짜리 철제 관을 용접했다. 바로 불꽃을 쏘아 올리는 트램펄린(쉬틀에 넓은 그물망이 스프링으로 연결되어 있어서 그 위에 올라가 점프를 할 수 있는 운동 기구—옮긴이)을 만들기 위해서였다. 마이키는 트루스 오어 컨시퀀시즈의 연례 축제인 '피에스타Fiesta'에서 이 이상하게 생긴 장난감을 처음으로 선보였다. 피에스타 축제는 소형차를 모는 슈라이너 우애결사단원들이 빠르게 원을 돌면서 쇼를 하고, 자랑스레 말 등에 올라탄 보안관 무리와 수많은 꽃수레가 지나가는 전형적인 시골 마을 퍼레이드이다. 주말에는 로데오 대회, 노래 자랑은 물론 리오 그란데 강에서의 고무 오리 경주 같은 별난 게임까지 다양한 놀이들이 펼쳐진다. 그해 피에스타 축제는 마이키 덕분에 불꽃 트램펄린이라는 새로운 놀이까지 더해졌다.

불꽃 트램펄린(쓰레기통에서 발견한 것)은 사람이 올라가기 전까지는 어디서나 볼 수 있는 평범한 트램펄린이지만, 누군가 그 안으로 뛰어들면 밑에 달려 있던 EZ1 초음파 감지기가 작동되어 트램펄린 천과 땅 사이의 거리를 읽었다. 그러면 전자 밸브가 작동하면서 옆에 세워진, 끝에 불붙인 심지가 있는 철제 스탠드 꼭대기에서 적당한 양의 프로판 가스가 방출된다. 이 장치에 LCD 화면이 연결되어 있어서 트램펄린 높이를 기준으로 계산한 점프의 높이나 방출될 프로판 가스의 양 같은 정보를 제공했다. 우리 집에 모인 귀농인들은 누가 불꽃을 가장 길게 쏘아 올리는지 시합하면서 마당의 트램펄린 위에서 밤새 뛰어댔다.

　이 트램펄린은 뉴욕 시절 마이키가 브룩스 브라더스 정장을 사정없이 뜯어고쳐 발광 전선 줄무늬 바지로 탈바꿈시켰던 그것과 마찬가지로, 우리가

마이키의 불꽃 트램펄린 조절 장치에는 LCD 화면이 연결되어 있어 그 위에서 뛰는 사람의 움직임, 처음 트램펄린의 시작 높이와 그 위에서 뛰는 사람의 높이, 그 간격 따위를 보여준다. 또한 점프 높이를 숫자로 표시해 등수도 매겨준다.

버리고 온, 부의 축적에만 혈안이 된 세상에 대한 항의였다. 마이키는 이 트램 펄린을 "내가 만들려고 생각한 것 중에서 쓸모는 가장 없지만 가장 재미있는 것"이라고 설명했다. 월스트리트는 우리 시야에서 빠르게 사라져가고 있었다.

우리는 나중에 이 장치를 다시 손봐서 불꽃이 뿜어져 나오는 초인종으로 재탄생시키기로 했다. 그것이 더 실용적이리라고 판단했기 때문이다. 이 장치를 불꽃 초인종으로 다시 만들기 위해서는 LCD 화면만 낡은 감시 카메라로 갈면 되었다. 그러면 초인종을 누른 사람의 얼굴이 스냅숏으로 찍히면서 불꽃이 터져 나올 때 놀라는 모습이 포착되었다. 그리고 이 장치에서 사진이 찍히면 우리의 이메일로 전송되어 문 밖에 누가 있는지 볼 수 있게끔 했다. 괴짜 짓은 전혀 효율적이지도 논리적이지도 않은 경우가 많지만, 이 경우는 짓궂은 장난기에 실용성까지 겸비한 현실적인 응용이라는 것을 인정하지 않을 수 없을 것이다.

가내 공업

난 직업으로서 아무것도 팔고 싶지도, 사고 싶지도, 가공하고
싶지도 않아. 사거나 가공한 것을 파는 일을 하고 싶지도 않고,
팔거나 가공한 것을 사고 싶지도 않고, 팔거나 산 것을 가공하고 싶지도 않고,
팔거나 사거나 가공한 그 어떤 것이든 가공하거나 수선하고 싶지도 않아.
―로이드 도블러Lloyd Dobler, 영화 〈금지된 사랑Say Anything〉에서 존 쿠삭 분

마이키와 나는 작은 시골 마을에 사는 덕분에 기업 로고나 노골적인 상
행위와는 동떨어져 자치적인 구역에서 지낸다는 사실이 기뻤다. 하지만 이
삶은 또한 이런 생활 방식으로 살아도 여전히 필요한 변변찮은 수입조차 벌
어들일 방법을 묘연하게 만들었다. 우리는 마당 텃밭과 화단, 종이 콘크리트
돔 건물, 관개 시설, 그늘막, 태양광 전지판 등 이 시골집의 기반 시설 공사를
마치자 돈벌이 수단을 마련해 줄 기술 쪽으로 눈을 돌렸다. 우리는 '돈이 없
어도 살 수 있는 방법이 있을까?' 그리고 '파산하기 전에 그 방법을 발견할
수 있을까?'라는 물음을 계속 던지면서, 우리의 새로운 생활 방식을 포기하
지 않고도 돈을 벌어들일 수 있는 방법을 찾아보았다.

마을의 가게 주인들은 막대한 간접 비용과 각종 공과금을 내면서 손님이
나타나기만을 기다렸다. 우리가 보기에는 분명 이보다 더 좋은 방법이 있을
것 같았다. 귀농인으로서 우리는 필요한 부분을 스스로 채우는 데 시간을
쓴다. 치즈를 만들고 건물을 짓고 텃밭을 가꾸고 약을 손수 만든다. 이런 활
동은 생활비를 5분의 1 이하로 줄여준다. 거기에 우리는 이 자급자족의 생

활 방식을 보충해 줄 경제적 해결책을 찾고 있었다.

2010년, 우리는 우리가 쓰려고 만든 것들이 조금 남을 경우 다른 이들에게 팔아보자는 생각으로 웹에 기반을 둔 가내 공업 '홀리 스크랩 상점Holy Scrap Store'을 열었다. 헬렌 니어링과 스콧 니어링 부부가 자주 생각났다. 그들은 수입 일부를 메이플 시럽(단풍나무 수액―옮긴이)을 수확해 파는 것으로 충당했고, 그들이 메이플 슈거(단풍나무 사탕―옮긴이)를 만드는 수액은 그들 소유의 버몬트 농장에 있는 나무에서 받은 것이었다. 우리도 우리가 사는 곳에서 자생으로 나는 특산품만 취해서 그것으로 경제 활동을 삼았다.

우리가 사는 치후아후아 사막은 그 고도와 기후에서만 나는 희귀한 약초들이 풍성하기로 소문난 곳이다. 사막에서 이런 야생풀을 채집해 만든 것들이 생활에 보탬이 되자 우리는 자연과 새로운 관계를 맺게 되었고, 우리의 책임감을 새삼 자각하게 되었다. 우리는 풀이 무성한 곳에서만 채집했고, 필요한 양 이상으로는 절대로 따지 않았다. 또 어떤 식물이든 그 식물의 20퍼센트 이내로만 채집했고, 땅이 기운을 회복할 수 있도록 매해 따는 지역을 옮겼다.

가내 공업을 시작했다고 해서 우리의 생활 방식이 눈에 띄게 변한 것은 아니다. 우리는 그저 우리에게 필요한 것보다 조금 더 많이 만들어서 그것을 온라인 상점에 올릴 뿐이었다. 우리가 집에서 즐겨 마시는 차 가운데 이 지역 토종 풀에 우리 집 정원에서 딴 식물들을 섞어서 만드는 것이 있었는데 그것은 약용으로 올렸다. 우리 집 마당의 벌집에서 나오는 밀랍으로 립밤이나 연고를 만들게 되면 약간 많이 만들어서 그것도 상점에 올렸다. 온라인 상점을 운영하면서 내 기술들이 다양해지고, 대학 때 공부했지만 녹만 슬어가

211

던 그래픽 디자인 기술도 되살려낼 수 있어서 즐거웠다. 상품 이름표와 광고 자료, 온라인 상점 사이트를 손수 디자인하는 것이 여간 재미있지 않았다.

마이키가 전기 장치들을 고안하기로 결심한 것은 우리 집에서 열리는 어느 해 연례 귀농인 모임에서였다. 귀농인 중 하드웨어 개발자가 셋 있었는데, 그들이 부엌에서 몸을 잔뜩 움츠린 채로 어깨를 맞대고 모여 있었다. 리비가 템페 만드는 과정에서 도움이 될까 하고 파충류 동물을 타이머로 활용해 보려고 애쓰는 모습을 지켜보던 참이었다. 타이머 기능이 형편없다는 데 실망하고 온전한 장치가 있다면 이 과정에 크게 도움이 되겠다고 깨달은 마이키가 입을 열었다. "내가 이것보다는 잘할 수 있어." 그러고는 템페를 만들고 숙성시키는 과정에서 따르는 수많은 문제들을 해결하기 위해 온도 조절기를 구상하기 시작했다.

애초에 마이키의 속셈은 온도 조절기를 활용해 우리 집의 에너지 사용을 바꿔보려는 것이었다. 우리는 집에서 에너지를 가장 많이 잡아먹는 냉장고의 전력 소모를 줄이기 위해 냉장고 대신 중고 장터에서 50달러 주고 산 상자형 냉동고를 사용했다. 냉동고에 온도 조절기를 부착하고 온도를 고정하여 쓰는 냉장고로 개조한 것이다. 이 개조 냉장고 덕분에 예전 냉장고에 들어가던 전력이 무려 10분의 1로 줄어, 태양광 전지판에서 만들어지는 전력의 상당량이 남게 되었다.

냉장고 개조 후 우리는 마이키가 '온도 조절기 2탄'이라고 이름 붙인 장치를, 친구가 버리고 간 고장 난 소형 와인 냉장고에 장착해 템페 발효기를 만들었다. 와인 냉장고에 전구 소켓과 전구를 달아 열을 발생시키고 그 안에 '온도 조절기 2탄'을 부착해, 템페를 만들 때나 빵 반죽을 발효시킬 때, 요거트를 만들 때 등 때에 따라 필요한 온도를 정할 수 있도록 했다. 또 온도 조절기는 20달러짜리 평범한 전기 찜솥을 진공 저온 중탕기로도 변신시킬 수 있었다. 우리는 밀랍에서 꿀을 발라내거나, 육류나 질긴 야채를 약한 불에 천천히 익힐 때 이 기구를 쓴다.

어떤 기기에든 꽂기만 하면 뜨겁거나 차갑게 온도를 조절할 수 있는 마이키의 이 온도 조절기는 할로겐 레인지에 연결하면 온도를 정확하게 조절할 수 있어, 예를 들어 초콜릿을 만들 때와 같은 특별한 경우에 특정 온도를 유지할 수 있다. 우리는 온도 조절기 덕분에 시간을 벌었고, 노동량을 줄였으며, 저온 살균을 하지 않은 살아있는 음식, 효소가 활발하게 활동하는 음식을 늘 먹고 싶다는 목표를 이루게 되었다. 우리가 만드는 치즈와 꿀은 미생물이 살 수 있는 한계 온도 너머로는 절대로 가열하지 않기 때문에 날것 그대로의 높은 품질을 그대로 갖고 있다.

"우리가 만들어 쓰는 것을 조금 넉넉히 만들 뿐"이라는 우리 온라인 상점의 모토를 계속 유지하는 차원에서 우리는 이 온도 조절기 역시 홀리 스크랩 상점의 판매 목록에 추가했다. 마이키는 오픈 소스 윤리관을 표방하고 지식은 무료여야 하며 계속 공유해야 한다고 생각하기 때문에, 이 온도 조절기 회로판의 소스 코드와 제품 설계도 역시 온라인상에 올렸다. 그러고 나서 '온도 조절기 2탄'을 완제품 형태로는 물론, 이 기기를 손수 만들어보고 싶어 하는 사람들을 위해 조립품 형태로도 구입할 수 있게 했다. 이 온도 조절기가 팔리기 시작하자 마이키는 귀농해 살면서 부딪치는 다른 문제들 중 기술을 활용해 풀 수 있는 것이 또 있을까 찾아보기 시작했다.

HACKING APPLIANCES

'온도 조절기 2탄'으로
가전 제품 뜯어고치기

with

YATC

오픈 소스 운동은 우리를
모두 전자 기기의 세계로
초대한다. 이번에
마이키가 만든 '온도 조절기
2탄'만 있으면 어떤

기구로도 음식을 따뜻하게,
뜨겁게, 시원하게,
차갑게 만들 수 있다.

예를 들어......

캠핑용 아이스박스가
발효기로 변신. 김치와 템페,
요거트를 만들 수 있고
빵 반죽도 발효시킬 수 있다.

할로겐 레인지가 치즈와 사탕,
시럽, 당밀을 만들 수 있는
전기 찜솥으로 변신했다.

전기 찜솥이 진공 저온 중탕기로
변신하여, 진공 포장된 음식을
천천히 익힐 수도
있고 밀랍에서 꿀을
분리할 수도 있다.

소형 냉장고는
와인 냉장고나
치즈 냉장고로 변신.

상자형 냉동고는
냉장고로 변신.
(전력 소비량을
10분의 1로 줄여준다.)

냉장고에 넣을 필요가 없는 것들은 꺼내두자.

마이키는 윌리 웡카 대학교의 열두 살짜리 졸업생이라도 된 듯 신이 나서는, 흙의 습도 수치를 읽어 땅이 말랐을 때 마당의 관개 시설을 자동으로 가동시키는 기기를 만들기 시작했다. 가게에서 파는 값비싼 습도 조절 장치는 타이머로 작동되기 때문에 장마 때도 정원에 물을 주지만, 마이키가 발명한 장치는 사막의 귀한 물을 정말로 필요할 때만 공급한다.

마이키는 우리 차 '운'의 연료관 안에서 막힌 부분을 찾아내는 데 시간이 너무 많이 든다는 사실을 깨닫고 연료관의 여러 지점에서 열 수치를 측정하는 '기름 괴물'이라는 장치를 발명했다. 기름 괴물은 연료관에서 온도가 높거나 낮은 부분을 보여줌으로써 연료관의 막힌 부분을 알려주었다.

또 실내에서 씨앗의 싹을 틔우고 식물을 기르고 싶어지자 LED 기반 실내용 식물 생장 램프를 발명했다. 가시광선 스펙트럼을 식물들에게 가장 필요한 색깔로 줄여주는 원리였다. 마이키는 LED 조명을 인간의 눈과 식물에게는 감지되지 않는 속도로 진동시켰고, 그 결과 전력 소비량이 줄었다.

공공 전기 시설을 이용하지 않는 삶에서 건전지가 얼마나 중요한 역할을 하는지, 그리고 쓰레기 매립지에 버려진 건전지의 독성이 얼마나 심각한지 깨달은 마이키는 그 다음으로는 수명이 다한 건전지를 되살려내는 장치를 만들었다. 마이키가 '호주머니 전력Power in My Pocket(PIMP)'이라고 이름 붙인, 이 비누 받침만한 건전지 복원기는 버려져 쓰레기장으로 향하는 공짜 건전지를 되살려내는 장치이다. 건전지에 고주파 음을 쐬어주는 원리로, 고주파 음이 건전지 내부의 결정화를 깨뜨려서 건전지의 생명을 되살려낸다. 덕분에 새 건전지를 새로 구입하는 일이 줄어들며 독성 화학 물질도 그만큼 줄어들고 땅속의 광물도 더 많이 살아남게 된다.

집에서 가전 제품을 만들다 보니 외부 공급업체에서 파는 기성품 부품들을 사야 했다. 처음에 마이키는 집에서 회로판을 설계해서 그 설계도대로 물건을 제작해 달라고 공급업체에 의뢰했다. 완성된 물건을 담기 위해서는 노점에서 파는 기성품 포장 용기를 사용했다. 그러나 손수 하는 일이 더 많아지기를 바랐던 마이키는 결국 컴퓨터 수치 제어CNC 선반(323쪽 참조)을 구입했다. 마이키는 CNC 선반이 도착하자 며칠을 들여 기계를 조립했고(조립식 제품으로 샀기 때문에), 사용법을 익히고 숙달하기까지는 몇 달이 걸렸다. 기준값을 정확하게 맞추어야 했고, 새로운 소프트웨어 사용법을 숙지해야 했다. 마이키는 나중에 말하길, 생각해 보니 직업이 있었을 때는 이렇게 모든 것을 손수 익히며 배움을 쌓기가 힘들었고 자기 충족적 삶이라는 목표는 뒤로 미루어야만 했단다. 요새 우리는 회로판을 비롯해 마이키가 만드는 수많은 장치들의 부품과 포장도 집에서 직접 만든다.

우리의 가내 공업에 탄력이 붙어갈 즈음 우리 집 문 앞에 다시 그 친숙한 손님이 찾아왔다. 우리는 규모를 늘려보라는 제안을 들었다. 돈이 다시 우리 앞길에 모습을 드러냈고, 내가 잘 아는 그 유령들의 말이 귀에 들리는 듯했다. "자, 지금은 어때? 분명히 부대 수입이 꽤 될 거야." 그러나 나만의 맹세를 한 지 10년이라는 세월이 지나니 유혹이 찾아와도 담담했다.

인생에서 여러 번, 대개 내가 새로운 관심사를 키워가고 있을 때면 아버지에게 이런 질문을 받았다. "그렇게 해서 정말로 돈을 벌 수 있기는 한 거냐?" 나는 엄마에게 마이키와 나의 신조를 충분히 설명했지만, 엄마는 마이키가 새로운 장치를 발명할 때마다 여전히 "그거 특허 낼 거라니?"라고 묻는다. 마이키는 발명품 특허를 내지 않을 것이고, 우리는 규모를 키우지 않을 것이다.

어느 세대든 새로운 세대가 이전 세대가 가진 상처의 치료법을 찾는 건 사뭇 자연스러운 일이다. 내 부모님들은 대공황 시대에 태어났다.

"엄마! 우리는 충분해요." 내가 말하면 엄마는 마치 깜빡 잊고 있었다는 듯 알겠다고 웃으면서 고개를 끄덕인다.

사업 확장 제안을 받고 생각에 잠겨 있는 동안 마이키가 주택 건설업을 성공적으로 운영하면서 규모를 늘린 친구들과 안부를 주고받았다. 그 친구들은 돈은 엄청나게 벌었는데 시간이 없다고 하소연했다. 그들은 완전히 지쳐 있었다. 빚은 점점 불어나고, 지분은 더 커지며, 위험도는 늘어나고, 관리해야 할 사람들도 많아지고, 잠을 못 잘 이유도 나날이 늘어가며 스트레스가 쌓이고, 일하는 데 더 많은 시간을 써야 한다고 했다.

우리는 결정을 내리기 전에 확인해 볼 사항을 정리해 보기 위해 노트북 컴퓨터 화면에 빈 페이지 두 개를 띄우고 각각 목록을 써 내려갔다.(220~221쪽 참조)

우리는 가내 공업의 모든 측면을 우리가 직접 처리할 수 있고 이 1,200평 농가에서 관리할 수 있는 선까지만 규모를 키우기로 결정했다. 우리가 허용하는 유일한 외부 도움은 일종의 아동 노동뿐일 것이다. 이것은 마이키가 친구들의 자녀들에게 전기와 전자 기기 작업하는 법을 가르쳐주는 수업을 가리킨다. 어떤 때는 수업이 끝나고 나면 그럴싸한 장치들이 뚝딱 만들어져 있기도 했다.

우리는 특허를 내거나, 아웃소싱이나 홍보, 유통의 경로를 찾거나, 더 많은 사람들을 일하게 만들고, 더 많은 서류가 오가게 하고, 보험에 가입하고 변호사를 고용해야 하며, 일몰을 놓치고 잠을 줄이게 만드는 일체의 행위에 가담하지 않기로 결정했다. 우리는 돈 대신 시간을 택했다. 우리 집 가내 공업의 몸집을 키울 수 있는 상한선을 제한했기 때문에 나는 여전히 요가 수업을 열 수 있었고, 우리 집 터 앞에 이정표처럼 세우려고 구상해 둔 거대한 철제 꽃을 만들 수 있었으며, 우리가 지금껏 애써 일궈놓은 삶을 계속 이어갈 수 있었다.

우리는 계속 치즈를 만들었고, 이런저런 것들을 지었으며, 참깨를 데리고

애쉬는 마이키와 함께 작업하면서 앞으로 엔지니어가 되고 싶다는 포부를 밝혔다.
마이키 말로 애쉬는 외과 의사처럼 섬세한 손을 가졌다고 한다.

규모를 키우면 늘어날 것들

돈

시간 부족: 낮은 품질의 기성품 구입이 늘어남

스트레스: 마감 기한, 서류 작업, 사업 활동

변호사나 회계사 등의 전문가가 필요함

단조로움: 삶의 폭이 좁아짐. 다양한 삶의 체험이 줄어듦. 특정한 것에 집중해야 함. 한 가지 일에 불균형하게 많은 시간을 써야 함

생존의 태도 필요: 개인적 이득을 최대화하기 위해 팔고, 거래하고, 경쟁하고, 협상하고, 전략을 짜야 함. "제 살길을 알아서 찾아야 한다"는 경쟁적인 정신으로 살아야 함

즐겁지 않게 시간을 씀: 불필요한 형식, 법적 책무, 규정들의 관리. 자연에서 보내는 시간이 줄어들고 실내에서 전화 통화하고 컴퓨터 쓰는 시간이 늘어남

지식 축적이 늘어남. 독립적인 생활은 줄어듦.

다른 이들을 관리하고 고용해야 함. 인위적인 관계

사업 위험도가 우리의 통제 밖에 있는 힘에 묶여 있음. 잃어버릴까 걱정하고 위험을 감수해야 함

성장을 자발적으로 제한하면 늘어날 것들

풍요

신선하고 건강한 먹을거리를 기르고 요리할 수 있음: 품질 높은 수제 음식을 만들어 먹을 수 있음

느린 속도: 서류 작업과 인위적인 시스템 관리 작업에 적정한 시간을 씀

단순함: 삶의 모든 면을 잘 알고 있으며 손수 관리함

다양한 관심사와 기술을 유지할 수 있음: 계속 성장할 수 있음

이윤이라는 제한 없이 넉넉하게 나누는 생활 방식. 사업을 유지하는 쪽이 아니라 삶을 지키는 쪽을 기준으로 결정을 내릴 수 있음. 관계가 자연스럽고 어떻게든 서로 더 얻으려고 애쓰지 않음

삶을 즐기고 여행 다니고 노는 데 시간을 더 많이 씀. 자연과 실외에서 시간을 더 많이 보냄

삶에 관해 자연적인 지식이 늘어남. 식물과 지구, 사람에 관한 지식, 상식. 독립성

경제 구조에 기반을 둔 인위적 관계보다는 공동체와 우정에 더 참여하게 됨. 누군가의 고용주나 상사가 될 필요 없음

걱정하고 위험을 걸 것이 적음. 삶이 시장의 요동에 영향받지 않음

리오그란데 강변으로 느긋한 산책을 나갔다. 마이키는 앞으로도 얼마든지 자유롭게 새로운 기술을 개발할 수 있을 것이고, 그저 좋아서 이것저것을 만들어볼 것이며, 기술적으로 문제가 생긴 친구들을 도와주고 같이 해결책도 찾아보면서 그렇게 언제나 더 좋은 삶을 만들 수 있을 것이다. 우리는 먹을 것을 기르고 숙성시키고 요리하고 또 그 음식을 먹는 감각적인 삶을 지키기로 선택했다. 뜨거운 온천물에 몸을 푹 담그고 정원에 세운 철제 침대에 누워 공상하며 하늘을 나는 새들을 세어보는 쪽을.

마이키와 나는 우리의 가내 공업 상점이 실패하거나 문을 닫는다면, 세상의 뭔가가 바뀌어 이 사업을 더 이상 계속할 수 없게 된다면, 기꺼이 다른 일을 찾아 나서기로 했다.

지혜

우유의 본질은 버터, 꽃의 본질은 꿀, 포도의 본질은 와인,
삶의 본질은 지혜다. 지혜는 반드시 어떤 이름이나 형식을 아는 것은 아니다.
지혜는 우리가 안과 밖에서 얻는 지식의 총합이다.

―하즈라트 이나야트 칸

나는 이 책을 쓰면서 내가 나누려고 하는 지식이 문화적 환경을 통해 내게 전수된 것이 아니라는 사실을 여러 번 실감했다. 마이키와 내가 풀어보려고 했던 문제들은 대개가 이미 우리 인류만큼이나 오래된 것이었는데도 말이다. 나만의 서약을 지키기 위해 내가 모아들인 지식들은 인터넷에서, 주류 문화 바깥에서 살며 내가 어렵사리 찾아낸 사람들에게서, 구하기 어려웠던 절판된 책들에서, 시행착오를 통해서, 명상 수련을 통해서 그러모은 것들이었다. 나는 왜 내가 받은 정규 교육이 살아가는 데 필요한 근본적인 지식을 전해주지 못했는지 의아했다.

정규 교육을 받으면서 내가 뭔가 빠졌다고 느꼈던 것은 바로 나와 인류 사이의 연결성, 나와 생명 사이의 관계, 그리고 그 안에서 어떻게 살아야 하는가 하는 것 같은 본질적인 지식이었다. 장구한 시간을 지나며 축적되는 이런 종류의 지식은 지난 100년간 급격하게 줄어든 것 같다. 나는 꼭 이 세상의 돌연변이가 된 기분이었다. 롱아일랜드 교외에서 자란 어린 시절, 그리고 성인이 되고 나서 도시에서 지낸 삶은 내가 갈망하는 지식을 얻는 데 별로 도움이 되지 않았다. 정규 교육을 통틀어 내가 배운 것이라고는 문명 사회

223

가 돌아가는 방식이었을 뿐, 누구도 내게 이 지구 위에서 어떻게 살아야 하는지를 가르쳐주지 않았다.

더글러스 러시코프Douglas Rushkoff는 《생명주식회사Life Inc.》라는 책에서 "알맞은 모유 수유의 기술은 원래 어머니에게서 딸에게로 전해 내려왔지만, 지금은 수유 전문가라는 시장이 있다. 그 결과 가장 친밀한 인간의 역할이 상품화되었다"고 지적한다. 사람들은 적어도 지난 50년 동안 언론과 브랜드, 상업에 대해 배웠다. 그것들이 작동하는 원리가 아니라 그것들을 활용하는 방법을 배웠다. 사람들은 시스템 안의 시스템에 대해 배웠다. 쿠폰, 보증서, 환불 정책, 신용카드, 그 밖에 경제라는 것에 관련된 것들이었다. 우리는 전 세계가 판매대에 올라 철저하게 상품화되고 자연이 심각한 위협에 직면한 것을 목도한 첫 세대로서, 이전 세대가 의지해 온 지식으로는 새 세대가 당면한 문제들을 풀 수 없다는 사실을 깨달아가고 있다.

지금껏 내가 본 인류는 늘 불안에 떨며 두려워하는 모습이었다. 이런 상황이 우리가 살고 있는 이 시대에 관해 무엇을 말해주는가 자문해 본다. 약 반 세기 전 저널리스트 에드워드 R. 머로Edward R. Murrow는 이렇게 썼다.

> 우리가 지금껏 배운 것에 대한 의심, 앞으로도 변하지 않고 지속될 것이라고 당연시하며 오래도록 향유해 온 많은 것들의 유효성에 대해 공포에 가까운 의심이 스며들고 있다. 흑과 백을, 선과 악을, 옳음과 그름을 구분하기가 전에 없이 더 어려워지고 있다.

사람들은 자신들이 '진짜' 세계를 알지 못하고 있음을 깨닫고 두려워하는 것일까? 축적된 지식은 얕고, 상업의 풍경은 반드시 논리적이지도 신뢰할 만하지도 않으며 합리적이거나 공정하지도 않다. 토대 자체가 불안정한 것이다.

우리는 자신이 안전하다는 것을 알 때 차분해지고 행복해한다. 본능적으로 자신이 스스로를 돌볼 수 있는지를 확인하고 싶어 하는 것이다. 그리고 내가 보는 의심과 두려움은 우리가 가진 지식이 옳은 종류의 것이 아니라는 사실을 말해준다. 그런 지식으로는 충분하지 않은 것이다. 많은 이들이 스스로를 신뢰하지 못한다.

나는 상품화된 세상에 익숙하게 자란 세대 상당수가 어떻게 살아야 하는가에 대하여 출처도 불분명한 '사람들'의 말에 의존하고 있다는 걸 알게 되었다. "사람들이 그러는데, 사실은 은행이 건강에 좋지 않고, 그 대신 비타민 B_{12}가 그렇게 필수적이라더라." "사람들이 그러는데, 선크림을 바르지 말고 하루에 20분은 햇볕을 쐬어야 한다더라." 나는 뱀 기름 장수가 엉터리 약병을 허공에서 흔들며 "서두르십쇼, 서두르세요!"라고 외치는 소리를 듣는다. 이런 분위기 속에서 사람들은 이 신기루 같은 '그들'의 동기를 넘겨짚으며 어쨌든 자신의 최고 이익이 충족되기만을 희망한다. 자본에 근거한 사회에서는 동기를 잘 이해해야 한다. 우리 문화에 진정한 지혜의 원천이 없을 때 사람들은 도리 없이 두려워할 수밖에 없다. 지혜가 없다면 우리는 고립무원 버려진 존재에 다름 아니다.

인간이 자연 세계의 일부인 만큼, 문명이 만들어온 지식은 우리의 것이 아니다. 문명의 지식은 직관적으로 알 수 없다. 하지만 본질적으로는 우리가 곧 이 세계이기 때문에 세계는 우리가 직관적으로 이해할 수 있게끔 되어 있

다. 자기 자신을 알 수 없다니, 그것처럼 어리석은 말이 있을까? 그것은 마치 자신이 배고프다는 사실을 알아차리지 못해 굶어죽는 것과 같다. 자연은 이런 식으로 작용하지 않는다. 자연은 이치에 맞으며, 완벽하게 상식적이다. 아니 자연이 바로 상식이다. 자연의 법칙은 신뢰할 수 있다.

이 세상이 직관적으로 알 수 없고 이해하기 어려워지자 우리는 다양한 통역사들을 만들어냈다. 변호사, 회계사 등 문명의 복잡한 코드를 해석해 줄 고도로 전문화된 사람들이 그들이다. 문명은 사람들에게 자연적으로 파악되지 않기 때문에, 이제 삶의 매 단계에는 짊어지고 다녀야 할 짐들이 생긴다. 직관적으로 연결되거나 판독할 자연 체계가 없을 때 우리의 신경 체계는 분통을 터뜨린다. 그렇게 신경증과 두려움, 질병의 시대가 찾아온다.

나는 지식은 머리만으론 얻을 수 없다는 것을 알게 되었다. 지식은 가슴을 통해서 얻는 것이며, 또 지혜의 원천인 생명에 다시 연결됨으로써 얻을 수 있는 것이다. 물건을 만드는 '메이커'들은 세상을 이해하고 바꿀 수 있는 위치에 있는 사람들이다. 물건을 사는 사람들은 자기들이 원하는 것을 어디서 살 수 있는지, 그것을 살 돈을 어디서 벌 수 있는지, 그것만 알면 된다. 그렇게 지식이 축적된다. 하지만 물건을 만드는 사람들은 그 물건이 무엇으로 만들어지는지, 어떤 방식으로 작동하는지, 어디서부터 오는 것이며 실제 값어치는 얼마인지, 또 어떻게 고칠 수 있는지를 안다. 메이커들은 그들이 만드는 모든 것이 세상으로부터 오기 때문에 그 세계에 연결되어 있다. 나는 탈상품화된 삶을 추구하면서, 모든 생명이 판매대 위에 올라 있는 시대에 물건을 만들어 쓰는 메이커가 된다는 것이야말로 혁명적인 행위라는 것을 믿게 되었다.

제임스 패디먼James Fadiman은 "무엇이 되었든 더 잘 알고 싶은 것이 있다면 그것을 사랑해야만 한다"고 했다. 내가 얻은 모든 지식은 사랑에서, 내가 알고 싶은 것들과 연결되고 싶다는 바람에서 출발했다. 나는 알고 싶다는 마음으로, 그러니까 창조성과 관심, 호기심으로 문제에 접근했고 그 답례로 통찰을 얻었다.

패디먼의 말은 정반대도 똑같이 참이다. 우리는 우리가 알지 못하는 것을 진실로 사랑할 수 없다. 나는 날마다 편리하게 상호商號를 소비하며 스스로를 주변과 분리시키는 현대인의 모습을 본다. 그것은 우리가 연결되어 있지 않다는 표시로 읽힌다. 삶에 연결되어 있다는 것은 사람과 연결되어 있다는 것을 포함한다. 바로 그래서 무엇을 배우든 그때그때 다른 이들과 나눠야 하는 것이다. 그래야 '우리' 모두가 살아남을 수 있고 즐겁게 살 수 있기 때문이다.

알고 싶다는 호기심으로 세상에 연결될 때 그것은 의사소통이 되고 교감과 공감이 된다. 사람과 세상의 물건들을 이어주는 이 마법의 다리는 물질적이면서 감정적인 것이다. 세상에 연결되자 나는 내가 세상에 책임이 있다고 느꼈다. 그때 나는 진정 가치 있는 것이 무엇인지를 잠깐이나마 일별했다. "그 책임감이 바로 진정 가치 있는 것이다."

여러 가지 서약을 하고 10년의 시간을 보내면서 나는 물건에 대해 깊이 생각해 보게 되었다. 나는 우리가 왜 곧 있으면 쓰레기통으로 던져버릴 것을 손에 넣으려고 그렇게 열심히 일했는지 자문해 보았다. 그리고 우리가 만들어낸 것들에 수치심이 각인되어 있음을 깨달았다. 저임금 노동, 공해, 삶의 질 저하, 우리의 인생. 나는 오늘날 제작되는 물건들이 '진정한 가치의 부재'를 정확하게 보여주고 있다는 사실을 깨달았다. 그래서 나만은 값어치 있는 것을 만들기로 결심했다. 나는 내게 이미 있는 것을 또 사는 짓을 멈추었고, 자연이 기계로 변형되어 상품으로 만들어진 물건, 내 삶을 희생해서 지불해야 하는 물건을 일체 구입하지 않기로 했다. 그 대신 버려진 것과 자연이 주는 재료들로 필요한 것을 내가 직접 만들었다. 왜냐하면 나는 가치 있는 것은 물건 자체가 아니라, 그 물건을 있게 한 생명이며 그 과정에서 생명이 존중되는 것임을 배웠기 때문이다. 그러고 나서 세상에 다시 연결되는 것이 얼마나 소중한지를 새삼 깨닫고 내가 만든 것을 세상에 내놓았다. 산도 움직일 커다란 힘은 오직 선물에만 있기 때문에, 나는 스왑 오 라마 라마를 비롯해 내가 만든 최고의 것들을 선물로 만들었다. 더 이상 '타인'은 없었다. 세상의 갖가지 모습을 한 모든 생명이 곧 내 생명이요 내가 지켜주고 싶은 생명이 되었다.

나는 늘 지혜란 오래되고 음미된 것이며 경험되고 검증되고 증명된, 낡은 것이라고만 생각했다. 그리고 지혜는 주로 사람들 속에 남아 있는 것이기 때문에 사라질 수 없는 것이라고 생각했다. 하지만 지혜도 상실될 수 있다. 우리가 삶에 참여하기를 멈출 때 지혜는 사라진다. 우리 문화가 상품화되면서 바로 이런 현상이 일어났다. 우리는 현존(살아있는 것)을 재현(생명 없는 모방품)과 맞바꾸었다.

살아있는 지식은 적응하고 부활하고 언제나 새로우며, 각 세대의 창조성에 의해, 메이커들에 의해 갱신된다. 토착 문화는 이 사실을 잘 안다. 그들은 지혜를 개인에서 개인으로, 한 세대에서 다음 세대로 전수한다. 각 세대는 수

많은 얼굴들에 의해, 장구한 세월을 통해 공들여 만들어진 지혜를 자신들의 고유한 삶에 맞추어 응용한다. 그들은 지혜를 살아있는 것으로 만들고, 새로운 시대에 맞춰 개정하며, 다음에 오는 세대가 받아들일 수 있도록 새로운 언어로 번역한다. 나는 이것이 바로 지식이 끊어지지 않고 살아남는 본보기라고 생각한다. 그렇지 않으면 각 시대의 문제들에 더 이상 적용되지 못하고 결국 소멸될 것이기 때문이다.

한두 세대라도 자신들에게 전수된 지식을 활용하지 않기로 선택하면, 불과 몇 세기만 지나도 사람들은 그 지식을 도무지 기억해 내지 못하거나 더 이상 활용할 수 없어서 머리를 긁적인다. 그러면 "지혜가 상실되었다"면서 깊이 좌절한다. 오늘날 사람들의 모습이 이렇다.

때로 나는 미래 세대가 한데 모여 우리 문화와 이 시대에 대해 회상하는 모습을 상상해 본다. 우리는 막대한 연료와 에너지를 100년이라는 짧은 시간에 다 써버린 세대로 기억될 것이다. 나는 미래 세대가 고고학 유물을 발굴하며 발견한 우리의 싸구려 장신구, 가령 헬로 키티 열쇠고리 같은 것을 손에 쥐고 있는 모습을 상상한다. 그들은 서로를 바라보며 말할 것이다. "이건 옛날 사람들 껌이었나 보군."

통화 제도가 붕괴하고 삶이 소용돌이 속에서 급변하는 것을 지켜보면서도 나는 두렵지 않았다. 죽어가는 것은 결코 생명을 담을 수 없다는 것을 알고 있었기 때문이다. "생명은 산다."(Life lives.) 수피들은 그렇게 말한다. 우리가 바로 생명이다. 각 세대의 사람들, 벌, 미생물, 풀잎은 산다. 수피들은 또 죽음만이 죽는다고 말한다. 나는 현재 죽어가고 있는 우리의 경제 체제에는 생명이 조금도 담겨 있지 않다는 것을 잘 안다.

나는 로즈마리 덤불을 가지치기 해주다가 그 향기에 취해서 난생처음으로 화환을 만들었다. '화환'이라는 낱말도, 화환 만드는 법 같은 것도 필요하지 않았다. 향기에 취해 행복해하니 저절로 손이 움직였다.

이제 포기했다며 진정한 지식을 찾아 밖으로 나오자 나는 그것을 내 안에서도 밖에서도 찾을 수 있었다. 내게는 그동안 세상으로부터 모아들인 토막 지혜들이 있었고, 더 이상 유효하지 않다고 외면당했음에도 미세하게나마 이어져 내려온 그 지혜들에, 생명과 자연에 연결되자 직관적으로 파악되는 지혜가 결합되었다.

이제 나는 본질적 지식에는 전달자, 대학교, 자격증, 허가서 따위가 필요 없다는 것을 안다. 그것은 매순간 우리 모두에게 열려 있고, 공짜로 주어진다. 우리에게 남은 최고의 지혜는 우리 역시 그 일부인 가장 진실한 책, 바로 자연이라는 가장 진실한 책이다.

그 책을 읽으려면 우리의 주파수를 그것에 맞추기만 하면 된다. 이것은 살아있는 모든 것에 주어진 태생적 기술이다. 우리가 자연의 일부라는 사실, 그리고 살아있는 모든 것이 그러하다는 사실은 우리가 어찌할 수 없는 근본 진실이다. 감각과 상상력을 통해 자연에 연결될 때 그 어떤 것도 더 이상 비밀로 숨겨져 있지 않다. 자연은 비밀이 없다. 오직 선물을 줄 뿐이다.

예전에는 우리도 자연에 연결되는 법을 알고 있었고, 그 흔적이 지금 우리의 언어에 남아 있다. '종교religion'라는 낱말은 '다시 연결되다reconnect'라는 뜻의 라틴어 어근을 가지고 있다. '우주universe'라는 낱말의 어근은 '하나를 향하여toward one'라는 뜻이며, '열반nirvana'이라는 말은 '차이 없음'이라는 뜻이다. 아프리카 말 '우분투ubuntu'는 레이마 그보위의 번역에 따르면 "내가 지금 나인 것은 우리 모두가 있기 때문"이라는 뜻이라고 한다. 데스몬드 투투 대주교는 이 낱말을 "나 혼자만으로는 사람이 될 수 없다"는 뜻이라고 해석했다.

자연에 다시 연결되어서 내가 받는 보상은 자유롭다는 느낌과 불멸의 무엇인가에 관계되어 있다는 느낌이다. 그것은 바로 생명이다. 웬디라는 이름의 한 개체 혹은 한 생명체의 삶이 아니라 생명 자체다.

문명 속에 살며 전문화되기를 요구받던 시절, 누군가 내게 "무슨 일을 하세요?"라고 물으면 나는 "마케팅 일을 합니다"라고 대답했다. 요새는 다르게 대답한다. 나는 질문한 사람이 받아들일 수 있겠다 싶은 대답을 한다. 때에 따라 "전 요가를 가르쳐요" "행사를 주최하고 있어요" "개념 예술가conceptual artist예요" "환경 건축가예요"라고 대답한다. 나는 진짜 대답이 이해받는 날이 오기를 소망한다. "저는 해야 될 일을 하는 사람이에요"라는 대답 말이다. 우리 모두가 할 일이 바로 그것이다. 버크민스터 풀러Buckminster Fuller는 이 사실을 잘 알고 있었다.

> "할 일들이란 이런 것이다. 해야 할 필요가 있는 일, 당신이 보기에 누군가 해야겠다 싶은 일, 그 일을 해야겠다고 생각하는 사람이 아무도 없는 일. 그 다음 당신은 그 일을 어떻게 할 것인지 당신만의 방식으로 구상할 것이다. 그 누구도 무엇을 하라고 또 어떻게 하라고 말해주지 않는다. 그렇게 할 때, 타인에게 유도되거나 강요된 피상적인 행동들이 쌓여 형성된 성격의 내면에 묻혀 있던 진짜 당신의 모습이 드러날 것이다."

내가 대륙 횡단 여행을 할 때 토팡가 캐니언에서 산 조그마한 플라스틱 트롤 인형은 지금 내 침실 서랍 위에 놓여 있다. 트롤 인형을 보면 그간 내가 어떤 길을 거쳐서 여기에 도달했는지, 그 사이에 일어난 그 모든 일들이 고스란히 되살아난다. 나 스스로 안전하게 느끼지 못했던 시절도 떠오른다. 지금 나는 내가 어떻게 직관력을 얻게 되었는지를 생생히 기억하고 있기 때문에 직관이 신뢰할 만한 것임을 잘 안다. 철학자의 돌은 가치 있는 것이 묻혀 있을 법한 유일한 안전 지대, 즉 진실한 사람들의 가슴속에 있다. 살아 숨 쉬는 심장을 얻는 마법의 열쇠는 자연 속에서 언제든 찾을 수 있다. 나는 또한 무엇이든 진실한 것을 발견하려면 그것을 만나러 우리 쪽에서 먼저 한 발 내딛어야 한다는 것도 배웠다. 패디먼의 말처럼 뭔가 알고 싶다면 그것을 사랑해야만 한다.

자연은 복제품을 만들지 않는다. 살아있는 모든 것이 자연의 코드 DNA를 가지고 있기는 하지만, 그것은 또한 제각각 다르다. 완전히 똑같은 것은 아무것도 없다. 모든 것은 제 몫의 상식을 담고 있다. 당신 역시 이 세상에 어느 누구도 줄 수 없고 오직 당신만이 줄 수 있는 몫을 가지고 있다. 당신의 참여 없이 삶은 불완전하다. 뭔가가 빠져 있게 된다.

우리는 놀자고, 이 세상의 생명을 사랑하자고, 생명이 하는 말을 온 마음을 기울여 듣자고 모두를 초대한다. 우리는 삶을 책으로 읽지도 않고, 책상 앞에서 생각만 하지도 않는다. 이런 것은 만들어진 지식이 주는 기술들이다. 연장이 버려져 있고, 지식이 세대가 아니라 개인 사이에서만 전해지며, 지혜가 책 속에만 담겨 있을 때, 앎은 비록 우리를 이끌어주려고 있는 것이라 할지라도 우리를 답에서 더욱 먼 곳으로 데려갈 뿐이다.

삶은 사는 것이다. 감각적 체험이야말로 나머지 생명들과 우리가 공유하는 언어이다. 이 세상의 생명을 만나러 우리 쪽에서 먼저 한 발 내딛을 때 우리는 지혜를 되살릴 수 있고 상식을 소생시킬 수 있다. 우리 세대는 다음에 올 세대에 무엇인가를 전해줄 수 있다. 다음에 오는 이들에게 우리가 창조자들이라고 말해줄 수 있다. 내가 한 서약과 그 서약을 지키기 위해 했던 모든 행동들 덕분에 나는 내가 살고 있는 이 시대의 임무를 보게 되었다. 우리는 이 세상의 영혼을 되살리기 위해 여기 와 있다. 그리고 그렇게 하기 위해 필요한 연장은 이미 우리에게 모두 깃춰져 있다.

PART 3

LIFE LAB

인생 실험실

미친 기술

온 세상이 판매에만 열을 올릴 때
메이커들은 조용히 이 시대를 바꾸고 있다.
—홀리 스크랩 신경信經

탈소비주의의 삶을 살려면 마이키와 내가 '미친 기술mad skills'이라 이름 붙인 기술들이 필요하다. 탈상품화된 삶을 살려고 할 때 반드시 미친 기술이 있어야 하는 것은 아니지만, 이 삶을 성공적으로 영위하고 싶다면 꼭 익혀둘 필요가 있다. 일단 미친 기술을 습득하면 가게에 없는 것들을 얼마든지 만들 수 있고 가질 수 있다. 돈으로는 살 수 없는 것들이다. 미친 기술이 있으면 웬만한 것은 다른 이의 도움을 빌리지 않고 고칠 수도 있다. 미친 기술을 습득하는 최고의 방법은 뭔가를 만들어보고 깨뜨려보고 분해해 보는 것이다. 바로 실험이다. 놀면서 이 세상을 발견하는 것이다.

작업을 시작한다

때로는 좀 겁이 날 수도 있다. 그럴 때면 크리스 해켓Chris Hackett의 말을 떠올리자. "두려움은 결코 지루하지 않다."

어떻게 할지 몰라도 일단 시작해 보자. 완벽이란 망상이다. 완벽을 목표로 삼지 말자. 일이 틀어지면 나중에 사람을 불러 고치면 된다.

보유하고 싶은 기술이 생겼다면 일단 인터넷에서 관련 정보를 찾아본다.

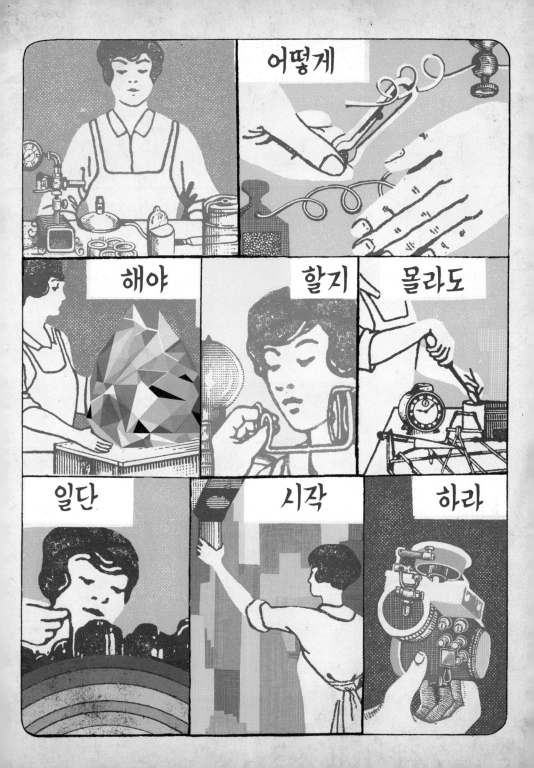

그 기술을 어떻게 활용하는지 보여주는 교재를 찾을 수도 있다. 각종 물건의 제작 과정을 공유하는 사이트 및 업체인 인스트럭터블즈Instructables, 해커데이Hack a Day, 아다프루트Adafruit, 플리커, 유튜브, 그 밖에 《메이크》나 《크래프트》 잡지 같은 기술 지향적인 매체들이 물건을 만들고 고치는 법을 단계별로 가르쳐주는 훌륭한 자료실이다. 혹은 기술을 가진 이들을 초대해서 일대일로 가르쳐달라고 부탁하라. 그들에게 점심을 한 끼 대접하든지 적절한 선물을 주어라. 당신이 모아놓은 폐품 보물창고를 마음껏 구경하라고 초대할 수도 있다. 손재주꾼들은 폐품을 사랑하게 마련이다. 당신의 폐품 보물창고에서 적절한 것을 선물한다면 '메이커'들의 세계에서 그만큼 훌륭한 에티켓도 없을 것이다.

수리와 해체 작업은 그 물건을 처음부터 만드는 것하고는 다르다. 수리와 해체는 가령 전자 기기나 고장 난 자동차 같은 물건을 분해하고 물건의 몸체나 껍질을 떼어내어 내부를 들여다볼 수 있기만 하면 된다. 반면 처음부터 뭔가를 만드는 작업은 무엇을 어떻게 할 계획인지, 대강 어느 정도 크기를 예상하는지, 필요한 연장과 재료는 어떤 것이 있는지 등 초안을 짜는 게 훨씬 도움이 된다.

어떤 작업이든 시작할 때는 좌절감을 느낄 수 있다. 경험과 체계, 절차와 연장이 없다면 시작부터 번잡스러울 수 있고, 필요하리라고 생각지도 못했던 것을 구하러 가게로(혹은 당신의 폐품더미로) 몇 번이고 달려가야 할 것이다. 특히 배관 관련 작업을 할 때 그렇다. 배관 작업은 배관용품을 파는 가게들이 문을 열었는지 확인한 다음 시작하는 것이 좋다.

작업을 시작할 때는 으레 일을 그르치겠거니 생각하라. 경험이 쌓여가면

이 갈색 종이 콘크리트 모르타르
만들기는 실패로 돌아갔다.
벽에 바른 지 몇 주가 지나자
모두 벗겨졌기 때문이다.
우리는 다른 이들이 우리의
실수로부터 배울 수 있도록
이 과정을 블로그에 올렸다.

서 정교해지고 체계가 생길 것이니 너무 낙심하지 말자. 책은 아무리 산더미
같이 쌓여 있어도 한 번의 몸소 경험만 못하다. 앎은 경험으로부터 오며, 지
식은 경험할 때 기하급수적으로 늘어난다는 사실을 명심하자.

작업을 시작할 때 다른 이들을 위해 과정을 기록해 두는 것을 잊지 말자.
작업 시작 전 사진을 찍고 작업을 단계별로 기록해 두면 경험을 공유할 수
있다. 실패한 시도도 다른 이와 나누면 값진 자료가 된다. 다른 사람들이 똑
같은 실수를 하지 않도록 막아주기 때문이다. 사진 기록과 세부 과정 메모는
작업하는 당사자에게도 유익하다. 특히 분해하기는 쉬운데 재조립하기는 어
려운 것을 수리하고 있다면 더욱 그러할 것이다.

미친 기술을 한 가지 익혔다면 그 새로운 지식을 어떻게 공유할지 생각해 보라. 친구들을 초대해 직접 기술을 보여줄 수도 있다. 마이키와 나는 정규적으로 파티를 열어 19리터 들이 와인 담그기, 곰부차 만들기, 템페 발효시키기, 팅크 만들기, 바이오 연료 만들기, 190리터 들이 쇠 드럼통을 조각해 모닥불 통으로 만들기 같은 기술을 시연한다. 사람들은 기술 나눔 잔치를 무척 좋아하며, 특히 먹을 것에 관련된 파티는 더 인기가 좋다.

행위 자체를 위해서 한다

소비자일 때 우리는 구매하는 입장에 친숙하다. 새 학기가 시작되고 챙겨온 새하얀 공책을 펼치면 글씨를 완벽하게 써보고 싶은 마음이 솟구치던 것을 기억하는가? 하지만 몇 줄 갈겨쓰고 난 다음이면 그 생각은 언제 그랬냐 싶게 사라져버린다. 새로운 취미를 시작할 때 영감에 가득 찬 마음은 또 어땠는가? 그러나 많은 취미들이 재료만 잔뜩 구입한 채 얼마 못 가고 끝나버렸을 것이다. 소비자 태도에서 벗어나려면 사들이는 습관을 깨고 뭔가를 만드는 데 주의를 돌려야 한다. "행위 자체를 위해서 한다"는 문장을 만트라 삼아 반복하기를.

평소에 사서 쓰던 것부터 직접 만들어본다

작은 것부터, 그리고 평소에 사서 쓰던 것 중 스스로 만들 수 있을 것 같은 것부터 시작한다. 전에 사서 쓰던 것을 만들어 쓸 때 절약되는 부분을 적어보고, 이런 목록이 늘어감에 따라 얼마나 많이 절약하게 되는지를 빠짐없이 기록한다. 이 목록을 보면 어떤 작업을 먼저 해야 할지 쉽게 정할 수 있다. 다음 페이지에서는 아직도 늘어가는 마이키와 나의 '절약 목록'을 확인할 수 있다. 올해에는 액상 비누와 샴푸를 만들어 쓰는 법을 배워보고 싶다.

폐품을 활용하라

우리는 전에 없는 과잉의 시대에 살고 있다. 그리고 전에 없는 환경 위기의 한복판에 있기도 하다. 모든 새로운 자원은 생명을 대가로 얻어지는 것이므로, 우리는 우리의 소비로 인해 새로이 원료가 소모되게 하기보다는 폐품을 재활용함으로써 훌륭한 에티켓의 선례를 보여주어야 한다.

폐품 재활용은 공손한 행위이다. 폐품은 헐값이나 공짜로 구할 수 있는 재료이므로 우리는 얼마든지 실패의 위험을 감수할 수 있으며, 이는 배우고 기술을 쌓는 데 더 없이 훌륭한 기회이다. 말 그대로 잃을 것이 없다. 폐품 재활용은 죄책감도 말끔히 날려준다. 폐품을 재활용하면 이미 생명을 잃은 원재료의 생명을 연장시키는 셈이 된다. 새로운 물건 하나가 구입될 때 소모되는 실제 가치가 얼마인지—부당한 노동 관행, 공해, 제작 및 운송 과정에서 소비되는 화석 연료—는 측정하기 어렵지만, 뭔가를 조금 더 사용하는 것이 이 행성의 삶에 더 좋다는 것은 더없이 자명하다.

공중위생과에 문의하여 어떤 재료들을 재활용할 수 있는지 알아보라. 재활용센터는 재활용 제품들을 모아두기는 하지만 실제로 재활용하지 않는 경우가 많다. 이런 물건들을 얼마든지 공짜로 얻어올 수 있다. 시골이나 작은 마을에 사는 것이 처음이라면 활용 가능한 물건들이 드나드는 곳을 아는 지역 주민을 사귀어두자. 큰 도움이 될 것이다.

더 이상 사서 쓰지 않는 것들

큰 물건

- 연료(태양광 전지판으로 충전한 전기차 두 대, 집에서 만든 바이오 연료로 가는 바이오 디젤차 두 대)
- 전력(태양광 전지판 2킬로와트 시스템)
- 목욕용 온수(마당에서 나오는 온천수. 우리 집에는 온수기 자체가 없다)
- 단열 비용(집에서 만든 종이 콘크리트)
- 가구와 실내 장식(폐품더미에서 주워온 쓰레기를 그대로 쓰거나 새로 꾸며 재활용)

생활용품

- 식초(곰부차로 만든다)
- 유리 세정제(곰부차로 만든 식초+물)
- 밀랍으로 만드는 연고와 양초(우리 집 벌집에서 채취)
- 수세미(우리 집 정원에서 자라는 수세미오이)
- 옷가지 대부분(바꿔 입기)
- 세탁 세제(세제 대신 야생에서 채취한 무환자나무 열매를 쓴다)
- 선물(손수 만들어주거나 집에서 키운 것을 준다)
- 꽃(우리 집 정원)

화장품과 약

- 립밤(벌집에서 채취한 밀랍, 채취한 식물, 약초로 만든 오일)
- 연고, 스킨(벌집에서 채취한 밀랍, 채취한 식물, 집에서 만들어 혼합한 약초 오일)
- 헤어컨디셔너(식초+풀을 우린 물)
- 비누(집에서 만든다)
- 치약(베이킹파우더+페퍼민트 에센셜 오일+닥터 브로너스 비누)
- 머리 자르기

음식

- 식물성 단백질(템페, 버섯)
- 밀가루 음식(집에서 만든 빵, 팬케이크, 머핀, 파스타, 달콤한 디저트, 파이 등)
- 치즈와 요거트(산지에서 바로 얻은 원유로 만든다)
- 감미료(벌꿀)
- 토마토 소스(우리 집 정원)
- 잼(우리 집 정원)
- 페스토(우리 집 정원)
- 야채 육수(우리 집 정원)
- 각종 야채(우리 집 정원)
- 식용 허브(우리 집 정원)
- 약용 허브(우리 집 정원 및 야생에서 채취)
- 음식 익힐 때 필요한 나무(숲에서 주워온다)

음료

- 와인(와인 제조기로 손수 만든 것)
- 벌꿀 술(우리 집 벌집에서 채취한 꿀)
- 스무디(과일과 산지 원유로 만든 요거트)
- 볶은 커피(중고 장터에서 산 팝콘 기계에 생두를 볶아 먹는다)
- 차(우리 집에서 기르거나 지역에서 채취한 식물)
- 과일 음료(집에서 기르거나 지역에서 얻은 과일)
- 탄산 음료(활성 효모나 곰부차 이용)

조경

- 퇴비(우리 집 부엌에서 나온 음식 찌꺼기)
- 비료(낙타 '스탠리'에게서 공짜로 얻어오는 낙타 똥)
- 나무뿌리 덮개(시내에서 공짜로 가져옴)
- 건축용 목재(쓰레기더미에서 주워옴)
- 휴면기 식물의 병충해를 방지하는 천연 살충제(폐식용유+베이킹 소다+ 과산화수소+티트리 오일을 섞어서 집에서 만든다)
- 넝쿨 식물용 철조망(버려진 침대 틀)

단순하고 직접적이며 자연적인 재료를 찾아본다

가령 면, 울, 리넨, 삼베, 돌, 나무, 쇠 같은 것들이다. 소박한 자연 재료는 심하게 가공되지 않으며 자연 분해되는 것이 많다. 나는 면 이불과 천연 섬유로 만들어진 옷을 올림 텃밭의 받침 천으로 깔아서 자연 분해되게 했다. 추출 및 가공되지 않은 자연 재료는 환경에 지우는 부담이 적고, 내구성이 더 좋으며, 재활용하기도 훨씬 쉽다. 이런 물건들은 다른 것으로 만들어졌을 때조차 원재료가 그대로 남아 있다. 그런 만큼 그 자체로 가치가 큰 재료다.

한 단계 더 나아가 자신이 사는 지역에서 자생하는 원료에 대해 알아보자. 건물을 짓거나 물건을 만들 때 될 수 있으면 그 지역에서 자생적으로 나는 원료를 선택하자. 지역 토박이들이 그 지역 토속 원료를 어떻게 사용하는지 알아보자. 그런 원료들을 찾아다니다 보면 아름다운 곳을 발견하는 기쁨도 덤으로 누릴 가능성이 크다.

마이키와 나는 뉴멕시코의 북미 원주민들이 백년초 선인장의 끈적거리는 중간 부분을 모르타르나 페인트칠을 할 때 첨가하여 방수 및 항균제로 사용했다는 사실을 알게 되었다. 우리도 그와 똑같이 선인장 점액질을 사용해 보았더니 수백 달러가 절약되었음은 물론, 탄성 중합 페인트 대신 지역에 지천으로 널려 있는 식물로 손수 만든 수제 도료를 쓸 수 있어 좋았다.

공짜 재료를 찾고 있다면 외래종을 꼭 찾아봐야 한다. 아시아에서 미국으로 들어온 외래종인 위성류 나무는 물을 너무 많이 먹어서 남동부에서는 환영받지 못한다. 그래서 베어가도 아무에게도 해를 끼치지 않는다. 우리는 사막에서 이 나무를 베어다가 건물 지을 때 지붕을 얹을 목재로 쓰고, 종이 콘크리트 벽 내부를 강화할 때(인장 강도를 높일 때)에도 쓰고, 장작으로도 쓴다.

이 지역 원주민들이 과거에 했던 방식을 따라해 보고 있다. 백년초 선인장 잎을 양동이형 믹서에 넣고 잘게 잘라 내부의 점액을 얻어낸 다음, 종이와 시멘트, 갈색 도료를 섞어서 방수 코팅제로 만들어보았다.

구입하는 모든 것에 책임감을 느끼자

이는 포장까지 포함해서다. 전에 구입했지만 더 이상 쓰지 않는 것에는 새 주인을 찾아주고, 버려진 것으로 뭔가를 만들어 쓴다. 가장 좋은 방법은 금세 소용없게 될 것은 애초에 사지 않는 것이다.

당신이 버린 쓰레기가 어디로 가는지를 알면 이런 책임감은 더욱 막중해질 것이다. 쓰레기는 내 눈앞에서 사라지는 것으로 끝나지 않는다. 쓰레기들이 전부 모여 결국 어떻게 되는지를 알면 경악할 수도 있다. 재활용에도 탄소 발자국이 남는다.

물건을 사려면 기업보다는 개인한테서 사라

사람이 손수 만든 물건은 기계가 만든 물건보다 내적인 가치가 더 높다. 새 상품을 사야 한다면 자신들이 만드는 제품에 책임감을 갖는 회사의 제품을 선택하라.

과잉된 원료가 쓰레기 매립지로 가는 것을 막고 더 나은 제조 관행을 장려하는 품질 보증서를 찾아라.

중고품을 사라

대부분의 물건은 중고품 가게나 이베이, 폐품더미에서 찾을 수 있다. 제조 과정에서 쓰이는 화학 물질은 시간이 지나면 소멸되므로 중고품은 독성이 덜하다. 일단 무엇이 필요한지 파악했다면 폐품더미에서 그 물건을 발견하는 것은 시간 문제다. 나는 필요한 물건의 재료나 색깔 같은 자세한 부분까지 떠올려두는데, 그러면 내 머릿속에 있는 것과 꼭 같은 것을 찾고는 한다.

우리가 소유하고 있으며 우리의 일상생활 속에 녹아들어 있는 물건에는 우리 자신이 반영되어 있다. 새 물건을 사는 것이 범죄 행위는 아니지만, 물건을 사기 전에 조금만 더 깊이 생각해 본다면 이미 갖고 있는 것을 감사하게 받아들이는 습관을 들일 수 있다.

쓰레기와 공해를 만들어내는 조잡한 물건들에는 분노의 마음이 뒤따른다. 헌것이든 새것이든 물건은 우리가 가치를 부여할 때 특별한 것이 된다. 그 물건이 만들어진 공정, 내구성과 수명, 그것이 만들어지기까지 희생된 생명들에 대해 깊이 생각해 보자.

내가 20달러에 얻어온 책상이다. 원목으로 만들어진데다 디자인도 예뻐서,
먼저 사포질한 다음 린시드 오일로 표면을 다시 손질해 주었다.

이 1970년대풍 철제 의자는
폐품더미에서 찾아와
페인트칠을 새로 해주었다.
툭툭한 가림막 천으로 쿠션도
새로 씌워주었다.

고장 난 것은 고쳐 쓴다

물건을 고치는 것은 재료를 분석해 보고 물건의 작동 방식을 새로 배우는 좋은 방법이다.

수리하지 못하겠다거나 열어보지 못하겠다면, 그 물건을 소유한 것이 아니다.
—웨스트 코스트의 어느 메이커, 닉네임 '고물차 씨'

새 물건을 사도록 유도하기 위해 일부러 빨리 낡게 만든(혹은 적어도 열어보거나 땜질하지 못하게 만든) 물건을 사려고 한다면 위 문장을 곰곰이 되새겨보기 바란다. 뭔가를 고치려고 해봤다가 실패했다면 적어도 경험은 얻은 것이며, 교체하려고 마련해 둔 예비 부품도 건진 셈이다.

맥락을 고려하라

상품화된 세상에서 탈상품화된 삶을 살려면 타협이 필요하다. 이 세상은 쓰레기 매립지에서 가장 독성이 강한 물질에 속하는 건전지를 기반으로 돌아간다. 마이키는 건전지를 되살려 수명을 연장시키는 건전지 복원기를 만들어서 쓰레기 매립지로 가는 건전지의 양을 줄였다. 하지만 마이키가 그 건전지 복원기를 만드는 데 쓴 부품들은 상점에서 구입한 기성품이며, 그것들은 환경이 그만큼 파괴되는 대가를 치르고 우리에게 온 것이다. 우리는 버려진 것들로 물건을 만들고 건물을 짓기 위해서 재봉틀이나 용접기처럼 공장에서 만들어진 기성품을 사용한다. 또 더 지속 가능한 방식으로 사는 법을 배우거나 우리가 아는 것을 나누기 위해 컴퓨터를 사용한다.

이런 현대 기술의 도움으로 만들어지는 쓰레기의 영향을 줄이려면 또다시 폐품더미에 의존하는 수밖에 없다. 두세 세대 이전에 만들어진 중고 컴퓨터를 사고, 지금까지 쓴 것은 팔자. 낡은 차를 몰고 직접 수리해서 타며 집에서 만든 대체 연료를 넣자. 각종 장비와 도구를 이용해 다시 손보고 고장이 나면 직접 고치자. 새로운 부품을 구할 때는 신중하게 고르자. 지구에 피해를 가장 덜 끼치는 물건을 고르자.

새 물건을 만들 때는 기존의 문제를 해결하는 물건으로 만들자. 그러고 나서 오픈 소스 플랜과 크리에이티브 커먼즈를 통해 그 내용을 공유하자.

거꾸로 생각해 보자

먼저 어떤 것이든 한 가지 기성품에 대해 곰곰이 생각해 보자. 위로 거슬러 올라가면서 그 물건이 만들어질 수 있게끔 한 원재료에 대해 생각해 본다. 타이어라면 고무나무일 테고, 직물이라면 목화, 유리판이라면 실리카일 것이다. 상품으로 만들어지기 전에 어떤 과정으로 원재료를 추출했는지 추적해 본다.

질문을 던져보자. "어떻게 실리카가 유리가 되는 것일까?" 이런 질문을 연속으로 따라가다 보면 거기에 쓰인 에너지, 이산화탄소 배출량, 그에 따라 발생한 공해 등에 대해 생각하게 될 것이다. 거기에 투자된 노동력과 시간도 셈해야 한다. 그 물건의 수명에 대해 잘 따져보라. 얼마나 오래가게 만들어졌을까? 이렇게 생각을 거듭하다 보면 이 상품화된 세상에서 우리가 어느 지점에 있는지를 확인하게 된다. 우리가 하는 결정들이 어떤 결과를 초래할지 명백해진다. 전체 그림을 볼 때 우리는 더욱 책임감 있게 행동하고 생명을 보존하는 쪽으로 선택하게 된다.

두 가지 서로 다른 대상에 대해 묵상해 보자. 가령 나뭇잎이나 길가에 죽어 있는 새 같은 자연물, 그리고 헤어드라이어나 샴푸 통처럼 자연물에서 추출하여 만든 제조품에 대해 생각해 보자. 각 대상이 자신에 대해 뭐라고 말하는지 잘 들어보자. 묵상해 보면 자연물은 자연의 법칙을 드러낸다. 반면 제조품은 주로 상품화된 세상을 만드는 과정에서 사람들이 내린 결정들에 대해 말해준다. 자연적인 것과 인공적으로 만들어진 것, 이 두 종류의 지식을 눈여겨보고 그 가치에 대해 숙고해 보자.

빚을 내지 말자

빚은 정지와 정체를 만든다. 흐름이 멈춘다. 빚은 과거의 의무에 우리를 얽어매어 자유, 즉 새로운 상황에서 자연스럽게 행동할 수 있는 능력을 제한한다. 빚을 지지 않을 때 매순간 자유롭게 살 수 있다.

소문을 피하자

상황의 밝은 면을 보는 사람은 값진 보물을 가진 사람이다. 그런 사람들은 스스로 충분하다고 느낀다. 비딱한 태도와 불평불만은 결핍감의 표시이다. 소문은 이 세상이 그다지 선하지 않으며 다른 사람들한테서 보이는 결점이 그 점을 증명한다고 말한다. 모든 결과에는 원인이 있고, 모든 원인에는 그럴 만한 사정이 있다. 타인의 결점을 덮어주는 건 결핍감에서 행동하는 사람들에게 다르게 생각할 기회를 주는 것이다.

부가 아니라, 풍요를 추구하자

부wealth는 재산과 재물, 돈, 자본, 재정, 자산 등과 연관된다. 그에 반해 풍요abundance는 풍부함과 넉넉함에 관련되어 있다. 부는 믿을 것이 못 된다. 시장은 오르락내리락하며, 경제는 무너지고 있고, 돈의 가치는 올라갔다 내려갔다 한다. 부는 걱정거리를 만들고, 자산을 유지하고 보호할 필요를 만들어낸다.

풍요는 이런 것들에 좌지우지되지 않는다. 풍요는 체험이요 선물이다. 그것은 세상이 곧 자신의 일부이자 자신을 지지하는 곳이라고 느끼게끔 해준다. 풍요는 셈하지 않는다. 축하하고 즐긴다.

마이키와 나는 뭔가 영감에 찬 사람들이 풍요로운 삶을 추구해 가는 모습을 옆에서 죽 지켜보았다. 그들은 세상에서 하는 일이 바뀌고, 경제적 속박으로부터 자유로워졌으며, 살아가는 방식도 완전히 달라졌다. 그러나 그렇게 진정한 풍요에 이르자, 부에 대한 욕망이 일면서 무리하게 빚들을 냈다. 새로이 부동산에 투자하고 또 다른 대출금을 받으면서 길을 잃어갔다. 그러면서 정원은 잊히고, 치즈와 와인을 만들 시간은 부족해지며, 물건은 만들기보다 사서 쓰게 되었다. 우리는 친구들이 빚을 내 가내 공업을 확장하고 그렇게 다시 돈 버는 데 집중함으로써 스스로 만든 감옥에 갇히는 모습을 보았다.

진정한 삶의 질은 걱정거리로부터 풀려난 자유에서 나온다. 열심히 일하고, 충분한 여가 시간을 갖고, 질 좋은 먹을거리를 키우고, 품질 좋은 물건을 만들어 쓰고, 충분히 자고, 놀고 명상할 시간을 갖는 것이다. 그러려면 남은 삶 내내 자신을 창조적인 존재로 인식해야 한다. 균형이 열쇠이다.

갖고 있는 기술을 되살려내라

회사에 고용되어 일하는 가운데 자기만의 숭고한 목표를 이루는 사람들이 종종 있다. 하지만 많은 사람들은 회사에 고용되어 하는 일이 자신의 가슴속 바람을 채워주지는 못한다고 생각하면서 일터로 간다. 많은 이들이 회사에서 하는 일은 자신이 가장 좋아하는 것이 무엇인지 알아낼 때까지 하는 일이라고 여긴다. 그럴 바엔 차라리 장인 아래 들어가 도제식으로 수업을 받는 것이 훨씬 좋다. 자신이 무엇을 하고 싶어 하는지 알 수 있고, 그 길을 보여줄 수 있는 사람도 찾을 수 있기 때문이다. 회사에 고용되어 전업으로 일하고 있어서 자유 시간이 조금밖에 없다면 세상에 자신만이 줄 수 있는 것이 무엇인지 찾으려는 노력은 쉽게 잊히고 만다.

탈상품화된 삶을 사는 것은 자신이 가장 사랑하는 일이 무엇인지를 발견하라는 초대장과 같다. 목적 의식이 있는 일을 찾기 위해서 모두가 일터를 떠날 필요는 없다. 단지 그런 선택을 하는 사람들이 있을 뿐이다. 자발적으로 무직 상태로 있다면, 전에 고용되어 있었을 때 사용하던 기술을 다시 발휘할 수 있는 방법을 찾아보라. 우리가 가졌던 직업에는 상품화된 세상의 제약에 맞추기 위해 조정하지 않으면 안 되었던 우리의 꿈이 조금씩은 담겨 있다. 그 부분을 다시 찾아내라. 거기에는 당신이 가장 하고 싶어 하는 일이 무엇인지 발견하게 도와줄 열쇠들이 들어 있다.

나는 직업이 있었을 때 기자 회견이나 신제품 출시 같은 행사를 주최하는 일을 했고, 의뢰인들의 상품을 홍보하고 언론에 노출시키는 일을 했다. 나는 이런 기술을 활용해 스왑 오 라마 라마 행사를 만들었고, 행사 주최 기술과 홍보 기술을 요긴하게 써먹었다. 스왑 오 라마 라마가 성공적으로 끝났을 때도 이윤을 추구하는 고용주로서의 제약이 없었기 때문에 그것을 기꺼이 선물로 만들었다. 자신이 가진 기술을 되살려낼 때 자신이 줄 수 있는 선물이 무엇인지도 알 수 있다.

가내 공업에 대해 생각해 보라

시간을 마음대로 쓸 수 있게 되고 기본적인 측면들(음식, 집, 전력, 연료, 생활용품)도 안정이 되면, 물건을 만들어 쓰는 '메이커'로서 넉넉하게 살 수 있도록 자기가 즐겁게 만들 수 있는 것으로 적으나마 수입을 내면 좋겠다는 생각이 들 것이다.

오코티요의 날카로운 가시에 손을 다치지 않기 위해 장갑을 낀다. 우리는 복통에 특효약인 오코티요 팅크를 온라인 상점에서 판매한다.

우리의 가내 공업은 전자 기기를 손수 만들고 싶다는 마이키의 바람과, 식물 세계를 더 잘 알고 싶다는 나의 바람에서 시작되었다.

통신 판매 방식의 가내 사업이 성공하려면 우체국에 자주 갈 수 있어야 하고, 택배업체와 규칙적인 접촉이 가능해야 한다. 또 인터넷 연결이 원활해야 한다. 시골에서 살기로 했다면 도시에서는 당연하게 여기기 쉬운 이런 간단한 것들도 확보하기 어려울 수가 있다. 오프라인 상점을 운영할 계획이라고 해도 물건을 손수 배달하러 시내 곳곳을 돌아다니거나 80킬로미터나 떨어진 곳까지 차를 몰고 갈 수는 없는 노릇이다. 시골 동네라도 읍내 정도에 살면 버려진 재료를 공짜로 제공하는 위생관리과나 재활용센터, 재활용 재료로 가득 찬 대형 쓰레기통 등의 특전이 주어진다. 아무리 작더라도 읍내 정도면 편의 시설을 활용할 수 있어서 가정에서 통신 판매 사업을 유지하기가 좋다.

브랜드에서 자유로워져라

우리 삶이 우리가 만든 문명을 기반으로 형성되었기 때문에, 우리는 지금의 세상이 돌아가는 이치를 당연하게 받아들인다. 모든 것을 브랜드화하고 광고하는 문화가 지나치게 만연해 있어서 스스로 늘 마케팅의 대상이 되고 있다는 사실을 알아차리기도 힘들다.

우리의 집만은 광고에서 자유로운 공간으로 꾸미자. 브랜드 같은 것은 떼어버리거나 숨겨놓자. 스왑 오 라마 라마 행사에서는 옷에 붙은 상표 위에 자신의 이름을 쓴 새로운 라벨을 덧붙인다. 우리 집에서는 모든 물건의 상표명을 떼어버렸다. 기성품은 아무 상표가 없는 용기에 옮겨 담아서 포장을 새로 한다. 예를 들어 건조 식품이라면 개별 포장 없이 다량을 구매해 커다란 유리 단지에 담아두는 식이다.

옷에 붙은 상표는 사람들을 사회경제적 카테고리로 나누는 역할을 할 뿐이므로 떼어버리거나 다른 것으로 덮자. 내 몸에서 상표를 모두 없애보면 사람들은 내가 돈이 얼마나 있는가(혹은 없는가)를 보는 게 아니라 나라는 사람을 본다.

유행을 벗어던져라

유행이란 지극히 멀쩡한 물건을 버리고 돈과 노동, 원료와 에너지를 소비해서 만들어진 신상품을 새로 사게 하는 순환 주기를 말한다. 물건을 직접 만들어 쓰는 탈상품화된 생활 방식은 자원을 집어삼키는 쪽에서 자원을 음미하는 쪽으로 옮겨가는 것이다. 이미 산 것을 쉽게 내버리지 말고, 낡거나 고장 났을 때도 그 물건을 고맙게 여기며 쓸모를 찾아내는 법을 익히자. 그러고 나서 그 물건들이 원료로서 어떤 가치를 갖고 있는지 곰곰이 살펴보자. 물건의 일부분을 재활용할 수도 있다. 특히 구입한 물건이 나무나 철, 돌, 천연 섬유 등 자연 물질로 만들어진 경우라면 그러기가 더 쉽다.

유행 상품만큼 "나는 순응주의자"라고 대놓고 말하는 것은 없다. 하지만 유행을 타지 않는 당신은 당신이 양심적이고 사려 깊은 사람이라는 것을, 또 독립적으로 생각하는 사람이라는 것을 다른 이들에게 보여준다.

서류 작업을 간소화하라

삶은 서류더미 속에서 살라고 주어진 것이 아니다. 저장하거나 처리해야 하는 서류의 양을 제한하라. 나는 서류 양이 평균 크기보다 작은 단층 서류 수납장을 초과하는 일이 절대 없도록 하고 있다. 서랍이 꽉 차면 내 삶이 균형을 잃었다고 말해주는 표지로 받아들인다. 서류철을 정기적으로 살펴보면서 꼭 필요한 것만 남기고 정리한다.

광고 회사가 보낸 우편물을 처리하는 데 쓰는 시간을 줄이고 싶다면 수신자 명단에서 이름을 삭제하라. 받은 광고성 우편물은 반드시 반송하라. 발신인 주소와 당신의 주소가 적혀 있는 부분을 뜯어낸다. 당신의 주소에 동그라미를 치고 그 옆에 "명단에서 삭제"라고 쓴다. 집배원이 해당 우편물의 수신지를 알 수 있도록 발신인의 주소에 동그라미를 치고 "수신"이라고 쓴다. 그 옆에 우표를 붙이고 우편함에 넣는다.

각종 청구서는 온라인으로 받아 우편함에 좋은 소식이 들어올 자리를 남겨놓자. 사랑하는 사람들에게 손으로 쓴 편지를 보내자. 얼마 지나지 않아 당신을 사랑하는 사람들이 쓴 답장으로 우편함이 꽉 찰 것이다.

이따금씩 매체 단식을 하라

일정 시간 동안 컴퓨터와 뉴스, 잡지, 이메일, 블로그 등 모든 매체를 끊어보자. 매체 단식은 감정과 감각을 되살려준다. 그동안 영화 속 폭력을 어떻게 참았는지, 텔레비전 기자들이 전하는 나쁜 뉴스를 보면서도 왜 울지 않았는지 궁금한가? 그것은 언론 매체가 우리의 감각을 마비시켰기 때문이다. 아무것도 느끼지 못하는 것은 자연적인 상태가 아니다. 감정을 느끼는 것은 자연스러운 일이다. 매체 단식은 이런 자연스러운 감정을 느낄 수 있는 능력을 새롭게 깨워준다.

텔레비전을 없애라

텔레비전 방송을 '프로그래밍'이라고 하는 데는 이유가 있다. 텔레비전은 삶에 관해 억지로 꾸며낸 생각을 사람들의 의식 속으로 주입한다. 텔레비전이 제아무리 무수히 많은 채널로 다양한 것을 보여주더라도 삶은 그것보다 훨씬 더 큰 것이다.

재미있는 것을 찾는다면 자연으로 눈을 돌려보자. 자연은 살아있고 언제나 무슨 일이 생겨나며 늘 새롭다. 반면 텔레비전에 나오는 것은 비교적 예측 가능하고 반복적이다. 중요한 소식을 놓치지 않을까 염려된다면 온라인 뉴스 매체 몇 가지를 골라 세상 돌아가는 소식을 접하면 된다. 좋은 소식을 전하는 뉴스 매체를 택하자. 그런 언론이 실제로 존재한다!

나는 텔레비전을 아예 보지 않기로 선택했지만, 텔레비전에 나오는 것이 전부 쓰레기가 아니라는 것은 알고 있다. 균형을 잘 생각하자. 우리를 통제하려 드는 것들만 피하면 된다. 균형 감각을 되찾았다면 포기했던 것들로 조심스럽게 돌아갈 수 있다.

서약을 하라

서약은 당신의 소망을 당신에게 꼭 묶어준다. 일단 서약을 했다면 우주의 서약 지키기 확인 부서에서 당신에게 성실한 직원들을 붙여주었다는 사실을 발견하게 될지도 모른다.

유령들을 조심하라

유령은 수많은 형태로 온다. 내게는 내가 포기한 직업의 특성들과 맞물려 돈과 명예로 가장하고 찾아왔다. 그것들이 찾아오는 것은 불가피하다. 뭔가 목적 의식이 있는 일을 시작하려고 할 때, 그리고 대개 목표에 거의 다다랐을 때 유령들이 나타나 묻는다. "정말로 그러고 싶은 거야?" 그럴 때 "정말 그렇다"고 대답하라. 그리고 서약을 지키겠다는 목표를 향하여 계속 나아가라.

근본적인 지식을 쌓으라

수피 시인 루미가 한 말을 기억하자. 당신이 찾는 것은 바로 당신이다. 지식을 찾아라. 바느질 수업, 용접 수업, 목공 수업, 요리 수업 등 당신의 호기심에 불을 붙여주는 것이라면 무엇이든 찾아가 들어라.

소형 참고서를 들고 원소 주기율표, 원소의 특성, 용해점, 측량 양식과 같

마이키는 증발식 냉각기를 고친 후
집 안으로 들어오더니 바짓단을 수선했다.

은 근본적 지식을 찾아 정독하라.

자신이 있는 지점을 알아두라

자신의 집과 주요 지형지물에서부터의 방향(동서남북)을 익혀두라. 동네의 여러 지점에서도 방향을 가늠하는 연습을 해보라.

춘분/추분점과 하지/동지점을 알아두라. 일출과 일몰, 달의 순환 주기를 지켜보라. 태양계라는 우주에서 당신의 주소를 생각해 보라. 달의 위상 변화, 낮의 빛, 밤의 어둠은 당신이 지니는 에너지의 양에 영향을 미친다. 자신의 에너지 레벨과 달의 위상 변화, 낮의 길이, 계절을 날마다 기록해 보라. 이 일지를 통해 자연의 리듬 속에서 자신의 위치를 한눈에 볼 수 있을 것이며, 언제 쉬는 게 좋고 언제 일하는 것이 가장 좋은지 알 수 있을 것이다.

자연 속 자신만의 장소를 정해두라

자연 속에서 날마다 몇 분이라도 가 있을 수 있는 장소를 정한다. 이곳을 자신의 연장延長이요 자연 속의 집이라고 여기자. 이곳을 집 삼아 계절과 환경에 따라 바뀌는 자연의 갖가지 모습을 바라보자. 비가 올 때, 바람이 불 때, 눈이 내릴 때, 진눈깨비가 올 때, 낮이나 밤 등 다양한 때에 이곳에 꼭 가보기를 권한다. 그러면 자연을 감상하고, 자연의 리듬을 따라가며, 자신이 생명에 연결된 존재임을 기억하는 데 도움이 될 것이다.

자연에 대해 명상하자

상품화된 삶 때문에 우리는 자연으로부터 너무 멀리 떨어져 있고, 따라

미친 →

폐식용유로 비누 개조하기

빗물 처리

관개 시설

낙수 장치

배수

조경

자동차

배관

바이오 디젤유 연료 만들기

유지: 충전, 복원, 점검

재포장: 노트북 컴퓨터
아이 로봇 진공청소기

잡: 소켓, 스위치, 조명 기구

건전지

교류 전력

태양광 전지판

전기차

전기

계획

감시 감독

설치

유지

건전지 유지

덮개 씌우기

창문 장식

옷: 수선, 맞춤옷 제작

선물

실내 장식용 천

가내 공업 판매용 물건

바느질

실크스크린

직물

건축

판매

조명

벽

빗물, 보관, 정원

온실

벽돌, 콘크리트 블록

벽돌과 태양열로 따뜻하게

콘크리트 블록

단열재

바람막이

웨더스트립

마인드 →

기술 ←

맵 ←

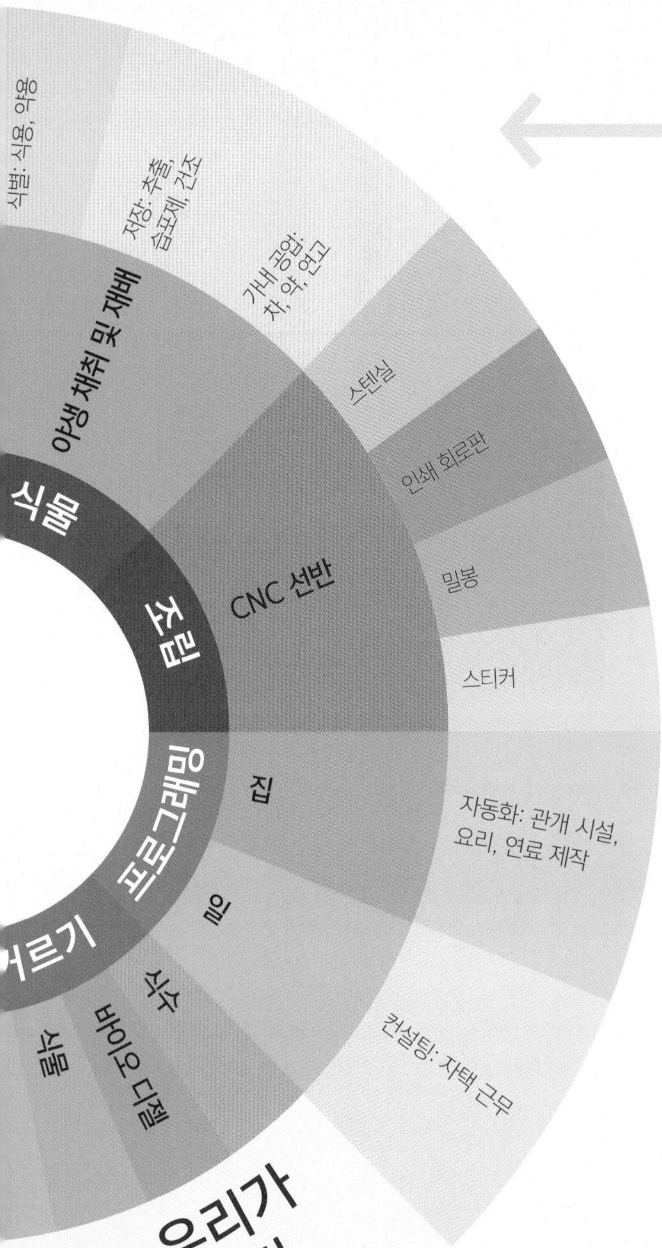

우리는 우리가
생각하는 것
이상의 존재다.

식물

야생 채취 및 재배

가벼운 공업:
차, 약, 연고

저장: 추출,
습포제, 건조

식품: 식용, 약용

조립

CNC 선반

스텐실

인쇄 회로판

밀봉

스티커

자동화: 관개 시설,
요리, 연료 제작

컨설팅: 자택 근무

프로그래밍

집

일

박수

바이오 디젤

식물

엘리펀트 뷰트 호수는
내가 야생 생물과 계절,
날씨를 보려고 정기적으로
찾는 곳이다.

서 우리 스스로가 자연의 일부라는 사실을 잊어버릴 지경이 되었다. 날마다
아래 소개하는 4원소에 대해 명상하면서 한 가지에 5회씩 총 20회 깨어서
호흡하기 시간으로 하루를 시작한다면 감각이 되살아날 것이다.

땅

눈을 감고 코로 숨을 들이마시고 내쉰다. 땅의 색을 바라본다. 가을 밀
밭의 노란색이다. 이 숨의 방향이 수평적임을 알아차린다. 숨이 땅 표면을
따라 고르게 퍼져 나가는 모습을 상상한다. 내가 들이마시고 내쉬는 숨이
계곡을 만나고 산등성이를 오르는 모습을 지켜본다. 큰 물건과 작은 물건
사이를 지나고, 풀잎들 사이를 훑고 가며, 마천루만한 바위들을 휘감고 흘

러가는 모습을 지켜본다. 숨이 지구 전체로 퍼져 지구를 둘러싼 자기장, 식물에 저장된 태양 에너지, 중력의 땅 에너지, 바위 속 광물, 땅 속의 생물들에까지 스며드는 모습을 상상한다.

그 모든 것과 당신 사이의 공통점을 알아차린다. 당신의 몸에도 자기장이 있고, 중력이 작용해 당신을 땅 위에 붙들어주며, 식물들은 당신의 생명을 유지시키고 아플 때는 치료약이 된다. 또 치아와 손톱, 뼈에는 땅속의 광물들이 들어 있다.

물

눈을 감고 코로 숨을 들이마시고 입으로 내쉰다. 물의 색을 바라본다. 초록색이다. 당신이 들이마시고 내쉬는 숨이 물처럼 아래로 흘러내려가는 것을 알아차린다. 자연 속에서 물은 구름에서 산꼭대기로, 강바닥으로, 대양으로 떨어져 내린다. 땅속으로 스며들어 뿌리에 닿고 대수층에 닿는다.

깨진 달걀이 얼굴과 몸 위로 흘러내리는 것처럼 물이 당신의 정수리로 쏟아 부어지는 것을 상상해 보라. 물이 온몸을 훑고 내려가 발아래 땅으로 스며든다. 물이 당신에게, 그리고 땅의 생명에게 영양을 전달해 준다는 사실을 알아차린다. 당신 대부분이 물로 구성되어 있고, 몸은 특별한 방식으로 물을 걸러낸다는 사실을 기억한다. 오줌에는 식물의 생명을 지탱해 주는 화학 물질인 질소가 들어 있다.

물에 대해 명상할 때 안개, 허리케인을 만들어내는 폭풍우, 해일, 졸졸 흐르는 시냇물 등 갖가지 형태의 물을 떠올려보자. 그 모든 것이 결국 이 땅에 존재하는 하나의 같은 물이다. 물은 자연적 과정을 거치면서 순환한다. 새로운 물이란 결코 존재하지 않는다.

불

눈을 감고 입으로 숨을 들이마시고 코로 숨을 내쉰다. 불의 색깔을 바라본다. 빨강이다. 이 숨의 방향이 불꽃처럼 위로 올라가는 모습을 알아차린다. 열이 올라온다. 태양은 수백만 도의 원자력 용광로다. 태양 에너지는 지구에 사는 생명체 안에 저장되거나 그 속에서 변환된다. 식물, 동물, 곤충, 사람, 살아있는 모든 것은 태양 에너지로 살아간다. 지구 안에도 뜨거운 핵이 있어 그 열기가 생명을 살아있게 한다. 빛은 우리에게 낮을 주고 시야를 확보해 준다. 우리 몸에는 온도 조절 장치가 있어 미묘한 범위 내의 온도를 계속 유지한다. 또 열을 내서 박테리아를 죽이기도 한다.

숨을 들이마시면서, 뱃속에 가마솥이 있어서 점점 더 뜨거워지고 있다고 상상해 보라. 숨을 내쉬면 그 숨에 가마솥에 붙어 있던 재가 날린다. 이 탄소가 사물에 달라붙은 채 멀리 날아감으로써 생명의 자양분이 된다고 상상해 본다. 불은 열을 빛으로 바꾼다.

공기

눈을 감고 입으로 숨을 들이마시고 내쉰다. 공기의 색은 파랗다. 이 숨의 방향을 알아차려 보자. 바람처럼 이리저리 방향을 바꾸며 움직인다. 우리 모두는 첫 숨을 들이마셨고 마지막 숨을 내쉴 것이다. 그 사이에 존재하는 동안 우리는 이 행성의 공기 성분을 바꾸는 수많은 필터들 중 하나인 셈이다. 우리는 산소를 받아들여 몸의 각 부분으로 전달한다. 그리고 습기와 이산화탄소를 내뱉는다.

숨을 들이마실 때 바람, 토네이도, 미풍, 숨결 등 여러 형태의 공기를 알아차려 보자. 공기는 연을 날리고 나뭇잎들을 구석으로 쓸어간다. 식물과 사람의 숨구멍 속으로 들어가고 폐 속의 섬모에 닿는다.

마지막으로, 확대해서 보면 뼈와 세포 조직, 나무, 돌 등 모든 물질은 투과성을 띤다는 사실을 기억하면서 명상을 끝낸다. 침투할 수 없는 것은 존재하지 않는다. 눈을 뜨면 자신의 투과성을 기억하며 건강과 행복에 필요한 모든 것을 들이마신다. 선명한 경계가 없어진 지금 나와 나 아닌 모든 것이 더 이상 분리되어 있지 않다.

지역 토종 식물을 알아두라

지금 사는 지역에서 무엇이 자라나는지 알아두자. 마이키와 나는 친구이자 해조류 학자인 앤디가 초대한 파티에 놀러 갔다가 농업 대학교의 박사 과정 학생들과 함께할 기회가 있었다. 한 학생이 곰팡이 균 때문에 생긴 피부 문제로 하소연을 하고 있었다. 마이키와 내가 그의 말을 듣는 동안 그 학생 뒤쪽의 창문 너머로 현존하는 항균성 식물 중 항균 효과가 가장 강력한 약초인 크레오소트 덤불이 눈에 들어왔다. 나는 덤불을 가리켰다. 그 박사 과정 학생은 크레오소트 풀의 라틴어 학명은 알고 있었다. 하지만 그 풀의 알칼로이드가 항균 성분을 갖고 있으며 자신의 피부 문제를 해결해 줄 수 있다는 사실은 알지 못했다.

지역의 토종 식물을 알려주는 책자를 장만하자. 이런 책자를 참고해 가

나는 리오그란데 강변에서 야생으로 자라는 예쁜 관목이 구기자 열매를 맺는 구기자 덤불이라는 사실을 알고 깜짝 놀랐다. 돈을 주고 사려면 꽤 비싼 건강 식품이다.

장 진실한 책인 자연으로 돌아갈 수 있다. 어떤 식물이 식용이고 어떤 식물이 약용인지 분간해 두자. 지역의 약초 가게를 찾아가 그 지역에서 나는 주요 식물에 대해 알려달라고 부탁해도 된다. 그런 곳에서 일하는 사람들이라면 지역 주민들이 자주 앓는 병에 대한 치료책을 알고 있을 수 있다. 평소 먹던 음식이나 약국에서 사던 약품 대신 지역의 자연에서 대안을 찾아보자.

지금 쓰는 물의 수원을 알아두라

물은 생명에 필수적이다. 물이 어디서 나오는지(우물인가? 마을이나 시에서 공급하는 수도인가?) 알아두자. 근처의 대수층과 저수지, 호수, 강에 대해 공부하라. 물은 얼마나 깨끗한가? 그 물을 끌어다 쓰는 공장이 있는가? 당신이 의지하는 수원水源에 얼마나 많은 이들이 의지하고 있는가? 그것은 지속 가능한가? 수원 보호와 물 재활용 기술에 대해 알아보자.

집에서 요리해 먹으라

아마 음식만큼 감각적인 것도 없을 것이다. 음식은 우리를 자연에, 그리고 우리의 오감에 연결시켜 준다. 품질 좋은 식재료를 사서 집에서 요리하는 것이 음식점에서 겉모습은 그럴싸하지만 품질은 낮은 음식을 사먹는 것보다 비용이 덜 든다. 음식만 먹도록 하자. 화학 물질, 첨가제, 방부제는 먹지 말자. 마이클 폴란Michael Pollan은 이와 관련해 간단한 법칙을 제안했다. "당신의 증조할머니가 음식이라고 생각지 않았던 것이라면 무엇이든 먹지 마라."

쌓아두지 마라

쌓아두는 것은 이 세상은 충분하지 않다는 믿음의 결과이다. 세상에는 언제나 필요한 것보다 더 많이 있다.

쓰지 않는 것을 쌓아두면 그것들의 순환이 막히고, 그것을 필요로 하는 이들이 쓰지 못하게 되며, 쌓아두는 당사자 입장에서는 스스로 감당할 수 없을 만큼 갖고 있다는 느낌에 짓눌리게 된다. 그때그때 필요한 만큼만, 특별한 목적이 있을 때에만 취하고 나머지는 흘러가게 두자. 필요할 때면 더 많은 것이 올 것이다.

새로운 것을 갖게 되었는데 비슷한 것이 집에 있다면, 갖고 있던 것은 다른 사람에게 주거나 다른 목적으로 재활용하자. 그러면 불필요한 잡동사니가 생기지 않는다. 나는 사실 가진 것이 적을수록 갖고 있는 것을 더 많이 쓴다는 사실을 알게 되었다. 우리는 적게 갖고 있을 때 가진 것을 더 소중하게 대하는 경향이 있다.

물건을 수시로 남에게 주라

트루스 오어 컨시퀀시즈에서는 쓰레기통이 공짜 가게다. 브룩클린에 살 때 브라운스톤 주택의 계단은 예전 주인들이 더 이상 쓰지 않는 물건들을 상자에 담아놓고 가는 바람에 작은 벼룩시장이 되곤 했다. 당신이 사는 동네에 쓰던 물건을 공짜로 내놓는 통로가 없다면 상자에 "공짜입니다"라고 써서 붙이고 버릴 물건을 넣은 뒤 쓰레기통 옆에 가져다두는 것도 좋은 방법이다. 그러면 그 안에 들어 있는 물건이 필요한 사람들의 시선을 끌 것이다.

마이키와 나는 1년에 적어도 한 번씩 집 안의 서랍과 옷장을 모두 뒤져서 더 이상 쓰지 않는 것들을 골라낸다. 그리고 온라인으로 팔 만한 가치가 없는 것들을 모아서 크리스마스 선물 나눠주기 때 쓴다.(168쪽 참조)

연장을 마련하라(혹은 공유하라)

물건을 만들 수 있는 도구를 갖고 있으면 필요한 것을 만들거나 고칠 수 있다.

노동의 가치에 대해 생각해 보라

시간을 들여서 어떤 작업을 하려고 할 때 거기에 들어가리라고 예상되는 노동의 가치를 측정할 기준이 있으면 유용하다. 가치는 각자에게 다르다. 나는 정원 일이나 야생 채집같이 내가 좋아하는 노동은 내가 직접 하기를 고집한다. 이런 일을 하는 데 다른 이에게 돈을 지불할 이유는 없다. 하지만 내가 덜 좋아하는 일은 직접 할 가치가 없다. 몇 가지 질문을 던져보면 내가 직접 해야 하는 일인지 아닌지 결정할 수 있을 것이다.

내가 이 일을 직접 할 때 드는 진짜 비용은 얼마일까?

내 폭스바겐 비틀의 창유리 개폐기가 고장 나서 고쳐야 했을 때 나는 먼저 부품 값을 알아보았다. 100달러였다. 거기에 카센터에 수리를 부탁할 경우의 인건비도 더해보았다. 온라인상으로 알아본 자료에 따르면 수리비는 시간당 80달러였으며 세 시간 반이 소요된다고 하니 모두 280달러의 비용이 들 터였다. 자동차를 카센터까지 갖고 가면 수리공이 내 예상보다 오랫동안 수리를 할 위험이 있고, 자칫하면 차를 며칠 맡겨야 할 수도 있었다.

나는 "내게 돈을 지불하는 셈" 치고 이 수리를 직접 해보는 것이 좋겠다고 결정했다. 부품을 주문해 집에서 수리를 해보았다. 수리 과정을 보여주는 동영상에 나오는 대로 꼭 세 시간 반이 걸렸고 특별히 어렵지는 않았다. 누군가 자기 차를 직접 수리하면서 그 과정을 보여주는 두 편의 유튜브 동영상을 훌륭하게 만들어 올린 덕분에 무사히 수리를 마칠 수 있었다. 창유리 개폐기는 폭스바겐 차량의 디자인 결점으로 유명한데, 나중에 다른 창문의 개폐기가 또 고장 났을 때는 망설임 없이 내 손으로 뚝딱 고쳤다.

일이 잘못되면 어떻게 할까?

이건 대답하기 어려운 문제다. 변기를 교체할 일이 있었는데, 마이키와 나는 만일 일이 잘못되면 어떤 상황이 벌어질 것인가를 두고 깊이 생각했다. 우리가 사는 곳에서는 배관공을 만나기가 쉽지 않을 뿐더러 집까지 출장 수리를 나오게 하려면 몇 주가 걸리기도 한다. 만일 변기를 다 뜯어냈는데 수리하지 못해 엉망이 되고 누군가를 급하게 불러야 하는 상황이 되면 우리는 곤경에 빠질 수도 있었다. 하지만 변기 설치에 실패해서 배관공을 부르고 우리가 망쳐놓은 것을 수습하게 한다고 해서, 애초에 배관공을 불러 설치를 의뢰하는 것보다 비용이 더 많이 들지는 않으리라는 생각도 들었다. 게다가 우리 집에는 화장실도 하나 더 있었던 터라 우리는 망설임 없이 변기 교체를 시작했다.

내가 알고 싶어 하는 것을 배우게 될까?

그 일이 당신이 원한 지식을 주는지 아닌지를 생각해 보라. 마이키는 다양한 재료로 독특한 모양의 물건과 시제품을 만들고 싶어 했다. 그래서 디지털 드릴 프레스와 라우터 기능을 하는 컴퓨터 수치 제어CNC 선반을 샀다. CNC 선반은 컴퓨터의 제어로 물건을 만들 재료를 잘라내는 일을 한다. 가령 나무와 플라스틱, 유리, 쇠, 돌 같은 원료를 가공해서 뭔가를 만들어낼 때 쓰인다. 마이키는 CNC 선반의 사용법을 익혀서 실제로 사용하려면 적어도 6개월은 걸리리라는 걸 알고 있었지만, 자신이 그 기술을 배우고 싶어 한다는 것도 분명히 알고 있었다.

우리는 용접을 할 줄 알면 예컨대 페로 시멘트로 건물 지을 때나 가구를 만들 때, 예술 작품 만들 때나 문을 세울 때 등 뭔가를 손수 만들려고 할 때 다양한 작업을 할 수 있는 통로가 열린다는 것을 알고 있었기 때문에 둘 다 용접을 배웠다.

나는 식물을 정말 좋아하고 식물에 대해 더 알고 싶었으므로 식물에 관한 공부를 즐겁게 시작했고 직접 약을 만드는 법도 배웠다. 그런 반면에 우리 집 어느 부분에서 전기가 나갔을 때는 안전과 화재 위험을 고려하여 전기 기사를 불렀다.

특별한 도구가 필요한가, 아니면 한 번 쓰고 말 도구면 되는가?

마이키와 나는 카보이(와인 발효시 쓰는 유리통 ─ 옮긴이)와 와인 선반, 코르크 밀봉 기계 같은 전문 장비를 한꺼번에 구입하느라고 200~300달러를 썼지만 우리가 1년간 와인에 들인 돈을 합산해 보면서(약 3,000달러) 그럴 만한 가치가 있다고 판단했다. 마이키는 폐식용유를 넣는 우리 집 벤츠의 연료 변환 장치를 수리할 일이 있었는데, 어떤 연장을 잘게 자르더니 조각들을 용접기로 이어 붙여 한 번 쓰고 말 새로운 연장으로 만들어냈다. 그 비슷한 뭔가를 비싼 돈을 주고 산다는 것이 낭비라고 느껴졌기 때문이다.

시간 여유가 있는가?

생활 방식을 바꾸는 데는 시간이 많이 들기 때문에, 시간이 충분하지 않다면 아직 변화를 시도하고 싶지 않을 수도 있다. 만일 전업으로 일하는 직업이 있어서 자유 시간이 충분하지 않다면, 폐식용유를 모아 와서 필터에 걸러 바이오 디젤 연료로 만드는 일은 전혀 합리적이지 않다. 바이오 디젤 연료 만들기는 시간이 들며 자꾸 해봐서 손에 익혀야 하는 작업이다. 근처에 바이오 디젤 연료를 만드는 사람에게서 사서 쓰거나, 펌프가 있다면 펌프에서 주유하는 것이 더 나은 선택일 수 있다.

내 삶의 질을 높이는 데 일조하는가?

우리는 유기농 토마토를 귀한 것이라 여긴다. 우리는 우리 집 텃밭에서 기르는 먹을거리를 위해 얼마든지 열심히 일할 마음이 있다. 텃밭이야말로 마이키와 나의 건강보험이고, 우리에게 크나큰 행복과 기쁨을 주기 때문이다. 필요한 시설을 세우면서 실수도 하고 그 과정에서 교훈도 얻으며 텃밭을 가꾼 첫해, 우리가 들인 노동의 인건비는 밭에서 얻은 소출을 기준으로 계산해 보면 시간당 50센트쯤 되겠지만 우리는 개의치 않았다. 텃밭이 우리를 행복하게 해주었기 때문이다. 해가 갈수록 텃밭에 일손이 덜 들어가고 있어서 우리가 텃밭에 쏟는 시간의 값어치도 점점 올라간다.

내 몸에 발생시키는 비용은 얼마인가?

누구나 몸은 하나뿐이다. 자신의 가장 본래적인 장비를 잘 돌보자. 허리를 다쳤거나 탈장되었거나 기타 갖가지 질병이라도 앓게 되면 회복하기까지 한동안 아무 일도 할 수 없게 된다. 가령 지금 25세라면 망설일 것 없이 철로 굄목을 가져다가 담장 기둥으로 세워라. 하지만 그보다 나이가 많다면 그런 일은 당신보다 젊은 사람을 고용해 처리하는 것이 좋다. 아니면 작업할 재료를 더 가벼운 것으로 바꾸어 몸소 하는 방법도 있다.

끌 수 있는 것은 절대로 들지 말고, 굴릴 수 있는 것은 절대로 끌지 말고,
가만 놔둘 수 있는 것은 절대로 굴리지 마라.
—잰 앳킨스Jan Adkins, 《무거운 물건 옮기기Moving Heavy Things》

무엇이 주어져 있는가?

우리가 사는 곳에서는 지역에서 키운 신선한 달걀을 사 먹을 수 있다. 그래서 우리는 닭을 기르지 않는다. 꿀은 파는 데가 적고 값도 비싸서 양봉은 우리가 직접 한다. 꿀은 달러 가치가 높고 꿀벌 관리도 어렵지 않기 때문에 우리로서는 양봉을 계속할 만한 가치가 있다.

부엌의 마법

최고의 기쁨 속에서 음식을 먹는 것은 어쩌면 세상과 우리를 이어주는
가장 심오한 행위인지도 모른다. 이런 기쁨 속에서 우리는 서로 의존되어
있음을 경험하고 그것에 감사한다. 우리는 우리가 스스로 만들지 않은
생명체와 우리로서는 이해할 수 없는 힘에 의해서,
즉 신비 속에서 살아가고 있기 때문이다.

─웬델 베리Wendell Berry

나는 전자레인지에 데운 튀긴 닭, 초코 분말로 만든 초코 우유, 달디 단 시리얼을 먹으며 자랐다. 나는 열 살까지 우리 집 프리지데어 냉장고의 냉동실에 상자째 들어 있던 피자가 주식이었다. 누구도 내게 요리하는 법을 가르쳐주지 않았다. 내 어린 시절을 돌아보면 늘 지치고 기운이 없었던 기억이 난다. 배탈을 달고 살았고 자주 아팠다.

고등학교에 들어가자 요리를 하기 시작했는데, 그저 냉동실에서 나온 음식을 더 이상 먹고 싶지 않았기 때문이었다. 대학교에서는 친구들과 같이 먹을 음식을 만들면서 다른 이를 위해 음식을 만드는 일의 사회적 가치를 배웠다. 돌이켜보면 나는 봉지에서 꺼낸 파스타 면을 끓이고, 플라스틱 통에 든 리코타 치즈를 면 안에 채우고, 그 위에 깡통에 든 토마토 소스를 얹는 것이 이른바 '집밥'이라고 부를 만한 음식이라고 생각했다. 지금은 고급 음식점 중에서도 내게 익숙해진 기준을 만족시켜 줄 만한 곳을 찾기가 어려울 정도다. 우리 집 텃밭과 지역 공동체, 지역 농부들, 그리고 몇 가지 '미친 기술' 덕분에 나는 언제나 품질이 높고 영양이 풍부한 음식을 먹는다.

삶이란 그것에 관심을 두는 만큼 흥미로워진다는 생각은 부엌에서 가장 잘 확인할 수 있다. 우리의 '홀리 스크랩' 부엌은 실험실이자 작업장이며 교실이다. 바로 여기서 우리 집 텃밭에서 나는 풍성한 수확물과 내가 야생에서 채집해 온 풀들을 조리하고 저장하며, 밀랍의 꿀을 발라내고, 연고와 약을 만들고, 살아있는 음식을 각종 단지와 병에 넣어 발효시킨다. 기술 나눔 파티 때는 우리 부엌이 친구들과 동네 사람들이 모여 빵 굽는 법과 치즈 만드는 법을 배우고, 곰부차와 와인, 벌꿀 술을 제조해서 병에 담는 법을 배우는 주요 무대이다. 팬케이크와 파스타 만들기 파티도 셀 수 없이 많이 열렸고, 그때마다 매번 다른 손님들이 나서서 스토브에 불을 붙이고, 케이크를 뒤집고, 반죽을 섞고 굴려 도우로 만들고, 모인 사람들에게 음식을 대접했다.

부엌에서 뭔가를 만드는 사람이 되면 그에 따르는 보상이 어마어마하다. 돈을 절약할 수 있고, 튼튼한 몸을 만들 수 있으며, 기쁨과 창의성이 솟아나고, 과학과 화학, 생물학, 식물학, 연금술 지식(몇 가지만 언급해도 이 정도)을 넓힐 수 있다. 음식과 약을 만들면 이제 친구들과 나눌 수 있는 실질적인 결과물이 탄생한 것이다. 음식을 만들고 선물로 주는 일은 마법의 주문과 같아서 삶에 우정과 풍요를 불러온다. 누군가에게 빵 한 덩어리, 집에서 만든 와인 한 병, 컵케이크를 선물해 보라. 친구를 한 명 얻을 것이다. 이런 것을 만드는 법을 사람들에게 알려주면 지역 공동체가 강화된다.

부엌은 그 사람이 먹는 식단과 생활 방식을 그대로 반영한다. 집 텃밭에서 무엇이 나는지, 어떤 지역 토산물을 구할 수 있는지에 따라, 혹은 우리의 건강 상태나 세계 정세에 따라 부엌의 성격이 그때그때 달라진다. 마이키와 나는 뉴욕에 살 때 채식주의자였다. 공장에서 제조되는 음식의 안 좋은 면을 상당 부분 피할 수 있기 때문이었다. 하지만 뉴멕시코에 와서는 동물성 음식도 먹기로 했다. 젖소를 키우는 농부와 친해지면서 유제품에 대한 반감이 사라졌고, 유기농 우유로 생 치즈와 요거트도 손수 만들기 시작했다. 식단으로 이런저런 실험을 하다 보면 자신이 어떤 음식에 알레르기가 있는지 알게 되어 식단을 수정하게 되는 일도 생긴다. 또 우리는 어떤 과일이나 야채든 유전자 조작 식품이라고 밝혀지면 가급적이면 먹지 않으려고 하며 그 음식을 대체할 다른 재료를 찾는다.

마이키와 나는 천천히 조리한 음식을 먹는다. 즉 우리가 매끼 먹는 음식은 대부분 이 지역에서 구입한 것이나 우리 집 텃밭에서 키운 것, 아니면 근처에서 야생 채취한 것을 재료로 해서 처음부터 끝까지 집에서 만드는 음식이다. 우리는 음식이든 약이든 이 지역 토종 식물로 만든 것을 좋아하고, 미생물이 살아있는 발효 음식을 즐긴다. 우리는 부엌에서 몇 가지 배양균을 키우는데, 곰부차 세 종류(준, 레드 와인, 일반종), 케피어(카프카스 산악 지대에서 먹는 발포성 발효유―옮긴이), 요거트 유산균, 누룩(사케, 미소 된장, 타마리 쇼유(일본 간장의 일종―옮긴이)를 만들 때 쓴다) 등이 그것이다. 그리고 치즈를 만들기 위해 중온성 세균(상온에서 잘 생육하는 미생물―옮긴이) 배양균과 호열성 세균(생육 최적 온도가 60도씨 부근인 미생물―옮긴이) 배양균을 늘 키운다.

내가 이제 소개하는 조리법 몇 가지는 독자에게 올바른 방향을 알려주기 위한 것이다. 책을 읽으면서 각자가 사는 곳과 자신의 성향에 따라 자기만의 즐겨 먹는 음식을 개발하면 된다. 분명 패스트푸드 대신 건강한 음식을 먹고 싶다는 생각이 들 것이다. 이 책에서 내가 소개하는 음료들은 맛있으면서 영양가가 높고 신기하기까지 해서 가게에서 산 음료는 까맣게 잊고 말 것이다. 살아있으면서 약효까지 있는 음식을 소개할 텐데, 음식을 발효시키는 독특한 방법, 별난 기술과 팁, 가게에서는 절대 살 수 없는 음식의 조리법, 식탁에 올리려면 자기 손으로 직접 만들어야 하는 음식들도 공개한다. 또 지역에서 자라는 식물을 공짜로 채취하여 식재료로 활용하는 방법에 대한 조언도 실었다.

복잡한 음식은 물론 약도 조제할 수 있는 만능 부엌은 먼저 좋은 장비로부터 시작된다. 다음 장에서는 마이키와 내가 부엌에 필수적이라고 판단한, 조금은 독특한 주방 기구들을 소개한다.(감자 깎는 칼이나 과도 같은 기본적인 것은 싣지 않았다.)

화요일은 우리 집의 '밀린 요리하는 날'이 되고는 한다. 이번 주에는 곰부차와 요거트, 치후아후아 치즈(체다 치즈와 약간 비슷한 반₩ 경질 치즈), 메스키트 당밀을 만들었고 와인을 완성해 선반에 넣었다.

부엌에 필요한 도구

- **진공 포장기:** 봉지나 유리병을 밀봉할 수 있다.
- **산소 발생기:** 이 기계로 과산화수소수를 만들어 집안 청소할 때 쓰면 좋다. 또 박테리아와 곰팡이, 각종 균류의 생성을 막아주며, 집에서 만든 음료를 저장할 유리병을 살균 소독할 때 좋다.
- **가스레인지용 훈제 팬**
- **중고품 가게에서 산 팝콘 기계:** 커피 생두를 볶을 수 있다.(290쪽 참조)
- **커피 분쇄기 여러 대:** 씨앗, 견과류, 식물 뿌리 말린 것, 커피 등을 갈 때 쓴다.
- **디지털 온도계:** 탐침 및 온도 알람 기능이 있는 것.
- **손으로 돌리는 파스타 제조기**
- **고성능 블렌더:** 분쇄기로도 활용 가능한 강력 모터가 달린 것.
- **대형 푸드 프로세서**
- **온도 조절기:** 발효시킬 때, 요거트나 빵, 와인, 치즈 등을 만들 때 적합한 온도를 맞출 수 있다. 상자형 냉동고를 냉장고로 개조하여 만든다.(214쪽 참조)
- **주둥이가 넓은 스테인리스 깔때기:** 다양한 크기로 구성된 세트가 좋다.
- **녹즙기:** 가정용 소형 녹즙기나 에어로 프레스(공기압을 이용한 수동 추출기—옮긴이)는 재료에서 즙을 추출할 때 좋다.
- **착즙기:** 커다란 오렌지 등은 손으로 눌러 짜는 수동 착즙기, 레몬과 라임은 소형 주스 프레스, 그 밖의 과일과 야채에는 고성능 전동 착즙기가 적합하다.
- **스테인리스 음식물 쓰레기통:** 뚜껑 있는 것.
- **전기 증류기:** 식수 만들 때, 팅크 만들 때, 자동차 건전지에 물을 채울 때.
- **지역 토종 식물 서적:** 마이키와 내가 가장 좋아하는 책은 캐롤라인 니태머의 《아메리칸 인디언 음식과 구전 지식: 정통 조리법 150가지*American Indian Food and Lore: 150 Authentic Recipes*》이다. 아마존닷컴에서 1.65달러에 샀다. 사막으로 가서 땅에 의지해 살려고 하는데 딱 한 가지만 가져가야 한다면 나는 이 책을 가져갈 것이다.

음료

2011년 7월 《뉴욕타임스》에서 마크 비트먼은 "미국인의 연평균 청량 음료 소비량이 170리터에 달한다"고 보고했다. 소매점 청량 음료 가격이 3.7리터당 2달러인 것을 기준으로 할 때, 평균 미국 가정(4인 가족)은 탄산 설탕물(대부분은 고高과당 옥수수 시럽과 물로 이루어져 있다)에 해마다 500달러를 지출하는 셈이다.

대부분의 가정이 청량 음료 외에도 커피나 차, 여름철 음료, 과일 주스 등을 마시는 점을 감안할 때, 많은 가정이 음료에 연평균 수천 달러를 쓰고 있다고 추산할 수 있다. 이 수치를 0에 가깝게 줄이는 방법이 있다. 동시에 건강에 좋고 약효까지 있는 양질의 음료를 먹을 수 있다. 집에서 음료를 만들어 먹으면 자연에 더 가깝게 연결될 뿐 아니라 방부제와 첨가제, 불필요한 포장에서도 자유로워질 수 있다. 맛있는 건 기본이다!

우리는 음료를 만들면 프렌치 프레스(위에 손잡이가 달려 있어 농도를 조절해 차와 커피를 우릴 수 있는 추출기─옮긴이)로 걸러서 1리터 용량의 입구가 큰 유리병에 담아 저장한다.

손쉽게 만드는
과일
농축액

좋아하는 과일을
착즙기에 넣고
즙을 짜낸다.

얼렸다가  상온에서 녹인다.

$\dfrac{1}{3}$ = 녹을 때 얼음 덩어리에서 처음 흘러나오는 이 과즙 농축액이다.

$\dfrac{2}{3}$ = 나머지 $\dfrac{2}{3}$는 대부분이 물이다.

얼음 덩어리에서 처음에 나온 물 $\dfrac{1}{3}$ 은 사각 얼음 틀에 넣어서 다시 **얼리면** 나중에 여러 음료로 활용할 수 있다.

나머지 $\dfrac{2}{3}$는 대부분 물인데 산뜻하고 연한 **과일 음료**로 마시기에 좋다.

과일 음료

근처에서 어떤 과일이 자라는지 찾아본다. 땅이 있으면 직접 과일나무를 키워보자. 묘목으로 시작한다면 2~3년 안에 열매를 맺는 아주 작은 과일나무를 추천한다. 과일나무를 키우는 사람들은 해마다 과일이 넘쳐나게 열려서 감당하지 못하는 경우가 많기 때문에, 당신이 직접 수확하겠다고만 하면 기꺼이 따가라고 할 것이다. 우리는 동네에서 해마다 열리는 포도 으깨기 작업에 참여해 포도를 얻어오기도 하고, 친구네 과수원에 가서 사과며 체리를 몇 양동이씩 따오기도 한다.

우리가 사는 지역에서는 석류가 잘 자라는데 집에서 만드는 각종 주스에 섞어 먹으면 맛이 일품이다. 백년초 선인장은 뉴멕시코 남부의 사막 지대에

백년초 선인장 열매는 '튜나tuna'라고도 한다.
집게와 장갑을 끼고 따야 한다!

서 야생으로 자란다. 우리도 해마다 그 조그맣고 맛있고 약효까지 있는 자줏빛 열매가 맺히기만 기다린다. 열매를 따온 다음날이면 엄청난 양의 열매로 즉시 작업하기 시작해, 즙을 짜내고 얼리고 농축액을 만든다. 집에서 만든 벌꿀 술과 곰부차에 백년초 농축액을 섞으면 음료에 단맛과 함께 풍부한 맛이 가미된다.

아래 소개하는 조리법에, 우리가 추천하는 재료 대신 각자 사는 지역에서 나는 재료를 넣어보자. 예를 들어 백년초 선인장 열매 대신으로 체리나 지역 토산물 베리류를 넣으면 되고, 치포틀레(훈제해서 말린 할라피뇨─옮긴이) 대신 각자 사는 곳에서 나는 고추를 넣는 식이다.

과일 농축액 얼음 만들기

과일 농축액을 얼려놓으면 겨우내 신선한 음료로 만들어 먹을 수 있다. 또 블렌더에 농축액 얼음 두어 개를 넣고 얼음과 꿀 약간, 민트 몇 잎을 첨가해 갈면 사시사철 맛있게 먹을 수 있는 과일 음료가 된다. 과즙을 얼렸다가 두 차례에 걸쳐 해동하여 과즙 농축액을 얻는 이 과정을 분별 결정이라고 한다.

1. 과즙을 얼린다. 지퍼백을 이용하면 얼음을 평평하게 만들 수 있고(냉동실은 언제나 공간이 모자라니까), 또 나중에 재사용할 수 있어 좋다.
2. 얼린 과즙을 다시 해동한다. 녹으면서 덩어리에서 처음 나온 액체 1/3은 과즙 농축액이다. 이것을 사각 얼음 틀에 넣어 다시 얼리면 추후에 여러 가지로 활용할 수 있다.
3. 나머지 2/3는 대부분 물인데 산뜻하고 연한 과일 음료로 마시기에 좋다.

얼린 백년초 펀치

수분을 공급해 주고 진정 효과가 있는 여름철 음료이다. 발한 작용을 촉진하여 피부를 깨끗하게 한다.

1. 냉수 약 2리터를 블렌더에 채우고, 백년초 열매 농축액 사각 얼음 3개, 사각 얼음 틀의 얼음 한 판, 다진 생강 1작은술, 신선한 민트 잎 8장(말린 민트일 경우 1작은술), 손가락 길이의 레몬그라스 4줄기, 라임 2개 즙 낸 것, 각자 좋아하는 감미료 3큰술, 소금 약간을 넣는다.
2. 위 재료를 잘 간 뒤 체에 걸러서 음료를 낸다.

차

차는 텃밭에서 쉽게 키울 수 있는 여러 가지 풀로 만들 수 있다. 몇 가지만 예를 들면 히비스커스, 홀리 바질(툴시), 민트, 히숍, 아니스, 회향, 레몬 밤, 캐모마일, 식용 라벤더, 딸기와 라즈베리 잎, 로즈 힙, 베르가못, 캐러웨이, 계피, 감피柑皮, 민들레, 에키네시아, 생강 뿌리, 흰꽃광대나물, 카바, 레몬그라

서향으로 나는 우리 집 민트는 튼실하게 자라서 이제 상당히 많이 뜯어내도 될 정도가 되었다. 오늘은 무리하지 않고, 식품 건조기 선반에 소복이 담길 만큼만 땄다.

스, 감초, 서양쐐기풀, 서양톱풀, 세이지, 버베나 등이 있다.

우리는 치후아후아 사막에서 자라는 야생풀을 뜯어 와서 약효가 있는 다양한 차를 만들어 마신다. 여기에 우리 집 텃밭에서 기른 풀도 함께 넣는다.

뜨거운 메이플 민트 크림 차

추운 날 몸을 덥히기에 좋다. 두통과 복통을 가라앉혀 준다.

1. 물을 1리터쯤 끓인다.
2. 가장 좋아하는 종류의 민트를 1/4컵 넣는다.(이는 생 민트일 경우이며, 말린 것이면 양을 조금 줄인다.)
3. 10분간 우린 다음 잎을 건져낸다. 메이플시럽 3큰술, 크림 2큰술을 넣어서 차려낸다.

톡 쏘는 감귤 생강 차

춥고 감기 들기 쉬운 계절에 제격. 면역 체계를 강화해 주고, 부비강(얼굴 골격 안쪽에 공기가 들어 있는 공간—옮긴이)을 열어주며, 목이 아플 때 마시면 좋다.

1. 물 1리터를 끓인다.
2. 생강을 엄지손가락만한 크기로 얇게 저며 팔팔 끓인 물에 넣고, 여기에 치포틀레 가루 1/3작은술과 라임 1개 즙 낸 것, 소금 약간, 꿀 3큰술을 넣고 저어준다.
3. 10분간 우린 뒤 건더기를 건져낸다.

활기 차

비타민 C 덩어리. 카페인이 들어 있지 않은 각성제. 기관지를 열어주고 두통과 복통을 완화해 준다.

1. 마황 말린 것, 히비스커스, 민트를 같은 양으로 컵에 넣고 섞는다.
2. 끓는 물을 부어 10분간 우린 뒤 건더기를 건져낸다. 꿀을 넣어 단맛을 가미한다. 뜨거운 상태로 차려내거나 얼음을 띄워 차려낸다.

주의: 마황은 강한 허브라서 조심스럽게 음용해야 한다. 각성제에 민감한 체질이거나 심장 관련 질병, 고혈압 등이 있거나 임신중일 경우 먹지 않는 것이 좋다. 아이들에게는 적당하지 않다.

무중력 차

아드레날린을 활성화하고, 폐를 깨끗하게 해주며, 두통을 완화하고, 비타민 C가 다량 함유되어 항산화 기능이 있는 차.

1. 홀리 바질, 히비스커스, 버바스컴, 민트를 같은 양으로 넣고 섞는다.
2. 끓는 물을 붓고 10분간 우린 다음 건더기를 건져낸다.

커피

우리의 홀리 스크랩 온라인 상점에서는 엄청난 양의 카페인을 즐길 수 있다. 우리는 커피 취향에 상당히 까다로운 식도락가라서 커피를 볶는 법에도 신중을 기한다. 잘못 볶은 커피는 내리면 탄 맛이 나며 산도가 강해서 위를 자극한다.

볶은 뒤 갈아서 파는 커피는 생두 가격의 세 배에 달한다. 집에서 손수 커피를 볶아 먹으면 경제적일 뿐 아니라 자신의 입맛에 딱 맞는 커피를 만들 수 있고, 누군가에게 줄 경우 그만한 선물이 없다. 물론 맛있게 볶아내려면

이베이에서 생두를 사고
무척 흡족해하는 마이키.
과테말라 프라임 3.6킬로그램짜리다.

손맛과 숙련된 기술이 있어야 한다.

커피 볶는 기계는 고가이며 수백 달러를 호가하는 경우가 많다. 마이키와 나는 버려진 물건으로 살아보자는 생활 철학을 따라 중고품 가게와 장터에서 찾아낸 낡은 팝콘 기계에 생두를 볶는다. 이런 팝콘 기계는 1달러에서 3달러면 살 수 있다. 모든 팝콘 기계가 생두 볶기에 적합한 것은 아니다. 생두를 볶기에 적합한 팝콘 기계는 두 가지 특징을 갖추어야 한다. 우선 원통 부분이 있어야 하고(하단 양 옆으로는 구멍이 뚫려 있어야 한다), 그 다음은 하부가 튼튼해야 한다.(구멍이 뚫려 있으면 안 된다.) 이런 특징을 갖춘 것으로 가장 많이 쓰이는 팝콘 기계는 포퍼리Poppery 1이다.

중고 장터에서
포퍼리 2 팝콘 기계를
1달러에 건졌다.

커피 생두 볶기

볶는 과정에서 이산화탄소가 발생하므로 커피는 언제나 야외에서 볶는다.

1. 커피 생두 2/3컵을 팝콘 기계의 원통에 넣고 콩이 적당히 볶아질 때까지 기계를 작동시킨다. 생두의 색이 갈색으로 변하면서 기름기가 돌고, 타닥거리며 콩 갈라지는 소리가 자주 들리면 콩이 적당히 볶아진 것이다. 첫 회분을 볶아내는 데 8분쯤 걸린다.(팝콘 기계의 철제 원통이 이미 달구어져 있기 때문에, 그 다음에 비슷한 양의 생두를 이어서 볶는다면 시간은 절반으로 줄어들 것이다.)
2. 커피콩이 다 볶아지면 즉시 쇠 거름망으로 옮겨 식힌다. 곧바로 옮기지 않으면 탄 맛이 난다.
3. 볶은 콩은 볶는 과정에서 생긴 이산화탄소가 빠져나가도록 거름망에 얹은 채로(혹은 용기에 담았다면 뚜껑을 닫지 않은 채로) 48시간 동안 둔다. 그렇지 않으면 이산화탄소가 콩에 다시 흡수되어 커피에서 신맛이 나고 먹으면 속이 아프게 된다.

참고: 뜨거운 커피에 카다멈을 약간 넣으면 신맛이 줄어든다.

우유와 스무디

꼭 젖소가 있어야만 우유를 먹을 수 있는 것은 아니다! 견과류로 만드는 우유와 크림은 단백질 함량이 높고 맛도 좋다. 유지방이 들어가지 않은 우유와 크림 만드는 법을 몇 가지 소개한다.

대추야자 아몬드 바닐라 요거트 스무디

단백질 함량이 상당히 높은 이 음료는 한 끼 식사 대용으로도 훌륭하다. 맛을 표현하자면 꼭 가을 냄새 같은 맛이다.

1. 아몬드 1/2컵을 물에 담가 하룻밤 불린다.
2. 아침이 되면 물을 따라버리고 아몬드를 몇 번 헹군다.
3. 아몬드를 블렌더에 넣고 죽 상태가 되도록 간다.
4. 여기에 요거트 2컵, 크림이나 우유 1컵, 얼음판 1틀 분량의 사각 얼음, 씨를 발라낸 대추야자 4개, 바닐라 1/4작은술, 넛멕과 계피 약간을 넣고 부드러워질 때까지 간다.

단백질이 풍부한 캐슈넛 크림에
각종 열매를 얹어서 먹고,
특히 위에 초콜릿 깎아낸 것을
얹으면 더 좋다.

견과류 우유

코코넛과 견과류로 만드는 우유는 만들기도 쉽고 동물성 우유를 대체할 수 있는 훌륭한 대안이다. 견과류 우유에는 동물성 우유와 마찬가지로 단백질이 들어 있다. 자신이 사는 지역에서 풍부하게 나는 견과류를 선택한다. 우리가 사는 곳에서는 수확철에 피칸과 잣이 구하기 쉬운 재료이고, 마이키와 나는 캐슈넛과 아몬드로 만드는 달콤한 견과류 우유를 가장 좋아한다.

1. 뚜껑이 있는 유리 단지에 견과류나 코코넛 깎아낸 것을 1/3쯤 채운다. 유리병의 나머지를 물로 채우고 뚜껑을 덮는다.
2. 그렇게 하룻밤 둔다.
3. 아침이 되면 물을 따라버리고 깨끗한 물에 내용물을 몇 번 헹군다.
4. 3에 뜨거운 물을 붓되, 비율은 1:2가 되도록 한다. 블렌더에서 초고속으로 간다. 건더기를 체에 걸러내고 액체를 냉장고에 보관한다.

주의: 체에 걸러낸 견과류와 코코넛 건더기는 버리지 말고 프라이팬에 음식을 볶을 때 향신료로 넣어 활용할 수 있다. 라비올리를 만들 때 치즈나 육류 대신 넣어도 좋다.

디저트 크림

이 디저트 크림은 휘핑 크림과 비슷하지만, 영양가는 훨씬 높다. 이 풍부한 크림에 각종 열매를 얹고 맨 위에 카카오 콩과 헤이즐넛 깎아낸 것을 얹으면 훌륭한 디저트가 된다.

1. 캐슈넛을 하룻밤 물에 불린다.
2. 물을 따라버리고 깨끗한 물에 캐슈넛을 몇 번 헹군다.
3. 물기를 제거한 캐슈넛을 블렌더에 넣고 꿀을 약간 첨가해 부드럽게 간다.
4. 부드러운 질감을 내고 싶으면 물을 조금 섞는다.

음료 저장

코르크 밀봉 기계와 병마개 밀봉 기계는 집에서 만든 음료를 보관하기 쉽도록 도와주는 저렴한 도구이다. 산소 발생기는 과산화수소수를 만드는 도구로, 과산화수소수는 동네 음식점에서 공짜로 얻어왔거나 우리가 사 먹고 나서 버리지 않고 모아둔 와인병을 음료 저장용으로 재사용하기 전 손이 닿지 않는 내부를 청소하는 데 쓴다. 과산화수소수가 든 분무기 몇 개를 준비하여, 병 안을 향해 이리저리 분사하고 안에 들어간 물을 쏟아버리면 끝이다.

병에 담은 수제 음료수는 파티에 갈 때 가져가면 멋진 선물이 된다. 손수 만든 라벨을 붙이면 고급 주문 제작 음료가 된다.

지난주에는 집에서 만든 두 번째 와인, 쉬라즈를 병에 넣었다. 이 라벨의 문양은 우리 고양이를 똑같이 그리고 싶다는 마음으로 내가 직접 그린 것이다.

살아있는 발효 음식

마이키와 나는 발효 예찬론자 산도르 엘릭스 카츠Sandor Ellix Katz의 열성팬이다. 그는 《내 몸을 살리는 천연 발효 식품Wild Fermentation》, 《발효의 예술The ARt of Fermentation》 등 집에서 만드는 발효 음식에 관해 책을 여러 권 썼다. 산도르는 우리 몸속의 유익한 장내 세균에 도움이 되는 효소와 활성 박테리아가 들어 있는 음식을 먹으라고 권한다. 그는 살아있는 음식의 장점을 아래와 같이 소개한다.

소화: 미생물은 영양소를 소화되기 더 쉬운 형태로 분해한다.
영양: 미생물 배양균은 전환되는 과정에서 비타민을 만들어낸다.
보호: 많은 미생물들이 유해균이나 해로운 물질로부터 몸을 보호해 준다.
보존: 미생물은 알코올과 젖산, 산성 아미노산을 만들어낸다.

살아있는 발효 음식은 가게에서 구할 수 없는 경우도 많다. 미국의 법률은 음식을 반드시 저온 살균(박테리아를 죽이고 효소의 활동을 막는 온도에서 가열한다)할 것을 의무화해서 살아있는 음식 중 일부는 불법으로 분류되기 때문이다. 예를 들어 저온 살균하지 않은 우유는 대부분의 주州에서 불법 식품이다. 살아있는 음식을 먹고 싶다면 균을 직접 배양하는 것이 가장 좋은 방법이다. 발효를 한 번도 해보지 않았다면 미생물의 세계에 안전하게 입문하도록 안내하는 책자를 꼭 참고하기 바란다.

어떤 이들은 해로운 미생물은 대규모 시스템에서 만들어지고 가공 처리된 음식에만 들어 있다고 생각한다. 하지만 미국에서 만들어지는 음식 대부분이 이런 방식으로 제조되기 때문에 유제품의 저온 살균을 의무화하는 것이 법적 기준으로 받아들여지는 것이 아닌가 한다. 꿀, 과일 주스, 치즈, 요거트도 대부분 저온 살균되지만, 법률상의 의무 사항은 아니다.

우리는 미생물과 같이 살아보니 안전하고 즐거웠다. 우리는 박테리아, 효모, 균류 같은 미생물을 인터넷을 통해 구하기도 하고, 발효 음식을 즐기는 친구들이 있어서 서로 교환하기도 한다. 배양균은 우리 가정 경제의 일부분이다. 우리 집 부엌에서 키우는 미생물은 다음 장에서 소개한다. 중온성 미생물은 적당한 온도에서 잘 자라고, 호열성 미생물은 열을 가해주면 잘 자란다.

3일 숙성 젖산 발효 김치

우리가 만들어 먹는 젖산 발효 김치는 말하자면 효소가 야채를 익혀주는 것이라고 보면 된다. 미생물이 효소(화학 촉매)와 함께 작용하여 음식을 소화되기 쉬운 상태로 만들어주는 것이다. 정통 방식으로 김치를 만들자면 몇 달은 걸리겠지만, 우리가 만들어 먹는 젖산 발효 김치는 3일이면 먹을 수 있다. 몸에 좋은 유산균은 물론 비타민 C도 풍부하다. 아, 게다가 맛있고 값싸기까지 하다는 말은 했던가?

준비물
좋아하는 종류의 양배추 1통, 당근 500그램, 마늘 8쪽 다진 것(마늘은 양파로 대체할 수 있다.), 저민 생강 2큰술, 참기름 2큰술(참기름은 어유魚油로 대체할 수 있다.), 소금 2작은술, 고춧가루 1/2작은술, 라임 2개 즙 낸 것, 케피어 유청(305쪽 참조) 약 0.5리터

살아있는

Cheese and Yogurt

치즈와 요거트
중온성 배양균 혹은
호열성 배양균+우유

Wine

와인
효모+과일

Kombucha

곰부차
홍차버섯+홍차와 설탕

발효 음식

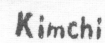

Kimchi
김치
저온 살균하지 않은 유청
+양배추와 야채+양념

Tempeh
템페
균류+대두

Mead
벌꿀 술
효모+꿀

유리병 입구에 에어록을 달면 자연적으로 생성되는 가스가 빠져나가되 외부 공기는 유입되지 않는다.

1. 양배추와 당근을 채 썰어 입구가 넓은 유리단지에 가득 채운다. 빈 공간이 없게 숟가락 뒷면으로 꾹꾹 눌러 담는다.

2. 다진 마늘과 생강을 대접에 넣고 참기름, 소금, 고춧가루, 라임 즙을 넣고 잘 섞는다. 여기에 케피어 배양균 한 숟가락을 미리 넣어둔 케피어 유청도 첨가한다. 살아있는 배양균이 들어 있는 유청이면 어떤 종류든 상관없다. 살아있는 배양균은 요거트, 생 치즈, 케피어에서 얻을 수 있다.

3. 위 양념을 양배추와 당근 위에 붓는다. 야채가 양념에 모두 잠기도록 한다. 부피가 약간 늘어나므로 단지 위에 여유 공간을 조금 남겨둔다. 단단하게 밀봉하여 직사광선을 피해 상온에 둔다.

4. 약 24시간이 지나면 압력 때문에 유리병 뚜껑이 솟아오를 것이다. 이렇게 되면 유리병을 냉장고에 넣는다. 냉장 보관은 발효 과정을 늦춰준다.

5. 냉장고에서 3일을 보관하면 배양균이 유리병 속에 든 야채와 양념을 알맞게 발효시켜 드디어 김치를 먹을 수 있다. 밥 위에 얹어서 낸다.

주의: 유리병 안에서 생기는 국물은 부글거리면서 거품을 낼 것이다. 뚜껑을 열 때 조심해서 연다. 샴페인 병처럼 내용물이 흘러넘칠 수 있다.

곰부차

우리는 보통 '곰부차kombucha'라고 하는 영양 만점 음료를 만들어내는 미생물을 손수 기른다. '초모醋母'라고 불리는 곰부차 배양균은 둥글고 미끌미끌한 고무 원판같이 생겼다. 실제로는 공생하는 미생물 수백만 개로 이루어진 생물이다. SCOBY라고도 하는데, 이는 '박테리아와 효모의 공생 배양균 symbiotic culture of bacteria and yeast'이라는 뜻이다. 곰부차 초모에 설탕 섞은 홍차를 부어놓으면 유산균과 다양한 비타민 B, 항산화 물질이 들어 있는 자연산 탄산 음료로 바뀐다. 곰부차 초모를 만드는 가장 좋은 방법은 곰부차를 만들어 먹는 사람을 사귀어두는 것이다. 곰부차 초모 한 덩어리면 새로운 배양균(보통 '딸'이라고들 한다)을 몇 덩어리는 만들 수 있는데, 곰부차를 만들어 먹는 사람들은 대개 여분으로 여러 개 가지고 있다.

주의: 곰부차 초모에 곰팡이가 피었다면 곰부차와 배양균 덩어리를 모두 버린다. 곰팡이가 생겼는지 아닌지 잘 모르겠다면 인터넷상에 올라온 사진

백년초 곰부차. 이상하게도
수박 맛 사탕과 맛이 정말 똑같다.

을 참고하라. 곰팡이는 대개 배양균과는 색깔과 질감이 다르며, 초모 배양균의 윗면에서 자란다.

곰부차

이 조리법으로 하면 1리터 들이 병 4개 분량이 만들어진다. 한 주에 한 병을 마신다고 할 때 한 번 만든 양을 다 먹을 때쯤이면 그 다음에 만든 곰부차를 병에 넣을 시기가 가까워질 것이다. 초모에서 배양된 딸 배양균 덩어리들은 서로서로 나눠 갖는 것 잊지 말자.

1. 홍차 4리터를 우려내 백설탕 4컵을 붓는다. 설탕이 완전히 녹을 때까지 저어주면서 낮은 불에서 가열한다.
2. 차를 불에서 내리고 식힌다.
3. 실내 온도로 식힌 차를 입구가 넓은 유리 용기에 붓는다. 이 용기에 곰부차 초모를 넣으면 달콤한 홍차가 탄산이 생기는 발효 음료로 변신한다. 곰부차 초모를 넣고 유리 용기의 입구를 면천으로 씌우고 고무줄로 고정한다.
4. 직사광선이 들지 않는 서늘한 곳에 보관한다. 14일간 기다렸다가 맛을 본다. 맛을 볼 때는 언제나 깨끗한 숟가락을 사용하며, 입에 들어간 숟가락은 절대로 다시 집어넣지 않는다. 입 속의 세균이 어미 배양균을 오염시킬 수 있기 때문이다. 차 맛이 너무 달면 2~3일 더 기다렸다가 다시 맛을 본다.
5. 차가 원하는 맛으로 숙성되었으면 병에 넣는다. 먼저 용기에서 초모 배양균을 꺼내 깨끗한 그릇에 둔다. 차를 병에 넣기 직전에 기호에 따라 과일 농축액을 첨가하면 더 맛있게 즐길 수 있다. 마이키와 내가 가장 좋아하는 것은 백년초 열매 농축액이다. 그 다음으로는 이 지역에서 나는 석류 즙을 넣는 것을 좋아한다.
6. 곰부차를 밀봉 쇠고리 병마개가 달린 유리병에 담아 보관한다. 쇠고리 병마개가 달린 유리병은 곰부차의 탄산화 때 발생되는 이산화탄소가 올라오더라도 뚜껑이 열릴 염려가 없어서 안전하다. 곰부차로 그대로 마시고 싶다면 병을 냉장고에 넣어둔다.

7. 식초로 만들고 싶다면 곰부차 초모를 더 오래 담가둔다. 설탕이 완전히 분해되면 식초만 남는다.

8. 곰부차 초모를 설탕 넣은 홍차에 집어넣어 발효 순환을 즉시 이어간다.

와인과 벌꿀 술

와인과 벌꿀 술 같은 취음제를 집에서 만들어 먹는 것보다 더 짜릿하고 흥분되는 일이 또 있을까? 사람들은 포도, 민들레, 클로버, 꿀 같은 재료로 집에서 숙성시켜 만든 술 한 병을 선물로 받으면 감동을 감추지 못한다. 우리는 우리 집 과일나무가 자라기까지 기다리는 동안 와인 제조기 세트를 구입해 와인 만드는 법을 익혔다. 와인 제조기 세트를 구입한 덕에 와인 만드는 과정을 배울 수 있었고, 필요한 재료와 첨가제를 알게 되었으며, 맛에 영향을 미치는 요소가 무엇인지도 배웠다.

제조기 세트로 와인을 만들려면 일단 한 번은 장비를 구입해야 한다. 주정계(와인의 알코올 함량을 측정하는 기구), 카보이carboy(커다란 유리 용기), 플라스틱 양동이, 코르크 밀봉 기구 같은 것들이다. 장비는 모두 와인 용품점에서 구할 수 있으며, 일부 초보자용 세트에는 이런 장비까지 모두 들어 있다. 와인 제조기 세트에는 와인을 만드는 데 필요한 포도즙도 들어 있다. 샤도네, 피노 누아, 진판델 등 자신이 좋아하는 포도 종을 선택하면 된다. 와인 제조기 세트는 100달러가 채 안 되며 와인 30병이 만들어진다. 와인 병은 동네 음식점에서 쉽게 구할 수 있고 계속 재활용할 수 있다.

벌꿀 술

벌꿀 술 담그는 법은 연금술과 같다. 꿀 약 1.3킬로그램을 살 약간의 돈과 얼마간의 시간이면 100달러의 가치가 있는 달콤한 알코올 음료, 황홀한 벌꿀 술을 담글 수 있다. 벌꿀 술은 대부분의 맥주와 달리 글루텐이 없으며 구하기도 쉽지 않다. 즉 선물로 주면 그만이라는 뜻이다.

준비물

3.8리터 들이 유리병 2개, 물 약 3.8리터, 꿀 1.4킬로그램과 1/2작은술, 플라스틱 에어록, 효모(덜 달게 만들려면 샴페인 효모), 와인 병과 코르크 4~6개 또는 스윙탑(밀봉 쇠고리 병마개) 유리병 4~6개

1. 물 1.4리터를 섭씨 38도가 되도록 가열하여 꿀 1.4킬로그램과 잘 섞어서 3.8리터 들이 유리병에 담는다. 병 입구를 에어록으로 봉하고 24시간 상온에 놓아둔다.
2. 위의 병에 병목 바로 아랫부분까지 물을 채운다.
3. 물 1/2컵을 섭씨 38도가 되도록 가열하여 꿀 1/2작은술을 넣고 섞는다. 여기에 효모를 흩뿌리고 효모가 활동하도록 둔다. 30분쯤 두었다가 꿀물이 담긴 유리병에 붓는다.
4. 에어록을 꼭 잠그고 직사광선을 피해 상온에 3주간 둔다.(25~28도가 가장 좋다.)
5. 3주가 지나면 벌꿀 술이 발효된다. 죽은 효모가 유리병 바닥에 가라앉아 있을 것이다. 에어록을 떼어내고 유리병 속의 내용물을 깨끗한 3.8리터 들이 유리병에 옮겨 붓는다. 바닥에 가라앉은 앙금이 섞여 들어가지 않도록 조심한다.
6. 물을 병목 꼭대기까지 채워 넣는다. 병 입구에 다시 에어록을 꽂고 2주 동안 더 놓아둔다.
7. 벌꿀 술을 침전물이 섞여들지 않도록 조심하면서 와인 병에 붓는다. 숙성되면서 양이 팽창되므로 공간을 약간 남겨둔다. 각 병을 코르크로 밀봉하거나 스윙 탑 유리병일 경우 마개를 꼭 잠근다. 병에 넣을 때 과즙 농축액을 함께 넣어 향을 가미할 수 있다. 한 병당 농축액 한 큰술 정도를 맛을 보면서 기호에 맞게 넣는다. 과즙 농축액에 들어 있는 설탕이 추가되어 탄산 가스가 더 잘 생기고 향이 더 풍부해진다.

마무리와 저장: 숙성이 핵심이다. 벌꿀 술을 병에 넣고 적어도 석 달은 숙성시키자.

온도가 중요하다. 무산소 상태에 놓아두는 이 기간에 탄산화를 잘 하려면 병을 22도 온도에 놓아두자. 환경이 여의치 않을 경우 유리병을 랩으로 감아두거나, 조그만 전기 방석 위에 놓아두는 방법도 있다.

유제품

홀리 스크랩 온라인 상점에서는 마이키와 내가 손수 만든 유제품을 판매한다. 우리는 저온 살균하지 않은 우유와 생우유로 만든 치즈가 저온 살균된 유제품보다 소화가 더 잘된다는 것을 알게 되었다. 하지만 저온 살균하지 않은 우유와 치즈는 미국 대부분 지역에서 불법으로 간주되기 때문에 우리는 위험을 무릅쓰고 먹는 셈이다. 생우유를 살 때면 생우유를 판매하는 농장주에게 우리가 키우는 반려 동물을 먹이려고 산다고 말한다. 일부 주에서는 젖소를 먹이기 위한 목적으로는 생우유 구입을 허가하기도 한다.

우리는 매주 3.8리터 들이 신선한 생우유를 두 통 구입한다. 우유통의 윗면에 떠 있는 크림은 커피나 소스를 만들 때 쓰기 위해 유리병에 따로 담아둔다. 나머지 우유는 부드러운 모차렐라 치즈나 크림 치즈, 버터, 체다 치즈나 딱딱한 로마노 치즈로 만든다. 연질 치즈에는 햇볕에 말린 토마토나 구운 마늘, 골파로 맛을 가미해서 먹는다. 이 재료들을 블렌더에 넣고 펄스(재료를 순식간에 분쇄하는 기능―옮긴이) 버튼을 몇 번 눌러 섞어주기만 하면 된다. 우리가 손수 만든, 아름답고 질감이 풍부하며 살아있는 치즈들은 장인들이 만들었다면서 비싼 값에 파는 수제 치즈보다 훨씬 맛이 좋다.

치즈를 만들려면 중온성 배양균이나 호열성 배양균, 그리고 렌넷(우유를 응고시키는 효소—옮긴이)이 필요하다. 배양균의 종류는 어떤 치즈를 만들 것이나에 따라 선택하면 된다. 치즈 만드는 법을 알려주는 책자를 한 권 마련하자. 와인을 만들 때와 마찬가지로 초보자용 세트 같은 물품을 두세 번 정도는 구매해야 할 것이다.

가공하지 않은 치즈는 외부 환경에 쉽게 영향을 받는다. 집에서 만든 크림 치즈나 모차렐라 치즈가 너무 오래두어 신맛이 나기 시작하면, 나는 프라이팬에 기름을 붓고 볶아서 인도에서 즐겨 먹는 파니르라는 생 치즈 비슷한 것으로 요리해 먹는다.

요거트

이미 만들어놓은 수제 치즈가 많이 있을 때면 농장에서 갓 받아온 신선한 우유를 유리병에 담고 요거트를 한 숟가락 떨어뜨려 넣어 요거트로 만든다. 먼저 유산균이 활발히 활동하도록 이 우유병을 우리가 손수 만든 발효기에 넣고, 마이키가 발명한 온도 조절기(214쪽 참조)를 연결해 섭씨 43도에 놓아둔다. 24시간이 지나면 면천을 깐 체에 대고 내용물을 부어 물을 따

중탕 기법으로도 요거트를 만들 수 있다. 빠르며(약 5시간밖에 안 걸린다) 내가 좋아하는 부드러운 식감의 요거트가 만들어진다.

라 버린다. 면천 위에 남은 것이 건강한 유산균이 가득 든 맛있는 요거트다.

유청

치즈 만들 때 나오는 부산물을 유청乳淸(치즈를 만들 때 엉킨 젖을 거르고 난 묽은 액체—옮긴이)이라고 한다. 유산균이 풍부한 고단백 액체이다. 우리는 케 피어 유청을 김치를 만들 때 쓰고(295쪽 참조) 반려 동물에게 먹이로 주기도 하며, 간혹 내가 칸디다 질염에 걸린 것 같을 때는 질 세척하는 물에 섞어서 질 세정제로 쓴다. 유청은 몸속의 효모와 박테리아의 균형을 잡아주고 몸에 좋은 유산균을 더해준다. 이렇게 활용도가 높은 유청은 부작용이 전혀 없으면서 자연적이고 값도 저렴한 치료약이 된다.

단백질

간혹 야생 동물을 잡을 경우에는 그것을 요리해서 동물성 단백질을 섭취한다. 그렇지 않을 경우는 견과류, 콩류, 버섯, 템페가 주요 단백질원이 된다.

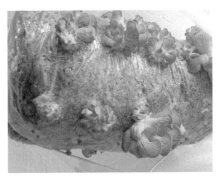

집에서 버섯을 키우면 재미있는 광경이 펼쳐진다. 다양한 외래종의 버섯 포자는 인터넷에서 구입할 수 있다.

템페

템페는 마이키와 내가 가장 좋아하는 콩 단백질 음식이다. 곰팡이 균과 콩이 서로 엉기면서 만들어지는 템페는 맛이 좋고 고소한 풍미가 나며 프라이팬에 볶아 먹으면 영락없는 고기 질감이 난다. 우리는 샌드위치에도 넣어 먹는다. 단백질 함량이 높아 여러 요리에서 고기 대신으로 넣을 수 있기 때문에, 아시아 문화권에서는 "밭에서 나는 고기"라고 한다. 템페 만들기는 여러 단계가 필요하고 시간이 많이 걸리기 때문에 우리는 한 번 만들 때 많은 양을 만들어서 한 끼 식사 분량으로 나눠 냉동시킨다. 템페 발효종은 인터넷에서 구입할 수 있다.

준비물
대두 1킬로그램, 커다란 금속 재질 솥, 물, 조리용 온도계, 푸드 프로세서, 체, 템페 발효종, 샌드위치용 지퍼 백 12개, 발효기(318쪽 참조)

1. 대두를 커다란 솥에 담는다. 솥에 물을 가득 채워 하룻밤 불린다.
2. 아침이 되면 물을 따라 버리고 새로 물을 붓는다. 콩 솥을 가스레인지에 올리거나 태양열 오븐(섭씨 140도)에 넣고 최소 1시간, 콩이 물러질 때까지 가열한다.
3. 물을 따라 버리고 콩을 푸드 프로세서에 넣고 펄스 기능을 세 번 눌러 굵게 분쇄한다.
4. 굵게 다져진 콩을 다시 솥에 넣고 물을 가득 채운다. 물을 따라 버리고 같은 방식으로 5회 헹궈낸 다음, 콩을 체에 걸러 마지막으로 물기를 빼준다. 이렇게 헹구는 과정에서 콩 껍질은 다 벗겨진다.
5. 껍질이 벗겨진 콩을 솥에 넣고 32도 정도가 될 때까지 가열한다. 템페 발효종 2큰술을 넣는다. 잘 저어준다.
6. 지퍼 백에 포크로 작은 구멍을 여러 개 낸다. 벽지 문양처럼 구멍을 일정한 간격으로 촘촘하게 뚫어준다. 각 지퍼 백에 템페 발효종을 넣은 콩을 2/3씩 채우고 3센티미터 두께가 되도록 평평한 모양으로 만들어준다. 지퍼 백을 발효기에 넣고 온도 조절기를 32도로 맞춘 다음 24시간 동안 둔다.
7. 24시간이 지나면 템페를 들여다본다. 콩 사이로 흰색 곰팡이 균이 생겨났는지 확인한다. 곰팡이 균이 풀처럼 끈끈하게 콩 알갱이를 묶어서 단단한 벽돌 같은 덩어리로 만들

어놓았을 것이다. 흰색 곰팡이 균이 검은 반점을 만들어내기 시작하면 템페가 완성된 것이다.(이 검은 반점은 템페 균으로, 템페가 잘못된 것이 아니다.) 지퍼 백을 발효기에서 꺼내 냉동 보관한다.

먹는 법: 템페를 프라이팬에 볶을 때 다진 마늘과 타마리 쇼유, 꿀을 넣고 템페가 갈색이 돌며 바삭바삭해질 때까지 볶는다. 그런 다음 템페를 잘게 부수거나 3센티미터 길이로 잘라서 쪄낸 야채 위에 얹어서 낸다. 템페는 신선한 녹색 야채, 토마토, 기호에 맞는 소스 또는 양념과 함께 샌드위치 소로 넣으면 훌륭하다.

빵류와 면류

파스타나 빵, 크레페 등 면류나 빵류를 손수 만드는 것은 아무나 할 수 없는 어려운 일이라고 생각할 수도 있다. 하지만 빵류와 면류는 손수 만들기 쉽고 값 싸며 맛있다. 곡물 가루와 달걀 그리고 시간만 있다면 놀라운 결과물을 만들어낼 수 있다.

나만의 곡물 가루 만들기

요즘에는 도정된 밀가루라도 될 수 있으면 건강한 것으로 먹으려고 하는 사람들이 많다. 셀리악 병(글루텐 민감성 장 질환—옮긴이)을 앓고 있어서든, 아니면 그저 좀 더 다양한 식단을 좋아해서든 밀가루를 각종 곡물 가루로 대체하는 실험은 해볼 만하다. 또 저장된 곡물 가루에는 건강 문제를 유발하는 곰팡이 균이 들어 있을 수도 있다. 곡물을 블렌더나 커피 분쇄기에 갈면 견과류 가루, 코코넛 가루, 콩가루, 쌀가루 등 각종 곡물 가루를 손수 만들 수 있다.

밀가루의 대안으로 활용할 수 있는 곡물이 자신이 사는 지역에서 자라는지 알아보라. 지역에서 나는 곡물 가루로 만들 수 있는 요리도 구상해 본다. 뉴멕시코 남부에는 메스키트 나무가 흔해서 우리는 메스키트 콩을 갈아 영양 만점의 곡물 가루로 만든 다음, 밀가루 3분의 2에 메스키트 가루를 3분의 1의 비율로 섞어서 어떤 요리에든 활용한다. 어떤 대안 곡물 가루든지 밀가루와 혼합하는 비율은 이 정도가 좋다.

자신이 좋아하는 곡물 가루가 무엇인지 알아내기까지는 얼마간의 실험이 필요할 것이다. 하지만 일단 알아내면 자신만의 빵과 파스타, 팬케이크를 만들기가 생각보다 훨씬 쉽다는 것을 깨닫게 된다. 자기만의 반죽을 만드는 법을 터득했다면 그때부터는 신세계가 열린다.

새알심, 춘권, 필로(아주 묽은 반죽으로 만드는 얇은 파이―옮긴이), 라비올리 등 다양한 요리의 반죽을 만들 수 있고 브리오슈 같이 귀여운 빵도 만들 수 있다. 여기에 곡물 가루와 달걀을 기본 재료로 하면 롤 빵, 머핀이나 케이크, 쿠키 같은 간식용 빵까지 다양하게 만들 수 있다. 영양가 높은 반죽을 만들고 싶다면 과일과 야채의 즙을 짜고 남은 과육이나, 코코넛 우유와 견과류 우유를 만들고 남은 과육을 넣어도 된다. 견과류와 코코넛 과육은 프라이팬에 향신료를 넣고 볶으면 채식주의자를 위한 라비올리의 소로 활용할 수 있다.

바닐라 추출액

요즘은 실제 바닐라콩에서 추출한 바닐라 추출액을 구하기가 하늘의 별따기만큼 어렵다. 바닐라 추출액이라고 시판되고 있는 제품은 설탕과 인공 향료를 합성해 만드는 게 대부분이다. 하지만 바닐라 추출액은 집에서 간단하게 만들수 있고 값도 얼마 들지 않는다. 유리병, 바닐라콩, 보드카나 여타 무향無香의 도수 높은 술만 있으면 된다. 바닐라콩은 온라인으로 구입할 수 있다. 시중에서 파는 흉내만 낸 바닐라 추출액 두세 병을 사는 값이면 진짜 바닐라 추출액 50병은 족히 만들고도 남을 바닐라콩을 살 수 있다.

1. 바닐라콩 6개를 세로로 반으로 가르고 버터나이프로 긁어내 그 안에 든 씨를 빼낸다. 씨는 아이스크림이나 캐슈 크림 등 다른 음식에 향신료로 넣을 수 있다.
2. 씨를 빼낸 바닐라콩을 뚜껑 있는 병이나 단지에 넣는다. 무향의 술을 가득 붓는다. 가끔씩 병을 흔들어준다. 알코올이 바닐라 향을 추출하면서 색이 갈색으로 짙어진다. 오래둘수록 강한 맛의 추출액이 된다.

저장: 마이키와 나는 술을 부어둔 바닐라콩 병을 늘 부엌 조리대에 둔다. 요리할 때 추출액이 필요하면 쓰던 것에 술만 더 부으면 된다. 술을 부어도 색이 더 이상 짙어지지 않으면 바닐라콩을 새것으로 교체한다.

바닐라 추출액을 직접 만들려면 바닐라콩
몇 줄기와 술, 유리병만 있으면 된다.

군것질거리

가게에서 사는 군것질거리에는 몇 년이고 판매대에 두어도 상하지 않도록 방부제가 들어 있다. 영양을 염두에 두고 만든 것들은 거의 없다. 집에서 만드는 주전부리는 영양 만점으로, 품질면에서는 인스턴트 음식과 비교하기 어려울 정도면서 맛까지 좋아서 과자 생각은 전혀 나지 않게 해준다.

라임 치포틀레 피스타치오 견과류

이 간식은 한번 손을 대면 멈추기 어렵다. 새콤한 라임과 매콤한 치포틀레 때문에 혀가 얼얼해질 때에야 멈추곤 한다.

1. 껍질 깐 피스타치오 1/2컵을 라임 1개 즙 낸 것, 엄지와 검지로 두 번 집은 양의 치포틀레 가루, 두 손가락으로 네 번 집은 양의 소금과 섞는다.
2. 한 번 휘 돌려서 바로 담아낸다.

조미 견과류를 진공 포장 팩에 넣어보았다. 진공 포장을 하면 양념이 견과류 안으로 더 빨리 흡수되는 것 같다.

매콤 팝콘

우리 집 매콤 팝콘을 맛본 친구들은 대개 사과를 하곤 한다. 너무 맛있어서 한번 집어먹은 후로 손이 말을 듣지 않았다면서.

1. 프라이팬에 올리브 오일 1/4컵을 두르고 센 불에 가열한다.
2. 옥수수 알 1/2컵을 팬에 넣고 프라이팬과 같은 지름의 금속 재질 대접을 뒤집어 뚜껑으로 덮는다. 알맹이들이 터지는 소리가 급격하게 줄어들 때까지 계속 터지게 둔다. 프라이팬을 뒤집어 내용물을 대접 안에 옮겨 담아낸다.
3. 양념은 다음과 같은 순서로 뿌린다. 먼저 핫 소스 두세 방울, 그 다음 영양 효모 2큰술, 마지막으로 두 손가락으로 세 번 집은 양의 소금을 뿌린다. 두 손으로 잘 섞어준다. 맛을 보고 필요할 경우 핫 소스나 영양 효모, 소금을 더 넣는다.

라임 치포틀레 케일 칩

이 재미있게 생긴 야채 칩 봉지를 처음 꺼내면 친구들은 열이면 열, 마치 제정신이냐는 듯이 바라본다. 하지만 일단 맛을 보고 나면 조리법을 알려달라거나 케일 씨앗을 나눠달라고 사정을 한다.

1. 라임 2개 즙 낸 것, 두 손가락으로 두 번 집은 양의 치포틀레 가루, 두 손가락으로 네 번 집은 양의 소금, 양파 가루 1큰술을 잘 섞는다.
2. 케일 잎을 한 장씩 떼어 위 양념에 재어둔다.
3. 식품 건조기 선반에 올린다. 57도로 4시간 동안 건조한다. 부드러운 맛을 원하면 다진 브라질 너트를 뿌린다.

천연 약

제약 회사에서 만드는 약에 더 이상 의존해서는 안 되는 이유는 아주 많다. 약은 짓기 위해 반드시 병원에 들러야 하고, 값이 비싸며, 심각한 부작용을 초래하기도 한다. 자연은 지혜롭고 거저 주며 단순한 경우가 많다. 토종 식물은 대개 지리적으로 그 지역에 사는 사람들에게 자주 발생하는 질병을 치료하는 효능을 갖고 있다.

뉴멕시코 남부의 건조한 사막 지역에서는 많은 식물이 몸에 수분을 유지하도록 도와주는 기능을 한다. 우리 집 식수는 광물 함유량이 높아서 계속 먹으면 요산이 축적되는데, 거꾸로 이 지역의 일부 토착 식물은 신장 결석을 막아주는 작용을 한다. 사막에서 자라는 식물은 가시가 많아 긁히고 찔리는 일이 다반사인데, 이곳의 많은 토착 식물에는 지혈 작용과 소독 작용을 하는 성분이 함유되어 있다. 우리는 배가 아프거나 더부룩할 때 오코티요 선인장의 속껍질을, 염증이 생겼을 때는 예르바 만자를, 이뇨 작용이 필요할 때는 속새를, 각성제가 필요할 때나 기관지가 답답할 때는 마황을, 치통이 있거나 열이 날 때는 오샤osha(미국 남서부에 주로 서식하는 다년생 약초—옮긴이) 뿌리를, 거담제로는 버바스컴을, 목이 아플 때는 흰꽃광대나물을 먹는다.

어떤 약효의 토착 식물이 필요한지 알아보려면 먼저 식구들에게서 가장 잘 나타나는 병증을 적어본다. 지역 토착 식물 책자를 들춰보며 각 질병을 치료하는 효능을 가진 식물이 있는지 찾아본다. 연중 그 식물이 가장 많이 수확되는 시기가 언제인지, 식물의 어느 부분에 약효가 있는 알칼로이드가 함유되었는지 찾아본다. 그런 다음 야생 채집 도구를 챙겨서 찾으러 나간다.

주의 사항

- 정확히 어떤 것인지 모르겠는 식물은 절대로 먹지 말 것.
- 당신이 가진 약초 책에서 식물의 어느 부분을 먹으라고 하는지 확인할 것. 이파리, 나무껍질, 꽃, 씨앗, 뿌리, 수액 등 여러 부분이 있다.
- 길가나 하수구 근처에 자란 식물, 혹은 어떤 종류든 오염 물질이나 쓰레기 근처에 난 식물은 채집하지 말 것.
- 언제나 해당 식물이 많이 나 있는 곳에서 채집하고, 육안으로 판단해 전체 양의 20퍼센트 이상으로는 절대로 채집하지 말 것.
- 국유림이나 야생 생물 보호 구역에서는 절대로 채집하지 말 것.

야생 채집 도구

- 잘 드는 조그만 칼
- 작은 꽃삽
- 작은 가지치기 가위 혹은 그냥 가위
- 장갑
- 채집한 것을 담을 자루나 배낭
- 식물을 종류별로 나눠 담을 종이봉투
- 이름을 쓸 펜
- 아주 작은 것들을 볼 때 필요한 20배율 돋보기(바슈롬 사에서 훌륭한 열쇠고리형 돋보기가 나온다)
- 약초 안내 책자

저장

대부분의 식물은 종이봉투에 담아 벽에 고정시켜 1~2주 매달아 두면 잘 마른다. 나는 창가 양끝에 나사못을 두 개 박고 낚싯줄을 묶어서, 들에서 따온 풀이 가득 담긴 종이봉투를 매달아놓는다. 아니면 방충망을 붙인 상자에

옥외 식품 건조기를 설치하기 전에는
풀을 이렇게 종이봉투에 넣어 말렸다.

넣어 햇볕에 말려도 좋다. 알코올이나 꿀에 넣고 우리면 식물의 약효 성분이
우러나와서 나중에 두고두고 쓸 수 있다.

팅크

　대부분 식물은 물과 알코올과 섞이면서 약효 성분을 배출한다. 어떤 식
물은 물이 더 많이 필요하고 어떤 식물은 알코올이 더 필요하다. 지역 약초
교본에 식물별로 팅크tincture를 만들 때 필요한 정확한 비율이 나와 있다. 단
순 추출은 물 50퍼센트, 알코올 50퍼센트라는 보편적인 규칙을 따르면 얻
을 수 있다.

　우선 어떤 크기든 유리병에 신선한 약초를 잘게 다져서 가득 채운다. 약

초 교본에 뿌리, 잎, 씨앗, 꽃 등 약초의 어느 부위를 사용해야 하는지 나와 있을 것이다. 0.5리터 들이 용기면 70~80그램의 팅크를 만들기에 충분하다. 식물 조직에서 유효 성분을 추출하려면 용해제 혹은 용제가 필요한데 이는 도수 높은 곡주(95도 이상) 반, 증류수 반을 섞으면 된다. 알코올 도수가 95도인 에버클리어(미국에서 판매되는 술의 상호—옮긴이)는 주류 판매점에서 구입할 수 있으며 용해제를 만들 때 적합하다. 반드시 병에 든 약초가 전부 잠기도록 용해제를 붓고 뚜껑을 꽉 돌려 잠근다. 날마다 병을 흔들어주며 2~3주간 둔 다음, 체에 걸러 액체를 저장한다. 몇 방울 떨어뜨려 팅크의 효력을 시험해 본다.

팅크가 급하게 필요할 경우 위 방법을 그대로 따라 만든 다음 체에 걸러 바로 사용한다. 몇 주 숙성시켰을 때만큼의 강력한 효능은 없겠지만 급할 때 요긴한 치료약이 된다.

마이키와 나는 흰꽃광대나물 잎과 오샤 뿌리를 꿀에 재어두었다가, 감기에 걸렸거나 추운 계절에 기침이 나고 목이 따끔거릴 때 뜨거운 차에 타서 마신다.

바르는 약

약초로 바르는 약을 만들려면 물과 알코올 대신 오일을 사용하면 된다. 올리브 오일, 아몬드 오일, 코코넛 오일이 가장 많이 쓰인다. 잘게 다진 약초와 오일을 잘 섞어서 유리병에 넣고 한 달 이상 둔 다음(가끔씩 흔들어주면 좋다), 체에 걸러 건더기를 건져내고 액체는 짙은 색의 불투명한 용기에 담아 저장한다. 오래 보존할 수 있도록 비타민 E나 식물성 글리세린을 몇 방울 떨어뜨린다.

상처가 났거나 부었거나 멍들었을 때 쓰는 습포제 역시 컴프리, 예르바 만자, 서양톱풀 같은 마당에서 나는 식물로 쉽게 만들 수 있다.(습포제에 어떤 식물을 쓸 수 있는지는 지역 약초 교본을 참고하자.)

습포제를 만들려면 신선한 약초를 잘게 다져 팔팔 끓인 물에 넣는다. 15분간 우린 다음 약초를 건져 마른 수건 위에 올리고 우린 물을 몇 큰술 떨어뜨린다. 뜨거울 경우 2~3분 식도록 놔두었다가 찜질하고 싶은 부위를 수건으로 감싼다. 그 위를 비닐로 덮는다.

예전에 집 밖으로 나가려다가 나무 의자를 발로 차서 발가락이 부러진 적이 있었다. 로스앤젤레스에 사는 의사 친구를 만나러 차를 몰고 공항으로 가려던 참이었다. 어떻게 할까 고민하다가 발가락이 부러졌어도 그냥 가기로 했지만, 그 대신 절뚝거리며 마당으로 나가 신선한 컴프리를 봉지 가득 따왔다. 컴프리의 알칼로이드는 뼈를 붙이는 효과가 있다. 여기에 근처에 나 있던 예르바 만자와 캐모마일을 더했다. 나는 앨버커키 공항으로 두 시간 반 운전을 하고 가는 동안 발에 이 손수 만든 습포제를 감고 있었다. 로스앤젤레스 친구 집에 도착하고 나서도 매일 아침 습포제를 만들어 찜질했다. 내 의사 친구는 나를 호기심 어린 눈으로 바라보았다. 그 주가 끝날 무렵 친구의 아내와 아이들은 나를 '초인'이라고 불렀다. 친구가 말했다. "부러진 발가락이 그렇게 빨리 낫는 경우는 본 적이 없어."

약초 '담배'

많은 식물이 담배 대신으로 태울 수 있다. 담배를 끊었거나 끊으려고 노력중이거나, 아니면 그저 종종 흡연을 즐기는 정도라면 말린 약초로 만든 이 혼합 약초 '담배'를 태워보자.

1. 버바스컴(거담제) 1컵, 캐모마일(진정 작용) 2큰술, 양아욱(깊이감을 더해줌) 2큰술, 로벨리아(니코틴 금단 증상을 완화함) 1/2작은술, 홉(깊이감을 더해줌) 1/2작은술을 잘 섞는다. 시원한 느낌을 내고 싶으면 민트 1큰술을 첨가한다.
2. 손으로 말아 담배 모양으로 20개쯤 만든다.

로즈마리 헤어린스

마이키는 로즈마리 냄새가 꼭 어머니가 해주셨던 닭고기 구이 냄새 같다면서 이 린스 제조법을 '로즈마리의 닭'이라고 부른다. 하지만 걱정하지 말자. 고기는 조금도 안 들어갔으니!

준비물
물, 유카 뿌리 엄지손가락만큼(혹은 사포닌이 함유된 지역 식물이면 무방), 히비스커스 꽃 한 줌, 로즈마리 한 줌, 체, 깔때기, 빈 샴푸통, 백식초

1. 샴푸 통 3/4 정도 양의 물을 끓여서 불에서 내린다.
2. 유카 뿌리를 잘게 다져서 물에 넣는다.(자신이 사는 지역에서 유카가 자라지 않는다면 무환자나무 열매 등 사포닌이 함유된 지역 토속 식물을 찾아본다.)

3. 히비스커스 꽃과 로즈마리를 넣는다. 뚜껑을 덮고 두세 시간 둔다.
4. 식으면 체에 걸러 건더기를 건져내고 액체는 깔때기를 대고 샴푸 통에 붓는다.
5. 샴푸 통의 남은 공간에 백식초를 부어 채운다. 머리를 감고 젖은 상태에서 머리에 바른 다음 헹궈내면 모발에 윤기가 더해진다.

집에서 만드는 부엌 가전

가전 제품 중에는 비싸거나 너무 희귀해서 구하기 어려운 것도 있다. 가령 반죽을 발효시킬 때나 템페와 요거트를 만들 때 필요한 발효기가 그렇다. 진공 저온 중탕기는 그 거창한 이름만큼 값도 엄청나다. 하지만 이런 기구들은 온도 조절기와 몇 가지 쓰던 물건만 있으면 집에서 만들 수 있다.

발효기

발효기를 만들려면 우선 아이스박스 안에 일반 백열전구와 전선을 설치한다. 아이스박스에 드릴로 구멍을 뚫어 전구의 플러그 선을 연결해도 되고, 그렇지 않으면 전선 때문에 뚜껑이 약간 들리도록 두어도 괜찮다. 백열전구를 온도 조절기와 연결하여 전선을 꽂고, 발효하는 음식에 필요한 온도로 맞춘다. 요거트, 템페, 반죽은 각각 적정 온도가 다르다. 온도 조절기가 있으면 발효기 내부 온도를 일정하게 유지할 수 있다.

진공 저온 중탕기

진공 저온 중탕기는 진공 포장 비닐 백에 담긴 음식을, 온도 조절기로 온도가 일정하게 유지되는 저온의 물속에서 오랫동안 익히는 기구이다. 진공 저온 중탕 방식은 콜라겐과 단백질을 분해하기 때문에, 사슴이나 엘크처럼 사냥해서 잡은 고기나 파스닙(달콤한 뿌리채소―옮긴이)이나 당근처럼 질긴 음식의 질감을 부드럽게 한다. 진공 저온 중탕기는 수란을 만들 때 안성맞춤이며, 고기와 야채에 양념이 배어들게 하는 데도 요긴하다.

밀랍에서 꿀을 분리할 때도 이 기구를 쓸 수 있다. 우선 작은 대접 위에 거름망을 놓고 분리되지 않은 밀랍과 꿀을 얹는다. 대접을 그대로 진공 저온 중탕기 안에 집어넣고 온도를 48도(꿀이 익거나 저온 살균되지 않는 온도)로 유지한다. 그렇게 잠시 둔다. 꿀이 거름망을 타고 다 떨어지면 병에 담는다. 밀랍은 거름망 위에 그대로 남아 있을 것이다.

진공 저온 중탕기를 손수 만들려면 저가 전기 찜솥에 온도 조절기를 연결하고 원하는 온도에 맞춰두기만 하면 된다. 대부분의 야채는 진공 저온 중탕기에서 85도에 1시간쯤 조리하면 잘 익는다. 육류는 67도에서 10시간 조리한다.

팁: 진공 저온 중탕기에서 고기를 익히되 겉면을 구운 것처럼 바삭하게 만들려면 익힌 고기를 작은 토치로 재빨리 구워주면 된다.

태양열 오븐

햇살 좋은 곳에 살면서 집에서 일하는 재택 근무자라면 태양열 오븐을 사용하는 데 적임자이다. 태양열 오븐을 정확한 온도로 유지하려면 태양의 움직임에 따라 오븐을 수시로 옮겨줘야 해서, 집에 있으면서 오븐을 계속 지켜봐야 하기 때문이다. 시중에 판매되는 좋은 제품은 200달러면 살 수 있다. 재료를 마련해 직접 만드는 것도 어렵지 않다. 태양열 오븐은 최고 섭씨 200도까지 온도를 올릴 수 있으며 특정 온도를 계속 유지할 수 있다. 단 온도를 유지하려면 오븐이 정확하게 태양을 향하도록 오븐의 위치를 옮겨주어야 한다. 온도계가 내장되어 있어 오븐 내부의 온도를 알 수 있다. 태양열 오븐은 빵을 구울 때, 수프를 만들 때, 콩을 삶을 때, 남은 음식을 다시 덥힐 때 쓸 수 있다.

대형 옥외 약초 건조기

뉴멕시코처럼 건조한 날씨에는 약초가 빨리 마른다. 얼마나 빨리 마를지—하루? 한 주?—는 자신이 사는 지역의 날씨에 달려 있다. 우리 집 건조기는 그늘에 두었다.

준비물
가림막 3.6미터, 낚싯줄, 플라스틱 빵 선반 몇 개

1. 가림막을 잘라 빵 선반보다 6~7센티미터 큰 크기의 상자 형태로 만든다. 상자의 한 면은 열려 있게 한다. 그러면 필요할 때 열린 면을 선반 위에 살짝 얹으면 가림막을 열 수 있다. 이렇게 하면 벌레가 들어가지 못한다.
2. 가림막을 낚싯줄로 꿰맨다.
3. 가림막을 빵 선반 바닥 크기에 맞게 잘라서 각 선반에 올려두면 식물이 말라가면서도 빵 선반의 문양 사이로 빠져나가지 않는다.

우리 동네 슈퍼마켓이 문을 닫을 때
빵 선반을 몇 개 주워왔는데
이렇게 멋진 식품 건조기로 변신했다.

전력, 전기, 테크놀로지

우리는 과학과 기술을 아무도 이해할 수 없을 지경으로 만들어놓았다.
이것은 재앙의 전주곡이다. 잠시 동안은 외면할 수 있을지 모르지만,
이 무지와 권력의 결합은 머잖아 우리 눈앞에서 폭발할 것이다.

—칼 세이건Carl Sagan

새로운 기술을 배우거나 새로운 장치를 만들려고 한다면 다음의 질문부터 먼저 던져보자.

내가 감당할 수 있는가? 계속 유지할 수 있는가? 내 생활 방식과 잘 맞는가?

킬러와트

'킬러와트Kill A Watt'는 가정용 전자 기기가 소비하는 전력량을 보여주는 기구이다. 어떤 전자 기기에 얼마만큼의 전력이 드는지 알면 전체 전력 소비량을 다섯 배는 더 줄일 수 있다.

현재 사용하는 가전 기기들이 어느 전력 원천으로 작동하는지를 정확히 아는 것도 중요하다. 지역 전기 회사가 전력을 어디에서 끌어오는지 알아보자. 우리 집에서 쓰는 전력은 우리가 설치한 태양광 전지판에서 바로 온다. 우리 동네 전력의 원천은 수력과 석탄이다.(우리가 전력을 전력공사에 의존했다면 우리 역시 이 전력을 사용했을 것이다.) 트루스 오어 컨시퀀시즈가 수력 전기를 만들어내는 댐에서 남쪽으로 불과 3~4킬로미터 거리에 있는데도 이곳의 수

력 전력은 유타 주에서 온다. 이상한 일이다.

컴퓨터 수치 제어 선반 조립 세트

마이키는 조립품 형태의 CNC 선반을 구입했다. 마이키가 우리 집 가내 공업 상점에서 설계하고 파는 기기들을 만들기 위해서 그때까지는 필요한 부품을 돈을 주고 구입했지만, CNC 선반이 있으면 부품까지 집에서 손수 만들 수 있기 때문이었다. 레이저 절삭기는 더욱 정교하게 다양한 목적으로 기계를 활용하기 위해서 무려 7,500달러를 주고 추가로 선택했다. CNC 선반 조립 세트는 700달러로(액세서리와 배송료 포함), 우리의 예산과 잘 맞아떨어졌다. CNC 선반은 느리고 정확성은 덜하지만, 집에서 모든 것을 제작하는 우리에게 필요한 부분을 모두 충족시켜 준다. 마이키는 CNC 선반을 직접 조립해 만들면서 손에 익히는 시간을 가졌다. 조립품 형태로 사서 몸소 조립해 본 것은 우리의 생활 방식에도 잘 맞는 합당한 선택이었다.

우리 집 컴퓨터 수치 제어 선반은
젠툴웍스 제품인데 조립하기가
아주 쉬웠다. 이처럼 저렴한 물건이
상용화되어 있고 2~3일이면 조립할
수 있어서, 우리가 굳이 힘들게 기기를
직접 만들 필요가 없었다.

새로운 장치 만들기

필요한 기기가 적당한 가격으로 판매된다면 기기를 군이 손수 제작할 이유는 없다. 하지만 시중에서 파는 물건의 기능이 시원찮을 때는 원하는 기능을 넣어서 새로운 버전으로 기계를 직접 만들어보자. 우리는 특정 기능이 있는 온도 조절기가 필요했는데, 시중에는 그런 기능을 가진 제품이 없었다. 오픈 소스 하드웨어 자료실에도 우리가 원하는 온도 조절기가 없었기 때문에 결국 우리가 직접 만들게 되었다.(214쪽 참조) 지금 우리 집에는 우리가 직접 만든 온도 조절기가 네 대 있으며, 우리가 탑재시킨 기능을 원했던 사람들에게 수백 대를 만들어 팔았다.

전자 기기 수리하기

전자 기기는 더 이상 기술자들만의 영역이 아니다. 오픈 소스 운동 덕분에 누구나 전자 기기의 세상에 입문할 수 있게 됐다. 이제는 누구나 자신의 전자 기기를 이해하고 분해하고 조립하고 수리할 수 있다. 처음에 어느 정도는 계획적 진부화와 조악한 디자인의 제품을 참고 쓰는 과정을 지나야 한다. 계획적 진부화란 제품의 유용성을 의도적으로 제한하거나, 불필요하게 빨리 구식 제품이 되도록 만드는 제조사의 행태를 말하는데, 이는 소비자들의 소비를 부추기고 그만큼 더 많은 쓰레기를 만들어낸다. 이런 제품은 대개 사용자가 손수 고쳐서 쓸 수 있다는 가능성을 염두에 두지 않고 만든다. 즉 겉면이 아예 열리지 않게 만들어 수리를 어렵게 하는 것이다.

우리는 되도록이면 오픈 소스 하드웨어 설계 제품을 선호한다. 이런 제품은 소비자들이 접근하기 쉽게 만들어져 있다. 소비자가 수리할 수 있다는 것을 염두에 두고 만들었기 때문이다. 이런 제품에는 사용자가 활용할 수 있는 펌웨어와 회로판 설계도, 부품 구성 명세서가 포함되어 있다.

조립 세트는 오픈 소스 하드웨어의 좋은 예이다. 손수 조립하면서 제품을 만들기 때문에 고장 수리도 훨씬 더 쉽게 할 수 있다. 조립 세트를 이용해 제품을 만들어봄으로써 전자 기기의 부품과 설계, 기능 등을 배우게 된다. 조립 세트는 완제품보다 값도 훨씬 저렴하다.

오늘날에는 어느 가정에나 전자 기기가 가득하다. 기기들이 고장 나면 '미친 기술'을 습득할 기회로 삼자.

전자 기기 수리 작업은 대개 평범한 가정용 전자 기기가 고장 났을 때 하게 된다. 그러나 다른 목적으로 작업하게 될 때도 있다. 지금 마아키는 불꽃 초인종을 만들고 있다.

전자 기기의 일반적인 문제점

전자 기기가 고장 났을 경우 분해하기 전에 먼저 전원을 차단한다. 그런 다음 흔히 발생하는 문제로 인한 고장인지부터 확인한다. 플러그와 전선을 약하게만 잡아당겨도 전선이 늘어질 수 있다. 그럴 경우 잠깐 납땜을 하는 것으로 쉽게 고칠 수 있다. 멀티미터로 전원이나 건전기의 수명을 확인해 보자. 퓨즈가 탄 곳이 없는지 살펴본다. 퓨즈의 유리관 안에 들어 있는 금속선이 끊어졌으면 퓨즈가 나간 것이니 간단하게 새것으로 교체하면 된다. 콘덴서가 고장 났을 경우 원통 부분이 압력으로 납작해졌거나 부풀어 올라 있을 것이다. 탄 흔적이 없는지 살펴본다. 이런 일반적인 결함이 없다면 온라인 게시판에 들어가 해당 기기를 가진 사람들이 올린 의견들을 찾아본다.

고장 난 전자 기기를 분해하기 전에 다음과 같은 질문을 던져보자.

제품 품질 보증 기간인가?

만일 그렇다면 제조사에 수리를 맡기거나 교체를 요구하자. 고장 난 물건에 품질 보증 기간이 남아 있다는 것은 쓰지 않은 돈이 저축되어 있는 것과 같다. 품질 보증 기간만 잘 활용해도 새로운 제품 구매를 줄일 수 있다. 예를 들어 우리 집에는 디지털 도어록이 다섯 개 있다. 각기 100달러씩은 나가는 제품들이다. 모두 품질 보증 기간이 평생인 제품들인데, 그중 세 개는 무상으로 교체받았다. 그렇게 300달러를 아낀 셈이다. 제조사가 자신들이 만든 제품에 책임을 지게 해야 소비자가 기대하는 제품의 품질 기준도 유지할 수 있다.

손수 고칠 수 있겠는가?

간혹 고치기가 너무 어려운 기기들이 있다. 그런 기기는 이미 분해한 뒤라서 품질 보증을 받지 못하게 되거나, 고치려다 아예 망가뜨려 버리는 경우도 있다. 때로는 기기를 분해해서 고치는 데는 성공했지만 다시 조립할 수 없는 상황이 벌어지기도 한다. 수리가 끝났는데 뚜껑이 닫히지 않는다든가 전선이 삐져나와 있다면 그 제품은 무용지물이 된다. 분해할 수 있는 기기라면 먼저 수리하고 다시 조립할 수 있겠는지부터 살펴보자.

기기를 중고품 가게에 되팔 수 있는가?

분해하기 전에 고장 난 상태로 기기를 이베이에 팔 수 있는지 여부를 알아보자. 고양이가 마이키의 아이폰을 물에 빠뜨리는 바람에 마이키가 땀을 뻘뻘 흘리며 전화기를 분해했는데, 분해하고 보니 자기 힘으로는 고칠 수가 없었다. 하지만 혼자서 고쳐보기를 좋아하는 사람들에게 전화기의 부품을 팔 수 있었다. 결국 마이키는 고장 난 아이폰을 이베이에 팔았다.

이웃이 작동이 시원찮은 노트북 컴퓨터를 들고 찾아왔다. 마이키가 새 하드 드라이버를 50달러에 구입해서 500달러짜리 노트북 컴퓨터가 쓰레기장으로 가는 것을 막았고, 이웃은 새 컴퓨터를 사지 않아도 되었다.

기기를 다시 작동하게 하는 제3자 제품이 있는가?

인터넷 게시판의 자료실을 잘 활용하면 제3자 제품에 대한 정보를 얻을 수 있다. 마이키는 애플 컴퓨터 모니터가 작동되지 않자 인터넷 게시판을 확인해, 사람들이 마이키의 모니터용은 아니지만 신형 전원 장치를 구입해 문제를 해결했다는 것을 알게 되었다. 200달러짜리 제3자 제품 덕분에 1,200달러짜리 모니터가 쓰레기가 될 뻔한 것을 막았다. 우리 집 무선 로봇 진공청소기는 전원이 자꾸 나가곤 했다. 마이키는 고가의 새 건전지 팩을 사는 대신 팩 안의 건전지를 제3자 제품 건전지로 교체했다.

건전지

문명은 전력에 기반을 두고 존재한다. 위키 백과에 따르면 그 전력의 16퍼센트만 재생 가능한 원천에서 나온다고 한다. 일회용 건전지는 환경에 특히 해로워서 존 체이스Jon Chase는 과학 잡지 《대중 과학Popular Science》에 기고한 〈불평: 건전지에 대한 공격〉이라는 기사에서 "일회용 건전지는 아무리 큰 편리를 제공할지라도 불법 물질로 간주해야 한다. 가령 처방전 약물이나 총기처럼 강력한 규제하에 판매해야 한다"고 지적했다. 건전지를 쓰려면 건전지를 쉽게 쓰레기 매립지로 보내지 않도록 최대한 활용하는 법을 숙지하는 것이 올바른 자세일 것이다.

구하는 법

공짜 건전지는 도처에 널렸다. 자동차 부품 가게, 골프 코스, 요트 정박지 등에서 흔히 구할 수 있다. 자동차 부품 가게에서는 폐품 수집하는 사람들이 주워온 다 쓴 건전지를 모아둔다. 건전지 한 개당 가게에서 받는 가격이 고정되어 있기 때문에, 가게 주인은 사람들이 다 쓴 건전지를 가져와서 수명이 조금 남아 되살려 쓸 수 있는 약한 건전지와 바꾸어가도 대개 개의치 않

마이키는 우리 집 건전지들을 정규적으로 점검한다. 물이 가득 차 있는지, 결정화가 일어나지 않았는지 확인한다.

는다. 쓰레기더미로 가려고 기다리고 있는 건전지더미에서 멀티미터로 측정했을 때 12볼트 이상이 나오는 건전지를 골라내어 다 쓴 건전지와 바꿔오자.

측정하기

건전지를 되살리거나 일회용 건전지를 최대한 활용하기 위해서는 멀티미터 사용법을 알아야 한다. AA 건전지든 자동차용 건전지든 멀티미터 하나면 건전지가 아직 쓸 만한지 아닌지 알 수 있다. 완전히 충전된 AA 건전지는 멀티미터로 측정하면 1.5볼트가 나온다. 1.2볼트라면 충전이 필요하다. 가득 채워진 자동차 건전지는 12.3볼트 이상이 나와야 한다. 그보다 낮다면 충전이 필요하다. 12볼트 건전지인데 측정값이 0볼트에 가깝다면 건전지 복원기가 필요하다. 폐품더미에는 12볼트 가까이 나오는 건전지들이 꽤 있기 때문에 우리는 그런 것을 고른다.

멀티미터 사용법은 두 개의 탐침을 각각 건전지 한쪽 극에 대고(빨간색이 양극, 파란색이 음극) 멀티미터의 화면에 나오는 숫자를 읽는 것이다. 탐침을 혼동하면 화면에 양수가 아니라 음수가 뜰 것이다.

자동차나 태양광 전지판에 사용되는 커다란 납축전지는 물에 잠겨 있어야 하며, 1년에 두 번은 수위를 점검하고 물을 채워주어야 한다. 빗물은 증류수와 마찬가지로 물속에 녹아 있는 이물질의 피피엠ppm이 낮아서 납축전지 채우는 물로 쓸 수 있다. 물속의 이물질 분자를 피피엠 단위로 측정하는 고형 물질 총량 측정기는 200달러쯤에 살 수 있다. 물은 이물질 분자가 500피피엠 이상일 경우 광천수로 간주된다. 식수는 이물질 분자 수치가 200피피엠 미만이어야 한다. 증류수는 15피피엠 미만의 물을 가리킨다. 빗물은 대개 증류된 물과 비슷한 수치를 보인다.

납축전지에 물을 채울 때는 장갑과 보호 안경을 착용한다. 건전지 각 셀의 뚜껑을 열어 납판이 노출되어 있는지, 충분히 물에 잠겨 있는지 확인한다. 물 밖으로 노출되어 있다면 납판이 약간 물에 잠길 때까지 물을 채운다.

노트북 컴퓨터와 휴대 전화는 리튬 건전지를 쓰는 경우가 많은데, 리튬 건전지는 열에 특히 약하다.(섭씨 4.4도에서 21도 사이의 기온이 건전지에 가장 이상적이다.) 이런 기기는 햇빛이 드는 곳에 두면 안 된다.

바이오 디젤은 납축전지의 음극과 양극을 청소할 때 용해제로 쓸 수 있다.

재생하기

대부분 건전지는 너무 오래 방치해서 쓰레기가 된다. 쓰지 않으면 납판에 결정이 생겨서 용량이 줄어든다. 하지만 이렇게 된 건전지를 재생할 방법

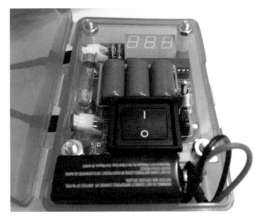

마이키가 만든 건전지 복원기는 건전지를 재생시키고 수명을 연장하여 쓰레기장으로 가는 건전지의 양을 줄여준다.

이 있다. 건전지 복원기는 건전지 용량을 줄이는 결정을 깨뜨리는 음파를 생성시키는 장치이다. 마이키는 자신이 만든 건전지 복원기에 '호주머니 전력 PIMP'이라는 이름을 붙여주었는데, 이름처럼 주머니에 쏙 들어갈 만한 소형 기기로 우리 온라인 상점에서도 판매한다. 기기를 건전지에(양 극의 납판에) 연결하고 조금만 기다리면 된다.

건전지 팩 새로 채우기

건전지 팩을 새로 채울 수도 있다. 건전지 팩에서 약해진 건전지를 빼내고 강한 건전지로 교체하는 것이다. 건전지 팩을 교체하려면 건전지 팩이 너무 비좁지 않게 만들어진 기계들이라야 한다. 너무 비좁은 장치는 수리하기가 어렵다. 가정용 가전 기기와 전동 공구 중에는 건전지 팩의 공간이 넉넉해서 분해하는 수고를 감수할 만한 것들이 있다. 교체할 개별 건전지는 온라인으로 구매할 수 있고, 모델 넘버는 빼낸 건전지와 동일한 것으로 사야 한다.

태양광 전지판

어느 날 밤 마이키와 나는 다큐멘터리 〈교외의 종말〉을 보면서 이 나라의 전력망이 얼마나 취약한지 다시금 생각하게 되었다. 다큐멘터리는 전에 캘리포니아 주 일부 주민들의 생명을 위태롭게 만든 정전 사태를 야기한 엔론 사의 횡포(정권과 결탁한 전력 회사가 의도적으로 전력 공급을 중단한 사태―옮긴이)를 비롯해, 전력에 영향을 미치는 다양한 힘들을 인식하게 해주었다.

2003년 뉴욕을 떠나기 직전에 마이키와 나는 사흘간의 정전을 경험했다. 정전이 되자 모두들 꼼짝없이 돈을 쓸 수 없게 되었다. 당시 주머니에 들어 있던 것이 우리가 가진 돈의 전부였다. 정전 첫날은 재미있었다. 음식점에서는 냉장고에 전원이 들어오지 않아 어차피 안에 든 음식이 상할 테니 공짜로 음식을 나눠주었다. 마이키는 마지막 갖고 있던 26달러를, 바에서 촛불 가에 옹기종기 모인 친구들 몇 명하고 리치 샹그리아를 마시는 데 써버리는 만용을 저질렀다.

셋째 날, 고층 건물 20~30층에 살던 사람들이 지쳐가기 시작했다. 그들은 몇 층에 와 있는지 분간하기 위해 어둠 속에서 숫자를 세며 계단을 올라야 했다. 사람들은 휴대전화의 남아 있는 전력을, 아파트 문을 찾고 어두운 집 안을 비추며 돌아다닐 때 썼다. 양수 펌프가 가동을 멈추자 4층 이상에는 물 공급이 끊겼고, 모두들 깨끗한 물이 언제 나오는지만 기다리기 시작했다. 전력은 정전 사흘째 날 돌아왔지만, 사람들은 이미 생각지도 못한 삶의 이면을 목격할 뻔했다는 걸 자각한 터였다.

이런 경험 덕분에 마이키와 나는 망설임 없이 태양광 전지판 시스템을 들였다. 우리가 사는 지역에서는 태양광 전지판을 갖춘 집이 그때까지 하나도 없던 탓에 처음에는 전지판을 세우고 가동하는 데 애를 먹었다. 지역의 전기 기술자들에게 설치를 부탁하려고 가면 번번이 "전에 한 번도 해본 적이 없다"는 대답이 돌아왔다. 다행히도 마지막으로 찾아간 기술자가 도해를 읽을 수 있으니 어디 한번 해보자고 승낙했고, 덕분에 무사히 설치를 마칠 수 있었다.

처음에는 전지판 시스템을 소형으로 세우기를 추천한다.(336쪽 참조) 작은 것부터 시작해 관련 문제들을 차근차근 이해해 가는 것이 좋다.

태양광 전지판 설치에 대해 주 정부 환급금을 받으려고 한다면 주 전력 감독관의 승인을 꼭 받자. 우리도 주 정부의 승인을 받아서 태양광 전지판

태양광 전지판을 전체 가동시켰을 때 마이키는 흥분을 감추지 못했다. 전력공사에서 오는 전력을 차단하고, 집 안으로 달려가 에어컨과 증발식 냉각기를 켰다.

설치 비용의 20퍼센트를 돌려받았다. 감독관이 승인을 내주는 기준은 까다로우며, 특히 자원이 한정된 경우는 더욱 그렇다. 우리의 경우는 필요한 부품들을 시중에서 구할 수 없었기 때문에, 작업을 마치기 위해 지역의 자동차 부품 가게에 수시로 들러야 했다.

태양광 전지판 설치에 필요한 부품은 일반 전자 기기의 부품과 아주 비슷했고 잘 작동했다.

태양광 전지판 설치 작업에 직접 참여한 것은 무척 소중하고 값진 경험이었다. 마이키는 그 이후로 친구들과 이웃에게 태양열 장치를 몇 차례 세워주었고, 전력공사에 의존하지 않고 살아보려는 사람들에게 계속해서 조언을 주고 있다.

태양광 전지판 설치가 완료되면 그 다음은 대체로 순조롭다. 태양광 전지판 시스템은 사실상 자체적으로 가동된다. 전력공사의 전력을 끊고 살아도 전혀 힘들 일이 없다. 전력공사에 의존하지 않고 살아서 좋은 점을 꼽자면 다음과 같다.

- 현장에서 직접 조달되는 청정 전력원
- 정전 걱정 없음
- 독립성
- 전력이 삶의 일부가 되어 관련 지식이 생김
- 전기차를 비롯해 일상생활에 전기 장치를 자유자재로 추가할 수 있음

태양광 전지판 관련 조언

주 정부와 연방 정부의 여러 프로그램에서 제공하는 세금 감면 혜택을 받고 싶다면 태양광 전지판 장치를 새것으로 구입하라. 중고 기기는 이런 혜택의 대상에서 제외된다. 그래도 계산기를 잘 두드려보자. 감면 혜택을 주는 프로그램의 종류, 그리고 설치하려고 하는 기기의 규모를 따져보면 그래도 중고 기기를 사는 것이 더 이득일 경우도 있다.

일부 지방 정부는 전력공사 연계형 시스템을 제공한다. 연계형 시스템을 선택하면 기존 전력 시설에 플러그를 꽂아, 태양광 전지판에서 만들어지는 초과 전력을 전력공사에 되팔 수 있다. 그렇지 않으면 독립적으로 개인이 소유한 건전지에 전력을 저장하는 방법이 있다. 전력공사 연계형 시스템에는 단점이 있다. 전력 회사가 전력을 사용하는 소비자에게 물리는 킬로와트당 전기세가 소비자가 생산한 초과 전력을 사갈 때 지불하는 값보다 더 높다. 전력 시설 연계형 시스템을 선택했다면 태양광 전지판에서 생산되는 초과 전력을 사용할 때 번번이 사용료를 물어야 한다. 전력을 자가 생산하는데도 전기세가 놀랄 만큼 많이 나올 수 있다. 또 만일 전력 회사의 공급이 중단될 경우, 집에서 전력을 생산하고 있는데도 전력을 쓰지 못하는 상황이 벌어진다는 단점도 있다. 태양광 전지판이 생산하는 전력을 개인적으로 저장해 두어야 독립적이 될 수 있다. 우리는 우리가 생산하는 전력을 전력 회사에 연계하는 쪽보다는 건전지에 저장해 두는 쪽을 택했고, 이 결정을 한 번도 후회해 본 적이 없다.

설치 계획을 다 세우고 설치할 기술자를 섭외하기 전까지는 기기를 사지

태양광 전지판 시스템

집에 전력을 공급할 태양광 전지판 시스템을
설치하기 전에, 캠핑이나 장거리 자동차 여행용
소형 전지판을 세워보는 것도 좋다. 조명,
휴대전화, 노트북 컴퓨터, 소형 가전 기기 등에
전력을 공급하는 데 쓸 수 있다.

15와트
태양광 전지판

절연 집게
한 쌍

소형 충전
조절기

12볼트 시간당 12암페어
오토바이 건전지

집 전체에 전력을 공급하는 대형 시스템도
구성 요소는 똑같다. 규모가 커질 뿐이다.

말기 바란다. 설치 기술자는 태양광 전지판 시스템 설치 자격증이 있는 사람으로 구하자. 자격증 없는 기술자가 설치할 경우 주 정부 및 연방 정부의 환급금을 받을 수 없다. 설치 기술자와 전기 기술자를 동시에 섭외해야 할 경우도 있다. 당신이 할 수 있는 부분과 기술자가 해야 하는 부분을 숙지해 두자. 전지판을 안치고 기둥을 사용할 경우, 기둥을 꽂을 구멍을 파고, 기둥을 설치하고, 건전지를 연결하는 일은 당신이 할 수 있다.

기둥을 사용할 것이라면 전지판에 어떻게 접근할지, 청소는 어떻게 할지 등을 먼저 생각하자. 거주하는 곳의 풍향을 알아보고, 바람이 전지판 밑으로 불게 되는 위치는 피한다. 전지판을 기둥 위에 얹을 생각이면 기둥을 꽂을 구멍을 어느 정도 깊이로 팔 것인지도 생각해 두자.

모든 기기의 설치가 완료되고 연결만 하면 시스템이 가동되도록 모든 준비가 끝났을 때 건전지를 사라. 건전지는 시간이 지날수록 방전되면서 납판에 결정이 생겨서 용량이 줄어든다. 구입하려는 건전지의 제조 날짜를 확인하라. 구입하는 날로부터 6개월 전에 만들어진 제품은 사지 마라. 비非밀폐형 납축전지는 위험 물질로 간주되며 운송비가 매우 비싸다. 배송료를 아끼고 싶다면 공급자에게 가서 직접 운반해 오자.

220볼트 전력이 생활하는 데 반드시 필요하지 않다면 굳이 220볼트로 설치할 필요는 없다. 태양광 전지판 시스템을 220볼트로 변환하려면 비용이 많이 든다.

밤이나 흐린 날처럼 전력이 많이 생산되지 않을 때는 대형 가전 기기를 켜지 말자.

전력은 무한정 저장할 수 없으므로 있을 때 충분히 쓰자. 1년 중에는 전력이 초과로 생산되어 사용할 방법을 따로 찾아봐야 하는 시기가 있을 것이다. 반면 어떤 때는 전력이 바닥나지 않도록 아껴 써야 하는 때도 있을 것이다. 태양열 전력은 건전지의 용량 이상으로는 저장할 수가 없다.(건전지의 과도 충전을 피하기 위해 충전 조절기가 전원을 차단하기 때문이다.) 날이 시원하고 직사광선이 내리쬐는 날 전력이 가장 많이 생산된다.

초과 전력이 있을 경우 가스를 쓰는 곳에 가스 대신 전기를 쓰자. 가령 전기 주전자로 물을 끓이는 것이다. 우리 집에는 전기차가 두 대 있어서 남는 전력을 활용할 수 있다. 집 터 안에서 멀리까지 무거운 것을 옮길 때 쓰는 골프 카트, 동네에 짧게 다녀올 때 쓰는 전기차다. 초과 전력이 있을 때는 또 전기 식수 증류기나 식품 건조기 같은 것을 돌린다.

태양광 전지판을 구입하기 전에 한 해 동안 전력을 어떻게 쓰는지 먼저 면밀히 연구해 보자. 전기세 고지서를 살펴보며 주로 어디에 전력을 소모하는지 알아보자. 사용하는 가전 기기에 '킬러와트'를 대보고 소모되는 전력량을 측정해 본다. 에너지를 가장 많이 잡아먹는 기기의 사용을 줄이는 것도 좋은 방법이다.

자동차와 연료

석유의 생산적인 용도가 수없이 많다는 점을 생각할 때 석유를 연료로
태워 없앤다는 것은 피카소 그림을 땔감으로 태우는 것과 같다.
—어느 거대 석유업체 경영진

전기차는 연소 엔진 자동차와 비교할 때 유지하기 위해 손볼 것이 거의 없다. 건전지에 물을 가득 채워주고 자주 충전만 해주면 된다. 건전지는 멀티미터 하나만 있으면 계속 좋은 상태를 유지할 수 있다. 마이키가 만들어서 홀리 스크랩 온라인 상점에서 판매하고 있는 것과 같은 건전지 복원기가 있으면 건전지 수명이 아주 길어지기 때문이다.

어떤 전기차는 연비가 무려 160만 킬로미터가 나온다. 정기적으로 교체해 주어야 하는 부품은 타이어가 유일하다. 마이키와 나는 엔진을 계속 작동시키기 위해서 필요한 기술들을 별로 좋아하지 않고, 건전지가 편하기 때문에 우리에게는 전기차가 정답이다. 또 우리는 전기차로 다녀도 재충전이 필요해지기 전에 볼일을 다 볼 수 있을 만큼 작은 동네에 살고 있기도 하다.

하지만 우리 집에는 우리가 손수 개조한 바이오 디젤차도 있다. 마이키와 나는 연료를 직접 만들 뿐 아니라 자동차 수리도 규칙적으로 한다. 헤드라이트의 전구를 갈아 끼우고 창유리 개폐기도 교체하며 건전지를 관리하고 기름과 연료 필터를 교체한다. 후드 래치도 교체하고 전자 자동차 열쇠도 손본다.

대부분 신형 자동차에는 컴퓨터가 달려 있어서 차량 자기 진단 장치를 자동차 포트에 연결해 쓸 수 있다. 각자 소유한 특정 차량에 적합한 자기 진단 장치는 온라인에서 주문할 수 있다. 이 진단 장치는 어떤 부분에 수리가 필요한지 에러 코드와 세부 사항을 알려준다. 차량을 직접 수리할 것인지 여부는 다음 질문에 어떤 대답이 나오느냐에 달려 있다.

- 온라인상에 교재가 있는가? 똑같은 수리를 한 누군가의 사례가 있는가?
- 수리에 전문 장비가 필요한가?

우리 집 폭스바겐 비틀의 헤드라이트 전구가 나갔을 때 우리는 동네 자동차 용품점에서 교체용 전구를 5달러에 샀고, 교체 작업에는 40분이 채 걸리지 않았다. 수리공을 부르면 비용이 70달러가 넘는다.

- 위 장비를 구입할 가치가 있는가?
- 수리시 자동차를 들어 올리는 리프트가 필요한가?
- 혼자 고쳐보려고 하다가 잘 안 되었을 경우 수리공을 불러서 고치면 비용이 얼마나 들까?
- 고장 때문에 차를 견인시켜야 하는 정도인가?
- 수리할 시간적 여유가 있는가?

수리공을 불러 차 수리를 할 경우 드는 비용과 위 질문에 대한 대답을 비교해 보라.

연료

석유 연료 그리고 그 생산과 분배에 관련된 일련의 흐름으로부터 독립하는 것보다 만족스러운 일도 없을 것이다. 자신이 직접 연료를 만들어 쓸 때 아낄 수 있는 돈은 어마어마하다. 연간 수천 달러나 된다. 더 이상 주유소에 가지 않아도 된다!

처음에 오래된 벤츠를 폐식용유로 가는 자동차로 개조하고 우리는 수많은 모험을 했다. 한번은 멀리까지 갔다가 집으로 돌아가는 길에, 텍사스 마파에서 저녁 식사도 할 겸 주유소 뒤에 차를 댔다. 실은 주유소 식당 뒤의 기름통에서 우리 차에 기름을 채워 넣으면 좋겠다는 속셈도 있었다. 나는 폐식용유는 으레 버려지는 것이라고 생각했다. 그래서 기름 호스의 한쪽 끝을 식당의 기름통에 꽂고 다른 끝을 우리 차의 폐식용유 탱크에 꽂은 다음 차

나는 아무 생각 없이 주유소 뒤편 기름통에서 폐식용유를 빼서 우리 차에 채웠다. 그 사이 주유소 안에 있던 주인은 경찰을 불렀다. 우리는 경찰이 도착하기 직전에 그곳을 빠져나와 체포되는 신세를 면할 수 있었다.

의 자체 거름 펌프를 가동했다. 우리 차는 폐식용유가 주유되는 동안 펌프가 기름을 걸러 연료로 변환하도록 개조했기 때문에 폐식용유를 곧바로 주유할 수 있었다.

얼마 뒤 주유소에서 일하는 여자가 귀에 전화기를 댄 채로 나오더니 두 팔을 휘저으며 고래고래 소리를 질렀다. 그러고는 손가락으로 전화기를 가리키면서 "경찰을 불렀어요"라고 말하는 것 아닌가. 여자는 경찰에게 정확한 위치를 알려주기 위해서 다시 통화로 돌아갔다. 마이키와 나는 보니와 클라이드(영화 〈우리에게 내일은 없다〉의 극중 남녀 주인공 이름—옮긴이)처럼 순식간에 현장을 빠져나왔다. 큰길에서 벗어나 샛길로 들어서는데 백미러로 사이렌을 울리며 범죄 현장으로 쏜살같이 달려오는 경찰차가 보였다.

그때부터 나는 다시는 폐식용유를 쓰레기로 보지 않았다. 그것은 값진 자원이다. 요즘은 바이오 디젤 연료를 만들어 쓰는 많은 이들이 음식점에 돈을 주고 폐식용유를 사온다. 우리의 '보니와 클라이드' 해프닝은 2008년 주식 시장 붕괴와 석유 값 폭등 한참 이전에 일어난 일이었다. 주유소의 그 여

직원은 우리가 기름통 앞에서 무엇을 하고 있었는지 아마 전혀 몰랐을 것이다. 요새는 식당 뒤편의 기름통에 대개 기름을 가져가기로 한 사람의 고유 표시와 전화번호가 적힌 이름표가 붙어 있다.

폐식용유를 가져오는 데도 예의범절이 필요하다. 좋은 관계를 유지하려면 양쪽 모두 배려가 필요하다. 기름을 가져가는 쪽은 폐식용유를 가져갈 때 신뢰할 만하게 행동하고 깔끔하게 처리할 것을 약속해야 한다. 기준을 세우고 반드시 지킨다. 음식점은 신청자가 폐식용유를 가져갈 수 있도록 따로 준비해 두겠다고 약속한 것을 지켜야 한다. 운전해 가던 중에 기름통에서 연료를 채워가려고 한다면 주유하기 전에 먼저 허락을 받자. 폐식용유는 지저분하다. 흔적을 남기지 않는 것은 기본 예의다.

개중에는 한 달에 한 번씩 돈을 지불하고 폐식용유를 수거해 가게 하는 식당도 있다. 당신이 수거업체를 대신해 폐식용유를 가져가겠다고 한다면 음식점 입장에서는 돈을 절약하는 셈이다. 물론 음식점이 수거업체를 쓰지 않고 당신에게 폐식용유 처리를 맡기기 시작하면 당신은 매주 가서 폐식용유를 수거해 와야 하며, 가지 못할 경우에는 날짜를 미리 조정해야 한다. 수거해 가지 않은 폐식용유가 넘쳐나서 음식점 주인이 고생하게 만들지는 말자. 음식점의 폐식용유가 더 이상 필요하지 않다고 판단된다면 폐식용유가 필요한 다른 사람에게 바통을 넘겨주자.

음식점과 관계를 맺을 때 에너지가 전혀 남아 있지 않은 더러운 기름을 받아오지 않으려면, 음식점 주인에게 튀김 기름을 매주 교체하겠다는 약속을 받아내는 것이 좋다. 음식점 주인에게 다 쓰고 식은 기름은 처음 기름업체에서 배달받았을 때의 20리터 들이 큰 통에 다시 넣어달라고 부탁하라.

그러면 수거 과정이 한결 간편해진다. 식당에서 기름을 식당 뒤편의 불결한 대형 기름통에 넣는다면 기름이 더러운 만큼 거르는 과정이 더 많이 필요할 것이며 수거해 오기도 더 번거로울 것이다. 바로 가져갈 수 있게 큰 통에 옮겨놓으면 수거 과정이 깔끔하고 쉬워진다. 폐식용유는 유통 기한이 길어서 몇 년이고 저장할 수 있다.

폐식용유와 바이오 디젤 연료

폐식용유는 음식점에서 튀김 기름으로 사용한 기름이다. 충분히 걸러서 바이오 디젤 연료로 만든 다음 차에 넣어 연료로 사용할 수 있고, 아니면 연료 변환 장치를 장착해 개조한 차에 직접 넣을 수도 있다. 바이오 디젤 연료는 폐식용유에 메탄올과 양잿물을 섞어서 여러 차례 거른 것으로, 혼합 과정에서 생성되는 글리세린을 제거하고 남은 액체를 말한다. 바이오 디젤 연료는 개조하지 않은 일반 디젤 자동차에도 넣을 수 있다.

집에 폐식용유가 있으면 집 외부의 목재 테두리, 올림 텃밭 나무판, 외부 베란다 나무 바닥 등 옥외로 노출된 목재에 도료로 쓸 수 있다. 바이오 디젤 연료는 용제로도 쓸 수 있으며 '포이'라는 뉴질랜드 민속 불춤에서 연료로 태울 수도 있다.

기온이 10도가 넘을 때는 바이오 디젤 연료로 차를 몰 수 있다. 기온이 그보다 낮을 때는 바이오 디젤 연료와 디젤 연료를 섞어주어야 한다. 온도가 0도에 가까울 때는 바이오 디젤 연료를 사용하면 안 되고 디젤 연료만 사용해야 한다.

도구와 재료

폐식용유 작업을 할 수 있는 옷으로 갈아입는다. 바이오 디젤 연료 만들기는 옷이 지저분해지는 작업이며 기름 얼룩은 지워지지 않는다. 언제나 보호 안경과 장갑을 착용한다. 바이오 디젤 연료를 만들 때 절대로 맨발로 작업해서는 안 되며 그밖에도 맨 피부가 노출되지 않게 조심한다. 필요한 장비는 다음과 같다.

- 디지털 온도계
- 양동이형 가열기(가열기를 양동이 안에 넣어 그 안의 액체를 덥히는 기구—옮긴이)
- 거름망(낡은 청바지)
- 펌프
- 깔때기
- 사이펀
- 보호 안경
- 장갑
- 기름을 담을 190리터 들이 철제 드럼통
- 연료를 옮길 때 쓸 19리터 들이 플라스틱 통

버리는 청바지로 거르기

청바지 같은 면직물은 폐식용유를 거르기에 아주 좋은 거름망이다. 대부분의 중고품 가게에는 너무 더럽거나 낡아서 팔 수 없는 버려진 청바지가

낡은 청바지는 훌륭한
필터가 된다.

쌓여 있다. 따라서 대개는 부탁하면 공짜로 얻을 수 있다. 버려진 청바지를 이용해 폐식용유를 거르는 기술은 여러 가지가 있다. 우리는 190리터 들이 드럼통 위에 철근을 얹고 그 위에 청바지 다리를 양쪽으로 한 쪽씩 올려놓는다. 청바지 발목 부분을 묶은 다음 바지 안에 폐식용유를 가득 채우고 잠시 기다리기만 하면 중력에 의해 자연스럽게 걸러진다. 청바지 한 벌로 기름 380리터를 거를 수 있으며 그 정도 쓴 다음에는 버려야 한다.

바이오 디젤 연료를 직접 만들어보자

처음에는 아주 소량으로 시작한다. 집을 단번에 가내 바이오 디젤 연료 공장으로 둔갑시키지는 말자. 평균적으로 한 사람이 쓸 분량을 만들 경우, 한 주에 한 번 음식점에서 수거해 오는 19리터 정도면 충분하다. 지금까지 작업해 본 결과 우리는 한 시간의 노동(폐식용유를 수거하고 거르고 섞는 과정)이면 갤런당 1달러의 가격으로 10갤런(약 38리터—옮긴이)의 바이오 디젤 연료를 만들 수 있다. 아래에 기본적인 제조 비율을 소개한다.

준비물

거른 폐식용유 15리터, 메탄올 1.9리터(메탄올은 자동차용품점에서 구입할 수 있다.)
양잿물 60그램

1. 재료를 혼합해 바이오 디젤 연료로 만들기 전에 폐식용유를 통에 담아 2~3일 햇볕에 두어 덥힌다. 여름이면 태양 에너지 때문에 기름의 온도가 적합한 온도인 55.5도까지 오를 것이다. 기름의 온도가 그 정도까지 오르지 않는다면 어차피 바이오 디젤 연료로 차를 몰기에 적합한 계절이 아니므로 날이 더 따뜻해질 때까지 기다리자.

2. 입구가 넓은 용기에 메탄올과 양잿물을 섞는다. 반드시 양잿물에 메탄올을 부어야 하며 그 반대로 해서는 안 된다. 메탄올에 양잿물을 부으면 폭발할 수 있다. 용기는 3.8리터 들이 플라스틱 통이면 적당하다. 두 용액을 섞은 것이 메톡시드이다. 용기의 뚜껑을 덮으면 안 된다. 뚜껑을 닫아놓으면 두 용액이 섞이면서 화학 반응이 일어나서 용기가 터질 정도의 폭발이 일어날 수 있다.

3. 메탄올 양잿물 용액을 통째로 휙휙 돌려 잘 섞어준다.(용액을 휘젓지 않는다.) 섞은 것을 거름망에 걸러놓은 따뜻한 폐식용유가 들어 있는 15리터 들이 통에 붓는다.(우리는 19리터 들이 플라스틱 통을 쓴다.) 통의 뚜껑을 꽉 닫는다. 세게 흔들어준다. 그런 다음 뚜껑을 열고 놔둔다. 이렇게 해야 안에서 생길 수 있는 압력이 빠진다. 잠시 두었다가 뚜껑을 닫고 통을 볕이 드는 곳에 나흘간 둔다.

4. 나흘 후에 보면 용액이 두 층으로 나뉘어 있을 것이다. 위로 올라온 옅은 색이 연료이며, 아래 가라앉은 짙은 색이 글리세린이다. 통을 흔들지 말고 두 층이 섞이지 않도록 조심하여 위의 층을 저장 용기에 따른다. 혹은 디젤 자동차 연료 탱크에 바로 부어도 된다. 연료를 따르다가 글리세린 층이 드러나기 시작하면 곧바로 멈추어야 한다!

5. 글리세린은 버린다. 간혹 이렇게 생긴 글리세린으로 인조 모닥불 통나무를 만드는 사람들도 있다. 메톡시드에서 만들어진 글리세린은 독성이 생겼기 때문에 쓰임새가 많지 않다. 버릴 때는 용기 뚜껑을 꼭 닫아서 그대로 쓰레기통에 넣으면 된다.

안전 수칙: 메탄올과 양잿물을 만질 때는 언제나 장갑과 마스크, 보호 안경을 착용한다. 피부가 전혀 노출되지 않도록 꼼꼼하게 싸맨다. 양잿물이 살에 닿으면 즉시 닦아내되 물보다는 식초로 씻는 것이 좋다. 식초는 피에이치(PH)를 중화시킨다. 메탄올과 양잿물은 반드시 옥외에서 섞는다. 섞을 때 발생하는 연기가 위험하다.

우리가 처음으로 만들었던
바이오 디젤 연료

기름 실험꾼들에게 주는 조언

• 처음 대체 연료로 차를 몰 때 낡고 상태가 안 좋아서 말썽을 일으킬 가능성이 있는 차로는 시작하지 말자. 우리 차 '운'은 툭하면 집에서 아주 멀리 떨어진 곳에서 고장이 났다. 우리가 차 안에 설치한 폐식용유 변환 시스템이 잘못 되었기 때문이 아니라, 차 자체가 오래되어 수명이 다해가고 있었기 때문이다. 돈을 좀 더 써서 성능이 좋고 신형인 차를 샀더라면 좋았을 것이라고 생각했다.

• 바이오 디젤 연료를 집에서 만드는 일에는 시간과 노력이 든다. 그렇게 만든 바이오 디젤 연료는 연비가 좋은 차에 넣어라.

• 어떤 디젤 자동차든 폐식용유를 손수 넣도록 개조할 수 있지만, 일반 디

젤 자동차에 바이오 디젤 연료를 넣는 편이 폐식용유를 손수 넣도록 차를 개조하는 것보다 비용과 노동력 모두 절감된다.

- 기름과 전기를 모두 쓰는 하이브리드 자동차는 교통 체증이 심해 가다 서다를 반복하는 도로에서만 건전지를 쓰기 때문에, 주로 고속도로에서 장거리 운전을 하는 사람에게는 이득이 적다. 주로 장거리 운전을 하는 운전자에게는 바이오 디젤 자동차나 폐식용유 자동차가 더 나은 선택이다.

- 하지만 거르지 않은 폐식용유를 길에서 얻어서 연료로 바꾼 다음 연료 탱크를 가득 채워 다시 차를 출발시킬 수 있으리라고는 기대하지 말자. 그렇게 하려면 거름망과 기타 필요한 장비들을 언제나 갖고 다녀야 하고, 연료를 만드느라 주변을 난장판으로 만들어야 한다. 상태가 좋은 폐식용유나 바이오 디젤 연료를 길에서 만들기는 힘들다. 대체로 비실용적이며 때에 따라 골칫덩이가 되기도 한다. 여분의 폐식용유나 집에서 만든 바이오 디젤 연료를 갖고 다닐 수 있을 정도로 차가 크고 여유 공간이 있다면 한두 통 정도 갖고 다니는 것이 합리적이다. 폐식용유를 걸러서 다른 이들에게 주는 사람들도 있기는 하지만, 반드시 미리 전화를 걸어 그들의 제조 과정에 대해 잘 알아보도록 하자. 그들의 제조 방법이 당신의 기준에 부합하는지 확인하자.

- 웹사이트 'Fillup4Free.com'은 바이오 디젤 연료를 만드는 이들과 구입하는 이들이 만든 네트워크이다. 폐식용유를 거르고 바이오 디젤 연료를 만들어 쓰며 본인의 필요량 이상으로 만드는 사람이라면 남은 연료를 여기 웹사이트에서 판매할 수 있다. 디젤 자동차 운전자는 길에서 연료가 필요할 때 이 사이트를 유용하게 쓸 수 있다.

350

집

현대적인 실내 장식이라면 '매끈'해야 한다, '몽환적'이어야 한다, '자연적'이어야 한다,
'모던 아트'스러워야 한다, '나무' 느낌이 나야 한다, 그밖에 어떤 것이든 당대의
유행 선도가들이 주장하는 어때야 한다는 식의 믿음에 속아 넘어가지 말자.
자신의 삶에 직결되는 실내 장식, 그러니까 그 사람이 좋아하는 것,
그 사람의 이야기를 들려주는 것이 가장 아름다운 인테리어이다.

—크리스토퍼 알렉산더Christopher Alexander, 《패턴 랭귀지A Pattern Language》

마이키와 나는 건물을 직접 짓기로 결정하고 나자 어떤 재료를 쓸지 정
해야 했다. 자연주의 건축가 중에는 짚단을 쓰는 이들도 있고 흙벽돌을 쓰는
이들도 있었다. 그러나 흙벽돌을 만들 때 쓰는 흙은 저 멀리 애리조나에서
오는 것이었고, 짚단은 콜로라도에서 운반해 와야 했다. 그래서 우리는 근처
에서 구할 수 있고, 우리 집에서 1~2킬로미터 반경 내에서 공짜로 얻을 수
있는 폐품 중에서 활용할 재료가 없을까 생각해 보았다.

당시 트루스 오어 컨시퀀시즈의 재활용품 센터에는 동네에서 수거해 두
기는 했지만 재활용하지 않는 폐지가 많았다. 종이 콘크리트를 만들어 건
축 자재로 사용하려면 시멘트를 섞어야 하는데 시멘트가 흙에 나쁜 영향을
미쳐서 문제이기는 했지만, 짚단과 흙벽돌 역시 뉴멕시코 남부까지 먼 거리
를 운반해 오려면 연료를 소비하므로 탄소 발자국을 남기기는 마찬가지였
다. 짚단과 흙벽돌 건축 방식은 또한 노동력이 많이 필요했다. 우리는 우리
와 함께 집을 지을 작업팀을 한 팀만 고용할 생각이었다. 그래서 동네에 널
린 재료이면서, 건조한 기후에도 안성맞춤인 종이를 가지고 종이 콘크리트

집을 짓기로 했다.

건물을 지을 때 당신이 선택한 재료가 땅에 미치는 영향은 당신이 사는 땅에도 똑같이 미친다는 사실을 고려하자. 당신이 사는 지역의 기후도 고려해야 한다. 먼저 근처에 있는 재료들부터 유심히 살펴보자. 지역의 재활용품 센터나 위생국에 가서 어떤 재료가 재활용되지 않고 남아 있는지 알아보고, 변형하여 건축 자재로 쓸 방법을 궁리해 보자. 당신이 사는 지역의 자연 자원은 어떤 것이 있는지 알아본다. 그런 재료는 트럭을 이용해 운반해 올 필요가 없다. 자연 자원을 발견했을 경우 가져다 써도 괜찮을 정도로 양이 충분한지 반드시 확인한다.

생각이 비슷한 건축 관계자 찾기

건축 기술자가 설계도를 승인했다면 지역의 건축 감독관에게 다시 허가를 받을 필요는 없기 때문에, 이제 당신은 어떤 특이한 재료로든 건물을 지을 수 있다. 허가가 없으면 특정 규모의 건물까지만 지을 수 있다. 하지만 건물 규모가 크며 특히 전통적이지 않은 설계도와 기술로 지어지는 건물이라면 건축 감독관은 건축 기술자의 승인 도장을 요구할 가능성이 크다.

우리는 합법적으로 건물을 지을 수 있게 되기까지 종이 콘크리트 건물 허가 승인을 받기 위해 몇 가지 장애물을 넘어야 했다. 먼저 지역 건축 감독관이 우리가 만든 종이 콘크리트를 UL(Underwriters Laboratory, 미국의 제품 안전 시험 및 인증 기관—옮긴이)에 보내 검증을 받아보지 않겠느냐고 요청했다. UL에 우리가 만든 종이 콘크리트의 인화성 시험을 의뢰하려면 수천 달러의 비용이 들기 때문에, 마이키가 종이 콘크리트 블록에 토치를 대고 있는 5분 짜리 영상을 찍어 보냈다. 감독관은 그 영상을 보고 종이 콘크리트가 점화되지 않는다는 사실을 확인할 수 있었고, 종이 콘크리트로 담장을 지어도 좋다고 허가해 주었다.

종이 콘크리트로 건물 짓기

종이 콘크리트는 종이에 시멘트와 물을 넣고 반죽한 섬유질 건축 자재이다. 우리는 종이 콘크리트가 공짜이며 지천에 널린 폐지에 쓰임새를 주고 노동력도 조금밖에 안 든다는 점이 마음에 들었다. 동시에 매우 강하면서도 단열이 잘되는 재질이어서 종이 콘크리트로 만든 건물은 냉난방 비용이 거의 들지 않는다는 장점까지 있었다. 우리에게는 직접 종이 콘크리트를 만

우리 집 돔 건물은 종이 콘크리트로
만들어졌지만 집 주변 자연 풍경과 기가
막히게 잘 어울린다. 갈색 모르타르를 칠했더니
꼭 흙으로 만든 것 같다. 사람들은 흙집일
것이라고 생각한다.

353

들 수 있는 능력이 있었고, 이 지역의 건조한 기후에는 더없이 완벽한 재료라고 생각되었다.

종이 콘크리트는 다양한 방법으로 작업할 수 있다는 점도 마음에 들었다. 틀에 부어서 벽돌이나 슬래브 판으로 찍어낼 수 있고, 펌프질해서 벽이나 슬립 폼 형태로 바를 수도 있다. 스프레이 형태로 분사할 수도 있고, 흙손으로 덧바를 수도 있고, 모르타르나 스투코로도 쓸 수 있다. 철근과 메탈 라스로 보강재 틀을 세우는 페로시멘트 공법과도 잘 어울린다.

종이 콘크리트는 일반적으로 같은 양의 시멘트와 종이에 두 재료가 잘 섞일 만큼 충분한 물을 부어서 만든다. 물을 많이 넣을수록 말리는 데 시간이 오래 걸린다.

재료는 어떤 목적으로 쓸 것인지에 따라 알맞게 조정한다. 석회, 시멘트, 붕산을 첨가하면 피에이치pH가 높아져서 종이 콘크리트에 내화성이 생기고 벌레가 덜 꼬인다. 백년초 잎 간 것과 라텍스 페인트를 섞으면 방수 도료가 된다. 모래를 섞으면 단단하고 구조감이 생긴다. 점토를 섞으면 반죽이 숨을 쉬면서 저절로 습도 조절이 된다.

필요한 연장은 만드는 양에 따라 결정된다. 적은 양을 만든다면 19리터들이 양동이에 재료를 붓고 일반 드릴에 혼합 주걱을 부착하여 혼합하면 된다. 대량으로 만든다면 우리가 했던 것처럼 집에서 만든 간이 레미콘이 필요하다. 종이 콘크리트 반죽은 9마력 하수 펌프로 분사할 수 있다. 전통적인 스투코(골재, 분말, 물 등을 섞어 벽돌, 콘크리트, 어도비, 목조 건축물 벽면에 바르는 미장 재료—옮긴이)를 연장을 사용해 펴 바를 수도 있으며, 스투코 분사기로 분사할 수도 있다.(이때는 공기 압축기가 필요하다.)

종이 콘크리트 돔 건물 짓기

마이키와 내가 설계한 종이 콘크리트 돔 건물은 짓기 어렵지 않다. 지극히 평범한 사람들인 마이키와 내가 외부의 도움 없이 우리 손으로 완성했다는 점을 참고하자. 순서는 먼저 철근 보강재를 세우고, 벽에 종이 콘크리트를 채운 다음, 벽의 안과 밖을 모르타르로 발라주는 것이다.

스케치업 프로그램은 인터넷에서 무료로 내려받을 수 있으며 누구나 손쉽게 사용할 수 있는 소프트웨어이다. 스케치업 프로그램이 있으면 건축과 기타 작업, 조경에 필요한 복잡하고 정밀한 설계도를 작성할 수 있다. 우리는 스케치업 프로그램으로 우리 집 돔 건물의 3D 설계도를 그렸다. 이 돔 설계

철근 보강재가 완성된 모습이다.
수많은 철근은 맨 꼭대기로
모아진다. 이제 전동 공구를
가동시킬 시점이다.

종이 콘크리트 돔 건물 짓기 도구

철근과 보강재
- 수력 철근 절단기
- 쇠 절단용 고속 절단기
- MIG 용접기
- 볼트 절단기
- 콘크리트 둑
- 바이스 그립
- 드릴
- 목재용 소형 톱

벽 세우기
- 호그링 결속기
- 콘크리트 둑
- 바이스 그립
- 메탈 라스
- 메탈 리메시(성근 철 격자망—옮긴이)
- 철제 가위

모르타르와 종이 반죽 채우기
- 9마력 하수 펌프
- 950리터 들이 종이 콘크리트 제조용 간이 레미콘 혹은 양동이형 믹서
- 종이(가능하면 무광택 종이가 좋다)
- 시멘트
- 석회, 붕산, 백년초 잎 진액 같은 첨가제(택일)
- 흙손과 흙받기

농사 연장들이 건축에도 유용하다는 것을 알게 되었다. 철근 보강재를 세울 때 호그링 결속기를 이용했더니 일이 훨씬 빨리 끝났다. 농장에서 돼지에 이름표를 붙일 때 쓰는 철제 고리를 호그링 결속기를 이용해 철근과 메탈 라스를 붙들어주는 데 썼다.

도는 누구나 사용할 수 있게 공개해 두었다. 그 밖에 우리가 설계한 모든 설계도는 온라인에서 공짜로 사용할 수 있다.(381쪽 '출처' 참조)

돔 건물을 시멘트 판에 올릴 것이라면, 금속 평판을 시멘트 판에 앵커 볼트로 고정시키고 그 위에 돔을 얹어서 용접으로 붙인다. 돔을 땅 위에 올린다면 철근 보강재를 안칠 수 있는 원형 토대를 파야 한다. 우리는 깊이와 너비 30센티미터의 원형 토대를 만들었다. 돔의 철근 보강재 맨 아랫부분을 이 원형 토대에 안치고, 원형 틀에 시멘트를 채워 안정시킨다.

보강재는 용접으로 붙이고 나무 지그로 규격에 맞춰 세운 철근 사다리를 말한다. 나무 지그는 커다란 합판 두 장을 가로 60센티미터, 세로 120센티미터의 틀에 나사로 고정시킨 보조 기구로, 작은 무대처럼 생겼다고 보면 된다. 보강재 철근 사다리를 만들 때는 돔 건물의 벽 모양이 나오도록 지그에 맞춰가며 세워야 한다. 반구 형태의 돔은 머리와 천장 사이의 공간이 가장 많이 생기는 건물 형태로, 벽의 곡선을 약 1.8미터 높이에서 시작하여 만든다. 지그를 이용해 정확한 지점에서 철근 사다리를 용접한다. 지그를 이용하면 각각의 철근 사다리를 동일한 크기로 만들기가 한결 쉽다. 필요한 철근 사다리의 개수는 돔의 크기에 따라 달라진다. 당신의 돔 건물 설계도를 승인한 건축 기술자가 사다리는 몇 개가 가장 좋을지 조언해 줄 것이다.

철근 사다리의 철근들은 돔의 정점에서 만나 '눈'(역시 철근으로 만들어진 원) 부분에서 접합된다. 모든 철근 사다리가 '눈' 부분에 모여 접합되면 돔의 몸체에 꼭 맞는 수평으로 된 철근 테가 만들어진다. 수평의 테를 맨 밑바닥에서부터 시작해 돔의 가장 꼭대기까지 30센티미터 간격으로 용접하여 돔의 몸체를 만든다. 어떤 모습일지 상상이 잘 되지 않는다면 고리 던지기 게임을 떠올려보자. 돔을 두르는 수평의 철근과 수직으로 올라가는 철근들이 용접되면서 보강재를 튼튼하게 받쳐준다. 이 단계에서 창문과 문이 위치할 지점, 콘센트, 전등 스위치, 배관을 설치할 공간을 잘라낸다. 전기와 배관을 설치한다. 창과 문틀은 쇠나 나무로 세운다.

철근 돔이 완성되면 외벽과 내벽을 세우게 된다. 처음에는 폭 15센티미터짜리 메탈 리메시로, 그 다음에는 메탈 라스로 세운다. 리메시는 철근에 낚싯줄로 붙들어 맨다. 메탈 라스는 공기 압축기로 작동하는 호그링 결속기라는 연장으로 고정시킨다. 이 단계의 돔은 외부와 내부 뼈대가 30센티미터 간격으로 세워져 꼭 새장 같아 보인다. 이 30센티미터 간격이 바로 종이 콘크리트가 들어갈 공간이다. 리메시를 내부에 먼저 연결하는 것이 좋다. 그래야 내부에 리메시를 연결하는 동안 외부의 메탈 라스를 타고 올라갈 수 있기 때문이다. 꼭대기부터 시작해 아래로 내려온다.

종이 콘크리트로 벽을 바르기 전에 벽의 맨 아래 30센티미터는 비흡수성 자재로 채우는 것이 좋다. 그러면 빗물이 내려와 돔의 둘레로 모여도 벽 내부에 고이지 않기 때문이다. 폐품 중에서 유리병과 돌이 이런 용도로 쓰기에 좋다. 물론 그 밖에도 공짜로 구할 수 있는 비흡수성 재료는 얼마든지 있다.

우리는 종이 콘크리트를 우리가 직접 만든 950리터 들이 간이 레미콘으로 반죽했다. 재료가 잘 섞였다면 종이 반죽을 돔의 꼭대기에 생긴 구멍으로 부어 벽 안으로 흘러 들어가게 한다. 하수 펌프가 있다면 반죽을 벽 안으로 손수 분사해 넣을 수 있다. 외벽의 모르타르를 거칠게 하려면 종이와 시멘트를 섞을 때 시멘트의 분량을 늘린다. 내벽을 통기성으로 만들고 싶다면 반죽에 진흙을 넣자.

나는 용접기를 이용해
철근 결합이 느슨해진
부분을 때우기도
하고 단자함을
설치하기도 했다.

돔의 뼈대를 다 세우고
난 후 전기를 연결하고 문을
달았다. 지인 중에 매해
버닝 맨 축제에서 네온 부문을
맡아 설계하는 스모크라는
친구가 있다. 그가 설치하고
남은 네온이 우리 돔 건물의
입구를 밝혀주고 있다.

조언

- 마감 도료를 칠하기 전에 종이 콘크리트를 완전히 말린다. 그렇지 않으면 곰팡이가 필 수 있다.(종이 콘크리트는 마르는 데 시간이 오래 걸린다. 따라서 비가 올 확률이 높은 기간에는 웬만하면 짓지 않는 것이 좋다.)
- 종이 콘크리트 벽에 빛이 들게 하려면 유리병을 활용하면 좋다. 창문이 남향인지 반드시 확인한다.
- 종이 콘크리트는 단열 효과가 뛰어나다. 나무를 때는 작은 난로 하나면 28평의 공간을 따뜻하게 덥힐 수 있다.

우리는 물탱크와 아이 빔, 포드 150 소형 트럭의 차동 장치로 종이 콘크리트 반죽기를 만들었다. 픽업트럭이 앞에서 끌어주면 내부에 장착된 날이 종이를 잘게 잘라 반죽으로 만든다.

기존의 건물 리모델링하기

마이키와 나는 종이 콘크리트 건물만 세운 것이 아니라 40년 된 이동 주택과 길이 6미터의 선박용 컨테이너도 리모델링했다. 바닥에 대나무를 깔고 페인트칠을 새로 하고 전기를 설치했다. 이동 주택과 컨테이너 모두 버려진 것이었다.

캠핑용 자동차와 트레일러, 이동 주택은 넓지 않기 때문에 작업하기가 쉽고 리모델링 비용도 저렴하다. 끌어올 수만 있다면 공짜로 얻는 것도 어렵지 않다. 이런 것은 대부분 집보다 크기가 작기 때문에 리모델링에 자재나 노동력이 많이 들지 않는다. 애초에 고가가 아니므로 연습용으로 작업해 보기에도 좋다. 실수하는 데는 돈이 별로 들지 않는다. 이런 구조물은 손쉽게 개조하여 손님용 별채나 작업실, 사무실 등으로 쓸 수 있다.

조언

- 당신이 살 집을 건축 전문가에게 맡겨서 짓더라도 당신도 함께 조수로서 참여하면 노동력의 절감은 물론이고, 기술과 도구, 재료 등에 대해 많은 것을 배우게 된다.
- 리모델링은 허가 절차도 간단하고 비용도 적게 들며 감독관의 방문도 덜하다.
- 리모델링할 때는 단열재를 추가하라. 혹은 남향 건물이나 남향으로 옮길 수 있는 건물이라면 좋다. 그러면 냉난방 비용이 절감된다. 창문을 추가하려면 언제나 남향으로 내도록 한다.

- 새로 짓거나 리모델링하여 집을 마련하고자 할 때 편하게 지낼 수 있는 장소를 마련해 놓자. 건축 및 리모델링 작업은 생각보다 시간이 오래 걸린다.

선박용 컨테이너를 건물로 개조하기

선박용 컨테이너는 일단 녹이 슬면 화물용으로는 쓸모가 없지만, 창고로는 손색이 없으며 다양한 건물로 개조해서 쓸 수도 있다. 선박용 컨테이너 길이는 대개 두 종류로, 가로 6미터, 세로 2.5미터짜리와, 가로 12미터, 세로 2.5미터짜리가 있다. 바닥은 모두 15.9밀리미터 두께로 마린 그레이드 자작나무로 되어 있다.

선박용 컨테이너 전문 회사에서는 가끔 컨테이너에 문과 창문, 환기 시설, 전력, 수도 배관 등을 추가하여 개조된 형태로 판매하기도 한다. 좋은 회사라면 수정된 용도에 맞추어 빈틈없고 튼튼하게 개조할 것이다. 당신이 주문한 개조 작업을 자격증이 있는 전기 기술자나 배관공이 하는지를 꼭 확인해야 추후에 건축 감독관의 검사를 통과할 때 발생할 문제들을 예방할 수 있다. 문과 창문을 만드느라 잘라낸 철 자투리는 따로 보관한다. 현관문, 담장, 방문 등 세부 작업을 할 때 요긴하게 쓸 수 있다.(24쪽 참조)

조언

- 컨테이너의 네 모서리를 맞추어 안칠 수 있도록 평평한 콘크리트 기초 네 곳에 콘크리트를 부어 컨테이너를 안칠 준비를 하자. 북미에 사는 사람이라면 컨테이너의 긴 쪽과 창문을 모두 남향으로 해야 컨테이너가 겨울에

도 햇볕을 잘 받아 열을 얻을 수 있다.

- 운송비가 비싸므로 자신이 사는 곳 근처의 컨테이너 회사를 찾는다. 회사에서 컨테이너를 적절하게 운송해 줄 장비를 갖추고 있는지 확인한다. 기울임 기능이 있는 평상형 트럭이 가장 좋은데, 이런 트럭은 원하는 위치에 10센티미터 이내로 정확하고 빠르게 내려놓을 수 있다는 장점이 있다.

- 컨테이너를 받으면 냄새가 나지 않는지, 나중에 구멍이 날 수도 있는 찌그러진 곳이 없는지, 바닥에 얼룩이 없는지 확인한다. 지붕 위와 아래에 녹이 없는지도 확인한다.

- 냉동 컨테이너는 단열 효과가 매우 높다. 혹시 그런 컨테이너를 만나게 된

마이키는 선박용 컨테이너를 개조해 만든 작업실을 무척 마음에 들어 한다. 우리가 온라인 상점에서 파는 전자 기기들은 전부 여기서 만들어진다. 마이키는 이 작업실을 〈스타워즈〉의 주인공 루크 스카이워커의 타투인 집처럼 땅속에 묻을 수 있기를 아직도 바라고 있다.

다면 일반 컨테이너보다 값이 두 배는 더 나갈 것이다. 컨테이너에서 시간을 오래 보낼 계획이라면 그런 컨테이너를 하나쯤 장만해 두면 제값을 톡톡히 한다. 냉난방비가 절감되어 투자한 비용을 충분히 돌려받을 수 있다.

• 지붕을 흰색으로 칠하고 건물에 그늘막을 만들어주면 여름에 열기를 줄일 수 있다. 또 외관에 종이 콘크리트를 분사해 바르면 태양열을 어느 정도 막을 수 있다. 마이키는 최근에 작업실로 개조한 선박용 컨테이너에 분무 호스를 둘러 건물 외관을 적시도록 했는데, 한 시간에 8~11리터의 물이 분사된다. 그러면 온도가 가장 높은 오후 시간대에 철제 컨테이너에서 뿜어져 나오는 열기를 식혀주어 작업실에 에어컨을 켠 효과를 준다. 우리는 분무 호스 주변으로 포도 넝쿨을 심어서 뿌려지는 물이 낭비되지 않도록 했다. 덕분에 포도가 무럭무럭 잘 자라고 있다.

• 환풍기를 적절한 자리에 만들어놓으면(하나는 바닥에 가까운 낮은 곳에, 다른 하나는 지붕 쪽에) 겨울의 혹한과 여름의 폭염에도 공기의 흐름이 원활해진다. 지붕의 터빈 환풍기는 여름에는 뜨거운 공기를 빼주지만, 겨울철 실내 온기를 뺏기지 않으려면 겨울에는 닫아두어야 한다.

효율성 높은 집 만들기

아래 두 가지를 실천하면 전력 소비량을 현저하게 줄일 수 있다.

• 전기 드라이어 대신 빨랫줄을 쓴다.

- 세로로 긴 냉장고를 치우고 개조한 상자형 냉동고로 바꾼다.

상자형 냉동고는 찬 공기가 밑에 가라앉아 있기 때문에 세로로 긴 냉장고보다 에너지 효율이 높다. 상자형 냉동고는 문을 열어도 온도 손실이 거의 없다. 반면 세로로 긴 냉장고는 문을 열면 내부의 찬 공기가 부엌 바닥으로 흘러나온다. 따라서 문이 닫히면 찬 공기를 만들어내기 위해 컴프레서가 다시 가동되어야 한다.

세로로 긴 냉장고를 치우고 상자형 냉동고를 냉장고로 개조해서 쓰는 데 필요한 것이라고는 온도 조절기 그리고 냉장고 정리뿐이다. 상자형 냉동고에 원하는 냉장 온도를 설정해 놓은 온도 조절기를 연결한다. 어느 온도에 가깝게 설정할수록 냉장고 안에 든 음식은 더 오래간다.

이렇게 해서 상자형 냉동고의 개조를 마쳤다면 플라스틱 통을 크기별로 정렬하여 유제품, 야채, 양념류, 농작물, 단백질류 등 이름표를 붙인다. 찾기 쉽도록 종류별로 적절한 용기에 담는다. 양념류를 정리할 때는 각 양념이 실제로 냉장 보관이 필요한 것인지를 먼저 확인한다. 양념류 대부분은 냉장 보관할 필요가 없고 찬장에 두어도 된다.

냉방과 난방

우리의 40년 된 이동 주택에는 단열 장치가 거의 없고, 낡고 물이 새는 외겹 유리창은 아무리 힘을 써도 꽉 닫히지 않는다.

우리는 수명이 얼마 남지 않은 낡은 이동 주택에 과도하게 투자하고 싶지 않았기 때문에 창문을 이중창으로 교체한다든가 하지 않고 그 대신 냉방과 난방을 생활 방식의 일부로 만들었다.

이동 주택에 정착한 첫해 겨울, 우리는 실내 온도 조절기를 21도로 맞추고는 이내 잊어버리고 있었다. 첫 달 가스비로 180달러가 나왔다. 이런저런 요령이 많이 생긴 지금은 가스비가 가장 추운 겨울에도 45달러를 넘지 않는다. 그러나 우리는 단열 장치를 추가하지 않았고, 창문도 삐걱거리는 외겹 유리창 그대로다.

비결

- 여름에는 보일러의 온수 기능을 끈다.(혹은 저온으로 낮춘다.)
- 전기 히터는 효율이 떨어져서 응급 상황에만 쓰는 것이 좋다.
- 햇볕을 최대한 활용하라. 겨울에 해가 뜰 때 동향과 남향의 커튼과 블라인드를 모두 젖혀놓는다. 해가 서쪽으로 옮겨가면서 서향 창문으로 햇살이 들어오기 시작하면 서향 창문의 커튼과 블라인드도 모두 젖힌다. 해가 지기 직전에 커튼과 블라인드를 모두 닫아, 아침부터 오후까지 집 안에 쌓인 열을 빼앗기지 않게 한다. 북향의 창은 하루 종일 가려놓는 것이 좋다.
- 겨울에는 쓰지 않는 방의 문을 닫아 외풍을 줄인다. 여름에는 집(혹은 방)의 반대편에 있는 창문을 조금만(1.5센티미터 정도) 열어두어 공기가 잘 통하게 한다. 이렇게 하면 공기가 움직이면서 집 안에 미풍이 부는 것처럼 느껴진다.
- 집에 있는 창문을 전부 교체하려면 엄청난 비용이 든다. 게다가《내셔널

지오그래픽》에 실린 기사에 따르면 외겹창을 이중창으로 바꿔서 얻는 에너지 절감 효과는 약 10퍼센트밖에 되지 않는다고 한다. 여기서 산수가 필요하다. 난방비 청구서와 창문 교체 비용을 두고 계산기를 두드려보자. 어느 쪽에서 비용을 절감하는 것이 더 이득일까?

- 흰색은 햇빛을 반사시켜 실내를 시원하게 유지해 준다. 짙은 색은 햇빛을 흡수하여 집 안을 따뜻하게 해준다. 따뜻한 기후에 사는 사람은 지붕을 흰색으로 칠하면 여름에 냉방의 필요가 줄어든다. 태양열 에너지로 물을 데우려면 물탱크를 검은색으로 칠해 옥외에 놓아두라.

- 북반구에 살고 있다면 집의 북쪽에 있는 방들은 남쪽에 있는 방보다 시원할 것이다. 연중 적절한 시기에 맞추어 방을 사용하는 것도 한 방법이다. 동쪽 창문을 열어두어 신선한 공기를 들이자. 동쪽에서 불어오는 바람은 밀도가 실내 공기에 가장 가깝다.

- 냉방 장치와 난방 장치에 실내 온도 조절기를 부착하면 냉난방 비용을 줄일 수 있다. 실내 온도 조절기에 온도를 미리 입력해 놓으면 잠자고 있을 때나 외출했을 때 등 하루 중 특정한 시간대에 에너지 사용을 줄일 수 있기 때문이다. 또 실내 온도 조절기는 당신이 깜빡 잊었을 때도 알맞은 때에 전원을 켜거나 꺼준다.

- 건조한 기후에 산다면 에어컨에 비해 에너지 소비를 4분의 1로 절감해주면서 냉방 효과도 뛰어난 증발식 냉각기를 활용할 수 있다. 증발식 냉각기는 팬이 물 위에서 돌아가는 구조로 되어 있어서 실내에 습도를 더해준다. 우리는 34평의 공간을 300와트짜리 증발식 냉각기 한 대로 냉방하는데, 전력 도둑인 에어컨보다도 훨씬 시원하다.

창문을 여러 층으로 덮는 방법

창문에 적절한 재료로 가림막을 치면 연중 언제라도 냉난방 효과를 얻을 수 있다. 여름에는 하루의 햇살이 들어오기 전에 가림막을 내려 창을 가려놓는다. 겨울에는 온종일 열어두었다가 땅거미가 질 때 가림막을 닫아 열을 붙잡아둔다.

1. 은색 마일라 에어캡(은색 절연 필름 '마일라'에 단열 에어캡, 일명 '뽁뽁이'를 덧붙인 제품 ―옮긴이)을 창문에 붙이면 빛을 반사시키는 효과가 상당하다. 여름에는 햇빛을 막아주고 겨울에는 새어나가는 열기를 잡아준다. 마일라 에어캡을 창문 크기에 맞게 자른다.
2. 나사못 두세 개를 이용해 맨 위 창틀에 마일라 에어캡 두루마리를 고정시킨다.
3. 에어캡이 창문의 절반쯤 내려오는 중간 지점에 철선을 구부려 만든 고리를 단다.
4. 맨 위 창틀의 중앙에 액자 거는 조그만 고리를 부착한다. 에어캡이 다 말려 올라가면 액자 고리에 에어캡에 만들어놓은 고리가 걸려서 두루마리를 고정할 수 있다.
5. 이 위에 얇고 반투명한 천을 걸어두면 빛을 분산시키는 효과가 난다. 얇은 천은 방 안으로 빛을 들이면서도 빛의 성질과 열기의 강도를 완화해 준다.
6. 마지막으로 면 벨벳 같은 툭툭한 재질의 천을 커튼으로 건다. 커튼 안쪽에 밝은 색깔의 반사하는 재질의 안감이 대어져 있으면 가장 좋다. 툭툭한 천은 매일 낮 동안 들어온 열을 집 안에 잡아두는 역할을 한다. 반사하는 재질의 안감은 여름철 태양의 열기가 집에서 반사되도록 도와준다.

쓰레기는 신성하다

이것은 도덕적인 문제가 아니다. 영성의 문제도 아니요
정치적인 문제도 아니다. 논리적인 문제일 뿐이다.

—마이클 레이놀즈Michael Reynolds(친환경 건축가—옮긴이)

마이키와 내가 우리 시골집에서 즐겨 하는 작업을 몇 가지만 소개한다. 다른 이들이 내다버린 것을 구조해 오고, 쓰레기를 유용하고 심지어 아름답기까지 한 것으로 변신시키는 것이다.

초대형 스케이트보드

초대형 스케이트보드는 물탱크, 온수기, 가구, 냉장고 등 크고 무겁고 난감한 물건을 밀 때 요긴하게 쓸 수 있다.

준비물
가로 90센티미터, 세로60센티미터 크기의 합판, 실톱, 크레용, 널찍하고 표면이 우툴두툴한 스케이트보드 바퀴 한 쌍, 나사못

1. 준비한 합판 위에 커다란 스케이트보드 몸체의 모양을 그린다.
2. 실톱으로 선을 따라 나무를 자른다.
3. 합판의 밑면에 준비한 바퀴 두 개를 각각 끝에서 15센티미터 떨어진 지점에 부착한다.

불꽃 드럼통

불은 우리를 자연에 연결시키고 빛과 열을 준다. 이동 주택은 가연성이 있어서 실내에 벽난로를 설치하지 않는 것이 좋기 때문에, 겨울철 우리 집에서 친구들이 옹기종기 모이는 곳은 옥외 화덕이다. 우리는 또 190리터 들이 쇠 드럼통으로 장식용 불꽃 드럼통도 만든다.(57쪽 참조) 우리 눈에는 가게에서 파는 옥외용 화덕보다 우리가 직접 만든 화덕과 불꽃 드럼통이 더 아름답고 재미있다. 게다가 공짜이며 어디서나 쉽게 얻을 수 있는 버려진 재료로 만든 것이 아닌가. 기본적인 용접 기술만 있다면 누구나 쉽게 만들 수 있다.

준비물
190리터 들이 쇠 드럼통(가연성 화학 물질이 담겨 있던 드럼통은 절대로 사용하면 안 된다. 안전에 주의하자.), 산소 아세틸렌 토치 장비 혹은 플라스마 커터, 안전 장갑, 보호 안경(용접시 꼭 필요), 철제 타이어 림

1. 통에 새길 무늬를 미리 그려본다. 무늬를 잘라냈을 때 어떤 효과가 날지를 고려하면서 구상한다. 무늬를 잘라내고 나면 통에 구멍이 생길 것이다. 잘라낸 부분이 너무 많거나 무늬가 너무 크거나 붙어 있으면 불을 피웠을 때 드럼통이 견뎌내지 못할 수도 있다. 때로는 무늬를 과도하게 내다가 드럼통이 두 동강나는 수도 있다. 이런 점을 염두에 두고 구상하자.
2. 토치를 이용해 드럼통의 윗면을 제거하여 한쪽이 완전히 열린 상태가 되게 한다. 원통과 밑바닥은 그대로 둔다.
3. 장식으로 구상해 둔 무늬를 오려낸다. 어떤 무늬든 상관없지만 통의 밑바닥에서 25센티미터 정도 되는 지점에는 구멍 몇 개가 반드시 있어야 한다. 그래야 아래로 공기가 들어가 통 안에서 불이 계속 탈 수 있기 때문이다.
4. 무늬를 모두 잘라냈으면 철제 타이어 림을 드럼통 바닥의 중앙에 용접해 붙인다. 이것이 드럼통의 기저가 되어 통이 쓰러지지 않게 막아주고 공기 흐름도 원활하게 해준다.

태양열 온수기 혹은 현관 매트

쓰레기더미에서 냉장고를 발견하거든 볼트 절단기로 컴프레서 코일을 잘라
오자. 컴프레서 코일이란 냉장고 뒷면에 대략 가로 60센티미터, 세로 120센티미
터 크기로 붙어 있는 쇠살대를 말한다. 냉장고가 작동할 때 이 코일을 통해 냉매
가 이동한다. 냉장고에서 떨어져 나온 코일은 배관을 연결해 그 안에 물이 흐르
게 한 다음 햇볕에 놓아두면 태양열 온수기로 활용할 수 있다. 아니면 적절한 크
기로 잘라 현관에 까는 매트로 두면 신발 밑에 묻은 흙과 돌을 집안으로 들어오
기 전에 털어낼 수 있어 좋다.

낡은 냉장고 코일을 현관 매트로 사용하는 아이디어는 이웃 도나가 주었다.
오늘 아침 개를 산책시키고 돌아오던 길이었는데, 도나가 쓰레기통 옆의 쓰레기더미에서
냉장고 코일을 하나 끄집어내고 있었다. 우리도 합세해 세 개를 더 찾아내서는
집으로 가지고 왔다. 나는 집에 오자마자 볼트 절단기를 쥐고 알맞은 크기로 잘라나갔다.

전기 분해로

녹슨 스패너에게 새 생명을

19리터 들이 플라스틱 양동이에 물을 채우고 베이킹 소다를 푼다

가 정 용
직 류
가전 기기의
충 전 기
아무거나

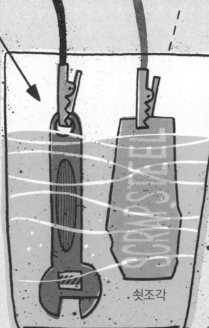

SCRAP STEEL

쇳조각

STEP 1.

악어 입 클립 케이블(양극)

악어 입 클립 케이블(음극)

녹 제거하기 *with electrolysis*

새로 태어난
[녹슨]
스패너

STEP 2.

백식초에 담근다.

STEP 3.

녹 제거하기

연장이 녹슬었다고 해서 꼭 버릴 필요는 없다. 간단한 전기 분해로 녹을 제거할 수 있다.

준비물

구제할 필요가 있는 녹슨 물건, 악어 입 클립이 달려 있는 케이블 선 두 개, 쇳조각, 19리터 들이 플라스틱 양동이, 물, 베이킹 소다 약 1컵, 가정용 직류 가전 기기의 충전기(플러그인 충전기 같은 것), 물건이 잠길 만한 양의 백식초

1. 악어 입 클립의 한쪽 끝을 녹을 제거하려고 하는 물건에 연결한다. 클립의 다른 쪽 끝은 버릴 쇳조각에 연결한다.(이 과정을 거치고 나면 쇳조각은 못 쓰게 된다.) 클립의 양극은 쇳조각에, 음극은 녹을 제거하려고 하는 물건에 맞물려 있으면 된다.
2. 녹을 제거할 물건과 쇳조각을 베이킹 소다 섞은 물 양동이에 집어넣는다. 악어 입 클립은 양동이 밖으로 나와 있어야 한다.
3. 클립의 양쪽 끝을 충전기에 연결한다. 양극은 양극 납판에, 음극은 음극 납판에 댄다. 어느 쪽이 양극이고 음극인지 모르겠다면 멀티미터를 사용해 알아낸다.
4. 충전기를 전원에 연결한다. 물이 부글거리며 거품이 일 것이다. 이 과정이 8~20시간 지속되게 둔다. 녹이 잘 제거되고 있는지 확인하려면 콘센트에서 충전기를 빼고 물 속의 물건을 살펴본다.
5. 녹이 완전히 없어졌으면 물건을 꺼내고 약 1시간 동안 백식초에 완전히 잠기게 담가둔다.

텃밭용 체

쓰레기더미에서 낡은 세탁기를 보거든 옷을 집어넣는 세탁통 부분을 놓치지 말자. 세탁기에서 세탁통을 떼어내려면 약간의 해체 작업이 필요하다. 낡은 세탁기의 에나멜 세탁통이 신형 세탁기의 플라스틱 세탁통보다 더 좋다. 에나멜은 내구성이 있으며 오래간다. 세탁통을 옥외에 두고 텃밭용 체로 사용하면 많

은 양의 야채나 과일을 땄을 때 씻기에 좋다.

플라스틱 용접

플라스틱 제품이 부서졌다고 해서 반드시 버릴 필요는 없다. 플라스틱 용접은 간단하다. 매니큐어 제거제와 면봉 몇 개만 있으면 그만이다. 정말이다.

준비물
흔히 '아세톤'이라고 하는 매니큐어 제거제(제품 용기를 보고 아세톤 함량이 높은지 확인한다), 면봉

1. 면봉에 아세톤을 듬뿍 묻혀 플라스틱의 부서진 곳 양면에 바른다. 플라스틱이 부드러워졌다 싶을 때까지 계속 문지른다.
2. 부서진 두 면을 맞붙이고 붙을 때까지 붙잡는다.
3. 아세톤이 마르고 양면이 붙으면 이어붙인 자리에 아세톤을 덧발라 생겼던 금이 눈에 보이지 않을 때까지 문질러준다.

맺음말: 실수합시다

다시 해보라. 또 실패하라. 더 잘 실패하라.

—사무엘 베케트Samuel Beckett

실수는 피할 수 없으므로, 미친 기술을 배울 때는 으레 실수하리라 생각해야 한다. 중요한 것은 이것이다. 실수는 다른 이들과 나눌 때 값진 것이 된다는 것.

이런 뜻에서 나도 마이키와 내가 실수를 통해 어렵게 배운 교훈을 독자들과 공유하려고 한다.

먼저 작업장을 세워라. 그런 다음 무엇이든 만들어라.

우리는 우리 집과 땅을 리모델링한다는 사실에 너무도 흥분한 나머지 작업장도 없는 상태에서 작업을 시작했다. 그 결과 날마다 컨테이너 창고에서 무거운 연장들을 힘겹게 꺼내야 했고, 작업할 곳까지 끌고 갔다가 포장을 풀고 설치한 다음 다시 포장에 넣어 있던 곳으로 가져가야 했다.

우선순위를 정할 때 환경을 고려하라.

마이키와 나는 타들어가는 듯한 자외선이 내리쬐는 뜨거운 사막에 산다. 우리는 집과 음식에 대해서만 생각하느라 집을 리모델링하고 정원을 만들면서도 그늘막 세울 생각을 못했다. 즉 뙤약볕에서 일하면서 불필요한 고통을 받고 에너지를 소모했다는 이야기다.

시멘트가 완전히 마른 다음에 마감 도료를 발라라.

나는 시중에서 파는 유독성 제품을 피하고 싶어서 갈색 천연 가루를 넣어서 내가 손수 만든 안료로 시멘트 판을 착색했다. 그러고 나서 시멘트 마감 도료를 칠했다. 1년 뒤 시멘트 판은 조금씩 부서졌고 나는 스폴링 spalling(금속의 표면이 벗겨지거나 균열이 일어나 떨어지는 현상—옮긴이)이 뭔지를 배우게 됐다. 수분이 시멘트 안에서 함께 밀봉될 때 발생하는 현상이 바로 스폴링이다.

인분 퇴비화 시스템은 가능한 한 빨리 만들어라.

우리는 이동 주택을 리모델링하면서 쓰레기를 활용하고 기존의 자원을 보존한다는 사명감에 불타올라, 40년 된 낡은 변기 두 개를 집 안에 그대로 두었다. 나는 약간 고생스럽기는 해도 깨끗하게 청소하면 쓸 만하리라 생각했지만 그 계산은 틀렸다. 새 변기를 샀더라면 좋았을 것이라는 말이 아니라, 애초부터 옥외에 퇴비화 변기를 만들어서 실내 변기를 사용할 필요를 아예 없애버렸다면 좋았을 것이라는 말이다. 실내 배관은 수리가 까다롭고 비용도 많이 든다. 반면 인분 퇴비화 시스템은 관리하기 쉽고 배관공도 필요 없는 간단한 퇴비화 변기이다. 환경에 미치는 영향도 물을 소비하는 수세식 변기보다 훨씬 적다.

곰팡이 포자를 조심하라!

우리는 블루 치즈를 만들면서 곰팡이 포자가 건물 안에서 자유롭게 돌아다닐 수 있다는 것을 알게 되었다. 발 고린내가 나는 실패한 블루 치즈 덩어리를 내다버리고 나서 체다 치즈를 만들었는데, 블루 치즈의 곰팡이 포자가 체다 치즈로 옮겨갔다. 결국 우리는 오염된 체다 치즈를 내다버린 다음, 치즈 냉장고와 발효기를 깨끗이 문질러 닦고 이 불청객 포자들이 날아가 또 다른 치즈 덩어리에 내려앉지 않도록 한동안 모든 창문을 열어놓아야 했다.

지금 당장 쓰지 않을 건전지를 미리 사두지 마라.

우리는 태양광 전지판 시스템을 세운다는 사실에 몹시도 흥분해서 시스템을 설치하지도 않았는데 1년 전에 미리 건전지를 구입했다. 우리가 전력 인버터와 장비들을 들여놓을 돔 건물을 짓는 동안 건전지는 마당에 놓여 있었다. 돔 건물 완공은 생각보다 오래 걸렸고, 건전지는 쓰이지 않은 채로 마당에 방치되면서 탄력성을 잃어갔다. 우리가 사놓은 건전지의 용량은 이로 인해 영구적으로 손실을 입었다.

자주 접근해야 하는 것은 손이 쉽게 닿는지 고려한다.

우리는 이동 주택의 지붕이 많은 무게를 견딜 만큼 강하지 않기 때문에 태양광 전지판을 기둥 위에 설치하는 방식을 선택했다. 우리 집 태양광 전지판은 땅에서 2.4미터 정도 높이에 있어서 우리 집 지붕선과 거의 닿는다. 너무 높아서 갖은 애를 써야만 손이 닿고, 청소하기가 힘들며, 전지판의 기울기는 변경할 수가 없다. 전지판이 1년 내내 해를 따라가도록 기울기를 조정할 수 있다면 태양에 노출되는 정도를 최대화할 수 있을 텐데 그것이 불가능하다. 다시 설치할 수 있다면 더 낮게, 기울기도 조정할 수 있고 손도 쉽게 닿는 높이로 설치할 것이다. 전지판을 조정이 가능한 높이에 설치하여 그때그때 햇빛에 맞춰 각도를 변경할 수 있게 할 것이다.

선택한 재료의 한계를 고려하라.

우리는 기술적으로 어려운 과제를 달성하는 데 약간 재미가 들려 있었다. 특히 종이 콘크리트를 사용할 때 더 그랬다. 종이 콘크리트는 특유의 쓰임새가 있다. 단열성이 뛰어나고 돔 건물을 만들 때 좋다. 하지만 딱딱한 종이 콘크리트 슬래브로 벽을 세우는 고되고 지난한 작업은 하지 않았더라면 좋았을 것이다. 사생활을 위해 벽을 세우려고 한다면 더 좋은 재료가 있다. 우리가 세운 종이 콘크리트 슬래브 벽은 내구성을 갖추려면 스투코 작업이 필요했다. 반면 속이 빈 보강재에 종이 콘크리트를 분사해 세운 담장은 영구적이며 특히 백년초 잎 진액을 섞었기 때문에 내구성이 뛰어나다.

자연의 법칙을 따라라.

사막에 둥지를 틀고 보낸 처음 두 해, 우리는 먹을 것이 풍성한 풍경을 꿈꾸면서 이 지역 토착 식물이 아닌 나무를 많이 심었다. 위험을 감수하고 여러 가지 외래종 식물을 심은 것이다. 지역 토종의 나무를 심었다면 시간과 에너지를 절약할 수 있었을 테고, 나무그늘과 먹을거리도 더 빨리 얻었을 것이다.

마음껏 즐기고 놀아라.

우리가 써 내려가는 실수 목록은 결코 끝이 나지 않을 것이다. 당신도 당신만의 실수를 해볼 것을 권한다. 실수하는 것은 생각보다 재미있으며, 언제나 가르침을 준다.

출처

'하거나, 하지 않거나'이다. '해본다'는 없다.
— 요다, 〈스타워즈〉

이 책에서 다룬 여러 주제에 따라 출처 목록을 정리했다. 주제마다 책, 웹사이트와 블로그, 영상물(유튜브에 게재된 짧은 영상부터 장편 영화에 이르기까지) 등 다양한 참고 자료들이 실려 있다. 일각에서는 위키 백과를 참고 자료로 사용하는 것에 반대하는 의견도 있지만, 나는 무엇이든 '한다'는 사실이 중요하다고 생각한다.

우리는 공통의 것을 만들어가고 있다. 즉 다 함께 위키 백과를 이용하고 출처로 의존하고 또 사전이 만들어지는 데 기여한다는 뜻이다.

홀리 스크랩 Holy Scrap

홀리 스크랩 Holy Scrap
Store http://store.holyscraphotsprings.com
Blog http://blog.holyscraphotsprings.com

마이키 스클라 Mikey Sklar
www.screwdecaf.cx
YouTube www.youtube.com/user/sklarm

Flickr www.flickr.com/photos/11461247@N02

웬디 트레메인 Wendy Tremayne
www.gaiatreehouse.com

건축

- Alexander, Christopher, Sara Ishikawa, Murray Silverstein, Max Jacobson, Ingrid Fiksdahl-King, and Shlomo Angel. *A Pattern Language: Towns, Buildings, Construction.* Oxford University Press, 1977.
- Alexander, Christopher. *The Timeless Way of Building.* Oxford University Press, 1979.
- *Garbage Warrior.* Directed by Oliver Hodge. DVD. Open Eye Media Ltd., 2008.
- Guelberth, Cedar Rose, and Dan Chiras. *The Natural Plaster Book: Earth, Lime and Gypsum Plasters for Natural Homes.* New Society Publishers, 2003.
- McDonough, William, and Michael Braungart. *Cradle to Cradle: Remaking the Way We Make Things.* North Point Press, 2002.

앙티 로박 프로젝트 The AnttiLovag Project

www.anttilovag.org

칼어스: 캘리포니아 흙 건축예술학교 Cal-Earth: The California Institute of Earth Art and Architecture

www.calearth.org

흙배 주택 생태 건축 회사 Earthship Biotecture, LLC

http://earthship.com

'이브의 정원' Eve's Garden Bed and Breakfast

www.evesgarden.org

페로시멘트 교육 네트워크 Ferrocement Educational Network

http://ferrocement.net/flist

날아다니는 콘크리트: 경량 콘크리트로 건물 짓기 Flying Concrete: Structural and Sculptural Forms in Light Weight Concrete

http://flyingconcrete.com

모르타르 분사기 닷컴 Mortarsprayer.com

www.mortarsprayer.com.
Stucco and texture sprayers

네이더 칼릴리 Nader Khalili

Wikipedia http://en.wikipedia.org/wiki/Nader_Khalili

종이 콘크리트 정보 Papercretes: Papercrete Info

http://groups.yahoo.com/group/papercreters

로버트 브루노 Robert Bruno

http://robertbruno.com

스페이스맨 종이 콘크리트 믹서 Spaceman's Papercrete Mixer

www.starship-enterprises.net/Papercrete/Mixer

신생 문화

비하이브 디자인 공동체 The Beehive Design
Collective

www.beehivecollective.org

부시 대통령을 위한 백만장자들 Billionaires for
Bush

www.billionairesforbush.com

블랙 록 예술 재단 Black Rock Arts Foundation

http://blackrockarts.org

"Boing Boing"
www.boingboing.net

버닝 맨 축제 Burning Man

www.burningman.com

Cult of Less
http://cultofless.com

The Long Now Foundation
http://longnow.org

마다가스카르 연구소 Madagascar Institute

www.madagascarinstitute.com

메이커 축제 Maker Faire

http://makerfaire.com

"Pirate Party"
Wikipedia http://en.wikipedia.org/wiki/
Pirate_Party

Radiolab
New York Public Radio www.radiolab.org

빌리 목사와 쇼핑중지 교회 Reverend Billy and the
Church of Stop Shopping

www.revbilly.com

Work Less Party
www.worklessparty.org

우리가 좋아하는 친구들/ 블로그

앨리스 산토로: 별난 (비)영속농업연구센터 Alyce
Santoro: Center for the Improbable & (Im)permacultural
Research

www.alycesantoro.com

Art Is the Proper Task of Life
http://artisthepropertaskoflife.blogspot.com

Cameron, Heather
True Stitches (blog) http://truestitches.
blogspot.com

The Common Milkweed
http://thecommonmilkweed.blogspot.
com

The Essential Herb Blog
http://theessentialherbal.blogspot.com

Growing Heart Farm
http://growingheartfarm.com

Hess, Anna and Mark Hamilton
http://blog.homemadespaceship.net

Homemade Spaceship
http://blog.homemadespaceeship.net

Iris Herbal
www.irisherbal.com

Lazuli, Gianni (Flux Rostrum)
Fluxview, USA (blog) http://fluxview.com/USA

Luke Iseman
http://lukeiseman.com

Old Monticello Organic Farms
http://oldmonticelloorganicfarms.com

Reinish, Libby
Whittled Down (blog) www.whittleddown.com

반다나 시바 Shiva, Vandana
www.navdanya.org

Vela Creations
www.velacreations.com

Zielinski, Julie, and Eric Wilson
d.i. wine & dine (blog) http://di-wineanddine.blogspot.com

선물 경제와 상식

* Hyde, Lewis. *Common as Air: Revolution, Art, and Ownership.* Farrar, Straus and Giroux, 2010.
* ――― *The Gift: Imagination and the Erotic Life of Property.* Vintage Books, 1983.
* Lessig, Lawrence. *The Future of Ideas: The Fate of the Commons in a Connected World.* Vintage Books, 2002.

크리에이티브 커먼즈 Creative Commons
http://creativecommons.org

Free Software Foundation
www.fsf.org

Git Hub, Inc
https://github.com

On The Commons
www.onthecommons.org

오픈 소스 에콜로지 Open Source Ecology

http://opensourceecology.org

Wiki Leaks

www.wikileaks.org

DIY/ 교재

- Adkins, Jan. *Moving Heavy Things.* WoodenBoat Publications, 2004.
- Tresemer, David Ward. *The Scythe Book: Mowing Hay, Cutting Weeds, and Harvesting Small Grains with Hand Tools,* 2nd ed. A. C. Hood, 1996.

아다프루트 Adafruit Industries

http://adafruit.com

Afrigadget

www.afrigadget.com

Dorkbot

http://dorkbot.org

해커데이 Hack A Day

http://hackaday.com

"Hackerspaces"

HackerspaceWiki. http://hackerspaces.org/wiki

인스트럭터블즈 Instructables

www.instructables.com

《메이크》 블로그 Make: Craft

http://blog.makezine.com/craftzine

《메이크》 잡지 Make: Magazine

http://makezine.com

스왑 오 라마 라마 Swap-O-Rama-Rama

www.swaporamarama.org

트림블 스케치업 Trimble Sketchup

www.sketchup.com

연료

바이오 디젤 웹사이트 Fillup4Free.com

http://fillup4free.com
Home of the Waste Vegetable Oil Network Map

마이키 스클라 "DIY 바이오 디젤 연료 만들기: 5분 동안 소량 만드는 법" Sklar, Mikey "DIY Biodiesel: 5 Minute Microbatches."

YouTube www.youtube.com/watch?v=LdHPbVh38SM

생활 방식

- Bay Laurel, Alicia. *Living on Earth.* Vintage Books, 1971.
- Jenkins, Joseph. *The Humanure Handbook: A Guide to Composting Human Manure,* 3rd ed. Chelsea Green Publishing, 2005.
- Nearing, Helen, and Scott Nearing. *Living the Good Life: How to Live Sanely and Simply in a Troubled World.* Schocken, 1970. Originally published in 1954.
- *No Impact Man.* Directed Laura Gabbert and Justin Schein. DVD. Oscilloscope Pictures, 2009.
- Steinfeld, Carol. *Liquid Gold: The Lore and Logic of Using Urine to Grow Plants.* Green Frigate Books, 2004.

식물: 먹을거리와 약

- Amrein-Boyes, Debra. *200 Easy Homemade Cheese Recipes.* R. Rose, 2009.
- Bittman, Mark. "Bad Food? Tax It." *New York Times,* July 24, 2011.
- Cech, Richo. *Making Plant Medicine.* Horizon Herbs, 2000.
- Desert Harvesters. *Eat Mesquite!: A Cookbook.* Green Press Initiative, 2011.
- Ivey, Robert DeWitt. *Flowering Plants of New Mexico.* RD&V Ivey, 2003.
- Kane, Charles W., and Frank Rose. *Herbal Medicine of the American Southwest.* Lincoln Town Press, 2006.
- Katz, Sandor Ellix. *The Art of Fermentation: An In-Depth Exploration of Essential Concepts and Processes from Around the World.* Chelsea Green, 2012.
- ——— *Wild Fermentation: The Flavor, Nutrition, and Craft of Live-Culture Foods.* Chelsea Green, 2003.
- Knishinsky, Ran. *Prickly Pear Cactus Medicine: Treatments for Diabetes, Cholesterol, and the Immune System.* Healing Arts Press, 2004.
- Lowenfels, Jeff, and Wayne Lewis. *Teaming with Microbes: A Gardener's Guide to the Soil Food Web.* Timber Press, 2006.
- Moore, Michael. *Medicinal Plants of the Mountain West,* rev. ed. Museum of New Mexico Press, 2003.
- Neithammer, Carolyn. *American Indian Cooking: Recipes from the Southwest.* University of Nebraska Press, 1999. First published as *American Indian Food and Lore* by Macmillan, 1974.
- Phyo, Ani. *Ani's Raw Food Essentials.* Da Capo Press, 2010.
- Pollan, Michael. *The Botany of Desire: A Plant's-Eye View of the World.* Random House, 2001.

- ——— *In Defense of Food: An Eater's Manifesto.* Penguin, 2008.
- ——— *The Omnivore's Dilemma.* Penguin, 2006.
- Rose, Jeanne. *Herbal Body Book,* 2nd ed. Frog, Ltd., 2000.
- Stamets, Paul. *Mycelium Running: How Mushrooms Can Help Save the World.* Ten Speed Press, 2005.

Desert Harvesters
www.desertharvesters.org

전미 젊은 농부 연합 National Young Farmers' Coalition
www.youngfarmers.org

유기농 소비자 협회 Organic Consumers Association
www.organicconsumers.org

전력/ 에너지

- Chase, Jon. "The Grouse: Assault on Batteries." *Popular Science,* January 29, 2008.
- Solar Energy International. *Photovoltaics: Design and Installation Manual.* New Society Publishers, 2004.

DIY 태양열 오븐 DIY Solar Oven
DIY Solar Network. http://diysolar. dasolar. com/group/diysolaroven

마이키 스클라 "태양광 전지 (오프 그리드)" Sklar, Mikey "PV Solar (Off-Grid)"
YouTube. www.youtube.com/ watch?v=Seaw5S3lhSs

철학

- Fadiman, James and Robert Frager, eds. *Essential Sufism.* HarperCollins, 1997.
- Gandhi, Mahatma. *The Essential Writings of Mahatma Gandhi.* Edited by Raghavan Narasimhan. Iyer. Oxford University Press, 1993.
- Inayat Khan, Hazrat. *Complete Works of Pir-o-Murshid Hazrat Inayat Khan.* East-West Publishers, 1996.
- Inayat-Khan, Pir Zia. *The Holy Mysteries of the Five Elements,* 2nd ed. Sufi Order International Publications, 2008.
- Meyer, Wali Ali; Bilal Hyde; Faisal Muqaddam; and Shabda Kahn. *Physicians of the Heart: A Sufi View of*

the Ninety-nine Names of Allah. Sufi Ruhaniat International, 2011.

- Novalis. *The Novices of Sais.* Translated by Ralph Manheim. Archipelago, 2005.
- Steiner, Rudolf. *Nature's Open Secret: Introductions to Goethe's Scientific Writings.* Anthroposophic, 2000.

The Abode of the Message
www.theabode.org

Council for A Parliament of the World's Religions
www.parliamentofreligions.org

Seven Pillars House of Wisdom
www.sevenpillarshouse.org

Suluk Academy
http://sulukacademy.org

물

- Evenari, Michael; Leslie Shanan; and Naphtali Tadmor. *The Negev: the Challenge of a Desert,* 2nd ed. Harvard University Press, 1982.
- *Flow: For Love of Water.* Directed by Irena Salina. DVD. Oscilloscope Pictures, 2008.
- Lancaster, Brad. *Rainwater Harvesting for Drylands.* 2 vols. Rainsource Press, 2006–008.
- Ludwig, Art. *Water Storage: Tanks, Cisterns, Aquifers, and Ponds.* Oasis Design, 2005.

세계 상황

- *The Corporation.* Directed by Mark Achbar and Jennifer Abbot. DVD. Zeitgeist Films, 2004.
- *A Crude Awakening: The Oil Crash.* Directed by Basil Gelpke and Ray McCormack. DVD. Lava Productions, 2006.
- Eisenstein, Charles. *The Ascent of Humanity.* Panenthea Press, 2007.
- *End of Suburbia: Oil Depletion and* the Collapse of The American Dream. Director Gregory Greene. DVD. The Electric Wallpaper Co., 2004.
- *Food, Inc.* Directed by Robert Kenner. Magnolia Pictures, 2008.
- *An Inconvenient Truth: A Global Warning.* Directed by Davis Guggenheim. DVD. Paramount Home Entertainment, 2006.
- *King Corn.* Directed by Aaron Woolf.

Mosaic Films Inc., 2007.

- McKibben, Bill. "Politics: Global Warming's Terrifying New Math." *Rolling Stone.* July 19, 2012.
- Rushkoff, Douglas. *Life Inc.: How the World Became a Corporation and How to Take It Back.* Random House, 2009.
- Wilson, Peter Lamborn; Christopher Bamford; and Kevin Townley. *Green Hermeticism: Alchemy and Ecology.* Lindisfarne Books, 2007.
- Wolf, Naomi. *The End of America: Letter of Warning to a Young Patriot.* Chelsea Green Publishing, 2007.
- *Zeitgeist: The Movie.* Directed by Peter Joseph. GMP, 2007.
- Zinn, Howard. *A People's History of the United States: 1492–resent,* 20th anniversary ed. HarperCollins, 2005.

Carbon Tracker Initiative
www.carbontracker.org

Corporate Crime Reporter
www.corporatecrimereporter.com

Influence Explorer
www.influenceexplorer.com

James Howard Kunstler
www.kunstler.com

나오미 클레인 Naomi Klein
www.naomiklein.org

Post Carbon Institute
www.postcarbon.org

Truthdig
www.truthdig.com

The Yes Men
http://theyesmen.org

감사의 말

내 꿈을 향해 날아오를 수 있도록 안전한 마법 융단을 짜준 내 인생의 동반자 마이키 스클라에게 사랑과 감사를 전한다. 갈 길을 보여주고, 이 세상의 생명을 사랑하는 방법을 알려주신 스승 피르 지아 이나야트 칸에게 감사드린다. 나를 아껴주는 토니 루빈에게 감사한다. 마이키와 나를 새 가족으로 맞아주고 넉넉한 가슴으로 우정을 나눠주는 뉴멕시코 트루스 오어 컨시퀀시즈의 생기 넘치는 공동체에게도 고마움을 전한다. 리틀 스프라우트의 예로우와 메건, 블랙 캣의 론다, 벨라 루카의 제시카 그리고 해피 벨리 델리의 모든 주민들에게 특별한 고마움을 전한다. 내가 이 책을 쓸 수 있도록 멋진 공간을 마련해 주고 글이 풀리지 않을 때 좋은 친구가 되어주었다.

원고가 완성되어 가는 동안 내 언어를 찾고 만들어가도록 도와준 수전 던랩, 조디 모건 팬틱, 멜리사 맥킨스트리, 미나 레비츠, 메리 로즈 베넷, 린다 그린버그, 셰릴 레이에게 고마움을 전한다. 지구 반대편에서 조언을 준 타라 스클라에게도 감사드린다. 정말로 대책 없는 우리를 믿어준 마이키의 가족과 내 가족에게 감사한다. '어도비'의 멋진 사람들과, 편안함 속에서 나를 이끌어준 설럭 아카데미의 스승들, 말리아카 줄리 세라노, 가이안 마허, 타지 이나야트 칸에게 진심 어린 감사를 드린다.

더 나은 세상을 상상하며, 용기와 상상력, 결단력으로 그런 세상을 만들어가고 있는 데일 도허티, 크리스토퍼 뱀포드, 브래드 랭커스터, 산도르 엘릭스 카츠, 앨리스 산토로, 빌리 탤런, 더글러스 러시코프에게 깊은 감사를 전한다. 그들의 선도先導가 영감이 되어 나 역시 같은 길을 걸을 수 있었다. 이 책에 주신 추천사들을 가슴속 깊이 간직할 것이다.

스왑 오 라마 라마, NO bUSH, 보미토리움을 비롯해 내가 탈상품화의 삶을 발견해 가는 동안 만들었던 여러 프로젝트에 참여해 창조적인 에너지를 보태준 수많은 자원 봉사자들에게 깊은 고마움을 전한다. 함께 새로운 세상을 만들어낸 것은 크나큰 기쁨이었다.

현대의 땅 위에 아틀란티스의 신화를 세우고 있는 버닝 맨 축제에 참여하는 멋진 사람들 모두에게 감사한다. 스왑 오 라마 라마가 처음 생겨날 수 있도록 후원한 블랙 록 예술재단에 감사드린다. '만들어가는' 세상을 앞당기기 위해 지치지 않고 노력하고 있는 메이커 페어의 프로듀서들과《크래프트》와《메이크》잡지에 고마움을 전한다.

스토리 출판사의 모든 좋은 분들에게도 감사의 마음을 전한다. 내가 이 책을 쓰면서 표현하려고 했던 것을 정확하게 감지해 내는 혜안과 친절한 마음씨까지 갖춘 편집자 팸 톰슨에게 특별한 고마움을 전한다. 이 책을 쓰는 동안 아낌없는 창조성을 나눠준 알레테아 모리슨에게 고맙다. 독특한 상상력으로 책을 한층 생기 넘치게 만들어준 여러 일러스트레이터들에게도 감사한다.

돈에서 자유로운 세상을 소망하며, 그 세상을 앞당기기 위해 노력하는 모든 이들에게 진심 어린 감사를 전한다.

— 웬디 트레메인

옮긴이의 말

10여 년 전까지만 해도 이 책의 저자들은 뉴욕 한복판의 유명 광고 회사와 월스트리트의 은행에서 밤낮없이 일하던 직장인들이었다. 도시에서 나고자라 편리한 삶의 방식에 익숙하던 그들은 30대 중반, 직장을 그만두고 전기도 수도도 들어오지 않는 '깡시골'로 이사를 간다. 말이 쉽지 참으로 용기가 필요한 결정이었을 텐데, 그런 결단을 내릴 수 있었던 것은 "꿈꾸던 삶을 살려면 도시를 떠나야" 한다는 것을 깨달았기 때문이다.

사실 이 저자들의 대담한 결정에 담긴 속마음을 알아채기가 그렇게 어렵지는 않을 것이다. 사각형 안에 갇힌 직장 생활이 생기를 뺏어간다는 것, 내가 동의한 것도 아닌데 그저 정해진 패턴을 따라 소비와 폐기를 반복하며 살아가는 삶이 기실 매우 소모적이고 따분하다는 사실을 다들 모르지는 않을 것이다. 다만 우리는 자연적인 흐름에 더 가깝게, 작은 것이든 큰 것이든 내 삶과 주변을 손수 가꾸면서 살아간다는 꿈을 조금 더 먼 미래로 미루며, 혹은 감히 실행에 옮길 엄두를 내지 못한 채 어딘가 불편하지만 편리한 삶을 지속해 가고 있는 것인지도 모르겠다.

저자들은 소비 문화 속에서 주체가 아닌 대상이 되어 살아가는 삶을 그만두어야 한다는 걸 절감하고 실행에 옮긴다. 회사를 관두는 것부터 시작, 2006년 드디어 미국 뉴멕시코의 '트루스 오어 컨시퀀시즈'라는 사막 한복판의 마을에 자리를 잡는다. 거기서 텃밭을 가꾸고 음식을 만들어 먹는 것은 물론, 집을 짓고 직접 전기를 생산해 내는 것에 이르기까지, 말 그대로 사는 데 필요한 모든 것을 최대한 자신들의 손으로 만들어 쓰는 '실험적인' 삶을 시작한다.

이 책은 그 실험들의 시행착오 좌충우돌 과정과 그 가운데서 배우고 깨친 것, 달라진 것, 얻은 것 등을 가감 없이 보여준다. 말 그대로 '좋은 인생 실험'의 기록이라고 할까? 종이 콘크리트로 집을 짓고, 폐식용유로 바이오 디젤 연료를 만들어 차를 모는가 하면, 태양광 전지판을 설치해 전력을 자체 생산하고, 각종 공구로 필요한 가구와 기구를 직접 만들어 쓴다. 버려진 중고 가전제품에 살짝만 손을 대서 멋진 조리 기구로 개조해 쓰기도 하고, 급기야 컴퓨터 수치 제어CNC 선반을 구입해 필요한 가구나 기구를 아예 전문가 수준으로 만들기에 이른다.

말 그대로 의, 식, 주, 사는 데 필요한 것들을 두루두루 직접 만들어보고, '도시 촌놈'들답게 실패와 성공을 거듭하며 발전해 가는 과정을 매우 구체적으로 보여주고 있어 아주 흥미롭게 읽힌다. 폐식용유를 몇 번씩 걸러 바이오 디젤 연료로 만들거나 용접기나 철근 절단기로 불꽃을 튀기며 뭔가를 만들어내는 작업이 너무 고난이도처럼 보인다면, 전기밥솥으로 수제 요거트 만들기, 천연 재료로 샴푸와 세제 만들기 같은 것은 독자들도 '나도 한번 해볼 수 있겠다'는 생각이 들 것이다.

무엇보다 이 책은 자신이 원하는 삶이 어떤 것인지 알고 싶어서 마음속을 깊이 들여다보았고, 용기 내어 그 바람대로 살기로 결단을 내린 사람들의 이야기여서, 나는 그들을 응원하는 마음으로 또 박수를 보내는 마음으로 읽게 되었다. 온천 마을이라는 트루스 오어 컨시퀀시즈에서 마당에서 나오는 온천수에 몸을 담그고 흐뭇해하는 저자들의 모습에는 절로 부러움의 탄성이 나왔다. 저자들이 약식으로 양배추 김치를 해 먹는 모습은 왠지 더 친근하게 느껴졌다.

이제 저자들이 새로운 생활을 시작한 지 10년이 넘어간다. 그들의 웹사이트에 들어가 보니 여전히 바지런하게 이것저것 만들어 쓰고, 주변 사람들과 나누며 사는, 구릿빛으로 그을린 그들의 건강한 피부색과 웃음을 볼 수 있다. 뉴멕시코의 따사롭다 못해 뜨거운 햇살에 뼛속까지 건강하게 영글었을 것 같은 웃음이었다.

2016년 5월

황근하

샨티 회원제도 안내

샨티는 사람과 사람, 사람과 자연, 사람과 신과의 관계 회복에 보탬이 되는 책을 내고자 합니다. 만드는 사람과 읽는 사람이 직접 만나고 소통하고 나누기 위해 회원제도를 두었습니다. 책의 내용이 글자에서 머무는 것이 아니라 우리의 삶으로 젖어들 수 있도록 함께 고민하고 실험하고자 합니다. 여러분들이 나누어주시는 선한 에너지를 바탕으로 몸과 마음과 영혼에 밥이 되는 책을 만들고, 즐거움과 행복, 치유와 성장을 돕는 자리를 만들어 더 많은 사람들과 고루 나누겠습니다.

샨티의 회원이 되시면

샨티 회원에는 잎새·줄기·뿌리(개인/기업)회원이 있습니다. 잎새회원은 회비 10만 원으로 샨티의 책 10권을, 줄기회원은 회비 30만 원으로 33권을, 뿌리회원은 개인 100만 원, 기업/단체는 200만 원으로 100권을 받으실 수 있습니다. 그 외에도,

- 추가로 샨티의 책을 구입할 경우 20~30%의 할인 혜택을 드립니다.
- 신간 안내 및 각종 행사와 유익한 정보를 담은 〈샨티 소식〉을 보내드립니다.
- 샨티가 주최하거나 후원·협찬하는 행사에 초대하고 할인 혜택도 드립니다.
- 뿌리회원의 경우, 샨티의 모든 책에 개인 이름 또는 회사 로고가 들어갑니다.
- 모든 회원은 샨티의 친구 회사에서 프로그램 및 물건을 이용 또는 구입하실 때 할인 혜택을 받을 수 있습니다.
- 샨티의 책들 및 회원제도, 친구 회사에 대한 자세한 사항은 샨티 블로그http://blog.naver.com/shantibooks를 참조하십시오.

산티의 뿌리회원이 되어
'몸과 마음과 영혼의 평화를 위한 책'을 만들고 나누는 데
함께해 주신 분들께 깊이 감사드립니다.

뿌리회원(개인)

이슬, 이원태, 최은숙, 노을이, 김인식, 은비, 여랑, 윤석희, 하성주, 김명중, 산나무, 일부, 박은미, 정진용, 최미희, 최종규, 박태웅, 송숙희, 황안나, 최경실, 유재원, 홍윤경, 서화범, 이주영, 오수익, 문경보, 최종진, 여희숙, 조성환, 김영란, 풀꽃, 백수영, 황지숙, 박재신, 염진섭, 이현주, 이재길, 이춘복, 장완, 한명숙, 이세훈, 이종기, 현재연, 문소영, 유귀자, 윤홍용, 김종휘, 이성모, 보리, 문수경, 전장호, 이진, 최애영, 김진회, 백예인, 이강선, 박진규, 이욱현, 최훈동, 이상운, 이산옥, 김진선, 심재한, 안필현, 육성철, 신용우, 곽지희, 전수영, 기숙희, 김명철, 장미경, 정정희, 변승식, 주중식, 이삼기, 홍성관, 이동현, 김혜영, 김진이, 추경희, 물다운, 서곤, 강서진, 이조완, 조영희, 이다겸, 이미경, 김우, 조금자, 김승한, 주승동, 김옥남

뿌리회원(단체/기업)

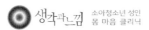

회원이 아니더라도 이메일(shantibooks@naver.com)로 이름과 전화번호, 주소를 보내주시면 독자회원으로 등록되어 신간과 각종 행사 안내를 이메일로 받아보실 수 있습니다.

전화 : 02-3143-6360 팩스 : 02-338-6360
이메일 : shantibooks@naver.com